Werden und Vergehen einer Demokratie

Günther Fuchs, Udo Scholze und
Detlev Zimmermann

Werden und Vergehen einer Demokratie

Frankreichs Dritte Republik in neun Porträts

Léon Gambetta
Jules Ferry
Jean Jaurès
Georges Clemenceau
Aristide Briand
Léon Blum
Édouard Daladier
Philippe Pétain
Charles de Gaulle

LEIPZIGER UNIVERSITÄTSVERLAG GMBH
2004

Die Deutsche Bibliothek – CIP-Einheitsaufnahme

Bibliografische Information Der Deutschen Bibliothek
Die Deutsche Bibliothek verzeichnet diese Publikation in der Deutschen
Nationalbibliografie; detaillierte bibliografische Daten sind im Internet über
http://dnb.ddb.de abrufbar.

Der Abdruck sämtlicher Porträts erfolgt mit freundlicher Genehmigung des Bildarchivs Preußischer Kulturbesitz.

Das Werk einschließlich aller Abbildungen ist urheberrechtlich geschützt.
Jede Verwertung außerhalb der engen Grenzen des Urheberrechtsgesetzes ist ohne
Zustimmung des Verlages unzulässig und strafbar. Das gilt insbesondere für
Vervielfältigungen, Übersetzungen, Mikroverfilmungen und die Einspeicherung
und Bearbeitung in elektronischen Systemen.

© Leipziger Universitätsverlag GmbH 2004
Gesamtgestaltung: berndtstein | grafikdesign, Berlin
Druck: Druckerei Hensel, Leipzig
ISBN 3-937209-87-5

Inhalt

Vorbemerkung 7

I. Léon Gambetta (1838–1882) 8
„Vive la République"
Udo Scholze

II. Jules Ferry (1832–1893) 30
Weichensteller ohne Gott und König ...
Udo Scholze

III. Jean Jaurès (1859–1914) 54
Geeint wider das Kapital
Udo Scholze

IV. Georges Clemenceau (1841–1929) 78
„Je fais la guerre"
Günther Fuchs

V. Aristide Briand (1862–1932) 112
„Der Apostel des Friedens"
Günther Fuchs

VI. Léon Blum (1872–1950) 142
„Die faschistische Reaktion
wird nicht durchkommen."
Detlev Zimmermann

VII. Édouard Daladier (1884–1970) 172
Vom „Münchener wider Willen" zum Befürworter
wirksamen Widerstandes
Detlev Zimmermann

VIII. Philippe Pétain (1856–1951) 200
"Da ich nicht mehr Euer Schwert sein konnte,
wollte ich Euer Schild sein."
Detlev Zimmermann

IX. Charles de Gaulle (1890–1970) 232
„... und der Euch sagt, dass für Frankreich
noch nichts verloren ist."
Günther Fuchs

Anhang

Abkürzungsverzeichnis von Parteien und Organisationen 251
Zeittafel 252
Auswahlbibliographie zur Geschichte der Dritten Republik 261

Vorbemerkungen

Aus welcher Perspektive man sich der Geschichte eines Landes, einer Epoche oder eines besonderen Ereignisses auch nähern mag, man wird immer auf Persönlichkeiten treffen, die kraft großer Energien und taktischer Fähigkeiten ihrer Zeit den Stempel aufdrückten. Ohne damit der Huldigung „traditioneller" Biographien das Wort zu reden, bleibt es dennoch bemerkenswert, dass man sich trotz des Wissens um die Vielzahl von Faktoren, welche die Geschichte beeinflussen, der Faszination der gestaltenden Persönlichkeit nur schwer entziehen kann. Diesem verführerischen Reiz waren auch die Autoren erlegen, die für ihren Gang durch die Geschichte der Dritten Französischen Republik die Nahaufnahme eines politisch Verantwortlichen als Ausgangspunkt wählten. Dabei spielten sie zu keinem Zeitpunkt mit dem Gedanken, dem Leser eine umfassende und detaillierte Biographie des Zeitgenossen anbieten zu wollen. Die Konzentration auf wenige Schlüsselereignisse sowie die Beschränkungen einer überschaubaren Seitenanzahl verboten solche Überlegungen von Anbeginn.

In neun Porträtskizzen zeichnen die Verfasser Leistungen, Wirkungen und Verantwortlichkeiten der Regierenden an bedeutenden Knotenpunkten französischer und europäischer Geschichte nach. Alle Studien stehen in ihrer formalen und inhaltlichen Gestaltung jeweils für sich, ergeben jedoch in der Gesamtschau eine informative und zusammenhängende Darstellung der Dritten Republik von ihrer schwierigen Geburt bis hin zu ihrem schmählichen Untergang. Die Auswahl der Akteure unterliegt dabei selbstredend einer gewissen Subjektivität des Betrachters. Auch mit anderen interessanten Gestalten hätte man die republikanischen Höhen und Tiefen, Möglichkeiten und Grenzen der Jahre von 1871/75 bis 1940 aufzeigen können. Gleichwohl glauben die Autoren mit ihrer Wahl wichtige Figuren gefunden zu haben, die das Interesse für die französische Geschichte wecken und zum Meinungsstreit herausfordern werden.

Der geneigte Leser wird bemerken, dass trotz aller Individualität der Agierenden die Verfasser bestrebt waren, eine gewisse Vergleichbarkeit der Beiträge herzustellen. Hierzu trägt neben der zeitlichen Abfolge die allen Beiträgen vorangestellte Kurzbiographie genauso bei wie das unterteilte Literaturverzeichnis, das ein weiteres und vertiefendes Studium ermöglichen soll. Den Abschluss des Bandes bilden ein Abkürzungsverzeichnis von Parteien und Organisationen, eine Zeittafel, die wichtige Daten der in den Kapiteln angesprochenen Ereignisse enthält, und eine Bibliographie zur Geschichte der Dritten Republik.

Léon Gambetta (1838–1882)

I.

LÉON GAMBETTA
(1838–1882)

Das einzige Kind aus der Ehe eines genuesischen Lebensmittelhändlers und seiner aus der Gascogne stammenden Frau wurde am 2. April 1838 in Cahors, Département Lot, geboren. Gambetta bestand im Jahre 1857 das Abitur in seiner Heimatstadt mit Auszeichnung. Bereits am Beginn des sich anschließenden Jurastudiums, das er in Paris absolvierte, machte Gambetta durch Redegewandtheit und ein bemerkenswertes Gedächtnis auf sich aufmerksam. 1859 wurde er französischer Staatsbürger. Protegiert von Jules Favre, dem späteren Außenminister der Provisorischen Regierung, bekam Gambetta unmittelbar nach Abschluss seines Studiums eine Anstellung bei der Rechtsanwaltskanzlei von Adolphe Crémieux, einem erklärten politischen Widersacher Napoleon III. Während des Studiums und in den ersten Jahren seiner Tätigkeit als Anwalt lernte Gambetta eine Vielzahl jener Männer kennen, die seinen politischen Werdegang mitbestimmen sollten: Auguste Scheurer-Kestner, Jules Ferry, Émile Ollivier, Hippolyte Carnot. Im Juni 1868 war Gambetta Mitbegründer der Revue politique et littéraire. Die napoleonische Zensur ließ den Redakteuren allerdings nur wenige Monate Zeit, ihre Ideen von der Notwendigkeit und den Möglichkeiten der republikanischen Staatsform zu verbreiten. Mit der Verteidigung von Louis Charles Delescluze begann im November 1868 die politische Karriere des Advokaten aus Cahors. Er avancierte zum neuen Wortführer der republikanischen Linken im Zweiten Kaiserreich, trat der Pariser Freimaurerloge La Reforme bei und kandidierte – auf der Basis des maßgeblich von ihm verfassten „Programms von Belleville" – erfolg-

reich bei den Legislativwahlen des Jahres 1869. Das programmatische Papier bildete fast ein halbes Jahrhundert lang die politische Leitlinie der radikalen Republikaner Frankreichs. Im politischen Wettstreit der republikanischen Kräfte setzte sich Gambetta in Paris gegen Carnot und in Marseille gegen Adolphe Thiers durch. Als Mitglied der Nationalversammlung votierte er 1870 für die Aufnahme von Kriegskrediten und billigte den von Napoleon III. erklärten Krieg gegen Preußen. Am Abend des 3. September 1870 befand sich der Advokat unter jenen republikanischen Deputierten, die nach dem Bekanntwerden der Niederlage von Sedan die Abdankung des Kaisers forderten. Der Widerstand des corps législatif gegen den Amtsverzicht brachte die Bevölkerung der französischen Hauptstadt auf die Straße. Am Folgetag war es Gambetta, der im Palais Bourbon zunächst das Ende des Zweiten Kaiserreiches verkündete und dann im Rathaus – begleitet von Ferry und Favre – die Republik proklamierte. Der erklärte Befürworter einer konsequenten Fortsetzung des Krieges gegen Preußen übernahm in der sich bildenden Provisorischen Regierung das Amt des Innenministers. In einem Heißluftballon verließ Gambetta am 7. Oktober 1870 das eingeschlossene Paris. Zunächst von Tours, dann von Bordeaux aus organisierte er den weiteren Widerstand. Gambetta veranlasste eine internationale Anleihe zum Ankauf von Waffen, ließ neue Truppen ausheben und versuchte durch die Aufstellung einer Nordarmee unter Louis Faidherbe die Hauptstadt zu entsetzen. Gegen den konsequenten Patriotismus Gambettas formierte sich innerhalb der republikanischen Partei um Thiers und Jules Grévy ein wachsender politischer Widerstand, der schließlich zur Spaltung der Partei führte. Im Vorfeld der Legislativwahlen, mit denen Frankreich nach der Kapitulation von Paris und der Unterzeichnung des Waffenstillstandes (28. Januar 1871) eine von den Wählern legitimierte Regierung bekommen sollte, trat Gambetta als Innenminister zurück. Nach der Unterzeichnung des Vorfriedens mit dem Deutschen Kaiserreich verließ er gemeinsam mit den Deputierten Elsass-Lothringens auch die Nationalversammlung. Krank und bar aller politischen Ämter zog sich Gambetta in das spanische San-Sébastian zurück. Von dort aus beobachtete er die Entstehung der Pariser Kommune (18. März 1871) und deren Niederschlagung (28. Mai 1871) ohne sich in der Öffentlichkeit zu positionieren. Nur wenige Wochen nach diesen Ereignissen kehrte Gambetta auf die politische Bühne seines Heimatlandes zurück. Bei Nachwahlen wurde er am 2. Juli 1871 als Deputierter des Départements Seine in die Assemblée nationale gewählt. Dort galt er als Vertreter der extremen Linken und als politischer Kopf der Union républicaine. Am

5. November 1871 erschien die erste Nummer der von Gambetta gegründeten La République française. Mit dieser Zeitschrift bemühte er sich um die Unterstützung jener politischen Kräfte, die sich für die feste Verankerung der republikanischen Staatsform in Frankreich einsetzten. In den folgenden Jahren propagierte der Deputierte aus Cahors auf ungezählten Veranstaltungen im ganzen Land mit der ihm eigenen Redegewandtheit und Überzeugungskraft seine republikanischen Ideen. Diese rastlose Tätigkeit zur Gewinnung der Massen brachte Gambetta als „Geschäftsreisenden" einen weiteren bleibenden Beinamen ein. Das Engagement Gambettas, der 1876 als Deputierter des Départements Seine wiedergewählt worden war, fand seine Fortsetzung im erbitterten Kampf gegen Präsident Patrice de Mac-Mahon. Als Gambetta den erklärten Platzhalter der Monarchie im August 1877 aufforderte, sich den demokratischen Prinzipien zu unterwerfen oder abzutreten, brachte ihm das zunächst wegen „Beleidigung des Staatschefs" drei Monate Gefängnis und eine Geldstrafe von 2000 Francs ein. Mit dem erzwungenen Rücktritt Mac-Mahons und den Wahlerfolgen der Republikaner erreichte Gambetta im Januar 1879 den Gipfel seiner Volkstümlichkeit. Er übernahm das Amt des Präsidenten der Deputiertenkammer, welches er bis 1881 innehatte. Am 14. November 1881 wurde er von Grévy mit der Kabinettsbildung betraut. Dem von ihm geführten „großen Ministerium" war nur eine Lebensdauer von zweieinhalb Monaten beschieden. Nach einem von ihm initiierten, aber gescheiterten Gesetzentwurf zur Änderung der Verfassung demissionierte Gambetta am 27. Januar 1882. Am 8. Dezember 1882 verletzte sich Gambetta bei der Reinigung seines Revolvers an der Hand. An den Folgen der eintretenden Blutvergiftung starb er am 31. Dezember 1882.

„Vive la République"

Am Morgen des 2. September 1870 unterzeichnete General Félix Wimpffen als Repräsentant der französischen Armee die vom preußischen Generalstab aufgesetzte Kapitulationsurkunde. Als die Nachricht von der demütigenden Niederlage von Sedan am folgenden Tag in der französischen Hauptstadt publik wurde, beförderte dies den Widerstand der politischen Opposition ebenso wie die Ohnmacht der von Graf von Palikao geführten Regierung. Auf Drängen aller Gruppierungen berief Kammerpräsident Eugène Schneider in der Nacht des 3. September die Deputierten zu einer außerordentlichen Sitzung in das Palais Bourbon. Doch die Vertreter der Legislative waren sich unschlüssig. Sie vertagten die Debatte über den von Jules Favre eingebrachten Antrag, Napoleon III. und die Dynastie für abgesetzt zu erklären. Am Nachmittag des 4. September waren es schließlich die aufgebrachten Bürger von Paris, die dem zögerlichen Agieren von Kammer und Regierung ein Ende bereiteten. Die Besetzung des Palais Bourbon zwang zum Handeln. Nachdem republikanische Kräfte mehr als ein Jahrzehnt lang auf das Ende des Kaiserreiches hingearbeitet hatten, konnte Léon Gambetta nunmehr verkünden: „In Anbetracht der Gefahr, in der das Vaterland schwebt ... in Anbetracht, dass wir die aus dem allgemeinen Wahlrecht hervorgegangene Staatsgewalt sind und darstellen, erklären wir, dass Louis Napoleon Bonaparte und seine Dynastie für immer aufgehört haben, über Frankreich zu herrschen."[1]

Der Advokat, dessen tief dröhnende Stimme in der Lage war, den Lärm in der Kammer zu übertönen, hatte entscheidend zur Formierung und Positionierung der republikanischen Opposition im Zweiten Kaiserreich beigetragen. Aus dem Schatten derer, die in der Revolution von 1848 präsent gewesen waren und das politische Antlitz der Zweiten Republik mitgeprägt hatten[2], war Gambetta bei der Verteidigung von Louis Charles Delescluze getreten. Der Journalist hatte zu einer Spendensammlung aufgerufen, mit deren Erlös Alphonse Baudin, einem Deputierten, der bei der Verteidigung der Republik gegen den napoleonischen Putsch

---

1 Gambetta, L., Discours sur la proposition de M. Thiers tendant à nommer une commission de Gouvernement et de Défense nationale, prononcé le 4 septembre 1870, au Corps législatif, in: Reinach, J., Discours et plaidoyers politiques de M. Gambetta, Bd. 1, Paris 1889, S. 409.
2 Vgl. Bayon, N., Jeunesse et genèse d'un groupe politique: le „groupe gambetiste", in: Revue d'histoire du 19e siècle, No 22-2001.

am 2. Dezember 1851 erschossen worden war, ein Denkmal gesetzt werden sollte. Die Behörden des Zweiten Kaiserreiches machten Delescluze den Prozess. Mit seinem Plädoyer, das Gambetta am 14. November 1868 vor der sechsten Strafkammer des Départements Seine gehalten hatte, konnte er die Verurteilung des Journalisten nicht verhindern, doch seine kühne Charakterisierung des napoleonischen Regimes brachte ihn aus der politischen Anonymität heraus. „Um einen Thronprätendenten scharten sich Männer, die Frankreich nicht kannte, die weder Begabung noch Ehre besaßen, weder Rang noch Auskommen, eine Art Leute, die zu allen Zeiten die Komplizen der Gewaltstreiche sind ... Das ist die Menschensorte, mit der man seit Jahrhunderten Verfassungen und Gesetze niedersäbelt ...", hatte Gambetta geurteilt.[3] Die so gewonnene Popularität verhalf dem Advokaten bei den Legislativwahlen 1869 zum Erfolg. Gambetta kandidierte im 20. Arrondissement von Paris und in Marseille auf der Grundlage des von ihm verfassten „Programm von Belleville". Waren dessen Hauptzielsetzungen signifikant für den Übergang von der bloßen Kritik an den Institutionen und der Funktionsweise des Zweiten Kaiserreiches, so standen die Gegenkandidaten Gambettas symptomatisch für künftig dominierende politische Strömungen im nachnapoleonischen Frankreich. Mit der Forderung nach der Einführung des allgemeinen Wahlrechts, nach Presse-, Vereins- und Versammlungsfreiheit, nach der Garantie der individuellen Freiheit durch das Gesetz und der Trennung von Staat und Kirche propagierte sein Wahlprogramm nicht nur die individuellen Überzeugungen Gambettas, sondern zugleich auch Grundprinzipien der Demokratie und des Republikanismus.[4] Sein Gegenkandidat in Paris war Carnot, der Sohn des Organisators der *levée en masse* in der Revolution von 1789 und Mitglied der Provisorischen Regierung von 1848. Der klare Sieg Gambettas über seinen Konkurrenten verdeutlichte den Bedeutungsgewinn jener republikanischen Kräfte, die ihre politische Prägung ausschließlich im Zweiten Kaiserreich erhalten hatten. In Marseille stand Gambetta im entscheidenden zweiten Wahlgang Ferdinand de Lesseps, dem Erbauer des Suezkanals und überzeugten Orléanisten, gegenüber. Die Entscheidung zwischen den beiden gleichermaßen bekannten Persönlichkeiten war auch hier klar zugunsten Gambettas ausgefallen. Jedoch war auch deutlich geworden, über welches Gewicht die monarchistische Klientel im Lande verfügte.

---

[3] Gambetta, L., Plaidoyer pour M. Delescluze, prononcé le 14 novembre 1868, in: Reinach, J., Discours et plaidoyers ..., a.a.O., Bd. 1, S. 9.
[4] Vgl. Antonmattei, P., Léon Gambetta – hérault de la République, Paris 1999, S. 62ff.

Unmittelbar nachdem Gambetta am Nachmittag des 4. September 1870 das Ende des Zweiten Kaiserreiches verkündet hatte, sah er sich der bis dato größten politischen Herausforderung gegenüber. Frankreich befand sich im Krieg. Eine handlungsfähige Regierung gab es nicht. Monarchisten unterschiedlichster Couleur sahen ihre Zeit gekommen. Eine besonders in Paris aufgebrachte Öffentlichkeit und die Uneinigkeit der republikanischen Kräfte komplizierten die Situation und beschworen die Gefahr blutiger Auseinandersetzungen herauf. Als die Pariser Massen, den Traditionen revolutionärer Erhebungen der Hauptstadt folgend, sich auf den Weg in das Rathaus der Stadt machten, war es Gambetta, der sich um Mäßigung bemühte. Zunächst ließ er die von der Menge mitgeführten roten Fahnen durch die Trikolore ersetzen. Dann initiierte er die Erweiterung des Kreises der Kandidaten für die neu zu bildende Regierung. Das verbesserte zum einen die Möglichkeit Gambettas, in verantwortungsvoller Position an der Machtausübung teilzuhaben. Zum anderen trug diese Maßnahme aber auch zur Paralysierung extremlinker Kreise innerhalb der republikanischen Bewegung bei.

Als am späten Nachmittag des 4. September im hauptstädtischen Rathaus die Republik proklamiert wurde und sich eine Regierung der Nationalen Verteidigung bildete, hatte Gambetta seine Nahziele erreicht. Die Radikalisierung der politischen Szene angesichts der durch den Zusammenbruch des Kaiserreiches und durch den Krieg hervorgerufenen Verwerfungen war verhindert worden. Gambetta selbst avancierte zum Innenminister einer Regierung, deren homogene soziale Zusammensetzung mit sechs Anwälten und fünf Journalisten kaum einen Niederschlag in ihren politischen Absichten fand. Mit der Verteidigung von Paris, der Suche nach ausländischer Unterstützung und der Bindung der Provinzen an das republikanische Regime stand die Regierung der Nationalen Verteidigung vor schwierigen Aufgaben. Das Unterfangen des neuen Innenministers gestaltete sich nicht nur aus objektiven Gründen besonders kompliziert. Gambettas Handlungsspielraum wurde auf der einen Seite durch den latenten politischen Druck der extremen Linken eingeengt, während er sich auf der anderen Seite gleichzeitig mit dem Urteil seiner Ministerkollegen konfrontiert sah, die ihn als Radikalen klassifizierten.

So befürwortete der Innenminister in einer Regierungsdebatte vehement die für den 22. September 1870 vorgesehene Durchführung von Munizipalwahlen in der Hauptstadt. Während Gambetta mit diesem Engagement seinen demokratischen Grundprinzipien folgte, nährte er zugleich ein Vorurteil innerhalb der Regierung. Ein Gleiches bewirkte die Vielzahl der Deklarationen, mit denen sich der Innenminister im September 1870 bemühte, die französische Bevölkerung für die

Fortsetzung des Kampfes gegen Preußen zu mobilisieren. Am Jahrestag der Proklamation der Ersten Republik zielte der Aufruf Gambettas auf den Patriotismus seiner Landsleute. Es nährte die Hoffnungen der extremen Linken und vertiefte das Misstrauen der anderen Regierungsmitglieder, wenn der Innenminister mit nicht zu verkennendem Bezug auf die Bewegung der Volksmassen in der Revolution zunächst verkündete: „Die Republik von 1792 ... bleibt in der Erinnerung der Menschen als Symbol des Heroismus und der nationalen Größe ...", um dann seiner Hoffnung Ausdruck zu verleihen, dass die Leistungen der Republikaner von 1792 seinen Zeitgenossen Ansporn sein würden.[5]

Mit Konsequenz ging Gambetta in den ersten Monaten seiner Amtszeit daran, seine republikanischen Grundüberzeugungen und seinen Patriotismus praktische Politik werden zu lassen. Bei politischen Gegnern und bei Neidern in den sich weiter differenzierenden Reihen der Republikaner trug ihm das den Vorwurf ein, er handele diktatorisch. Das Zweite Kaiserreich hatte dem Innenminister einen zentralisierten Beamtenapparat hinterlassen, bei dem den Präfekten als der Verkörperung kaiserlichen Willens in den Départements eine dominante Rolle zukam. Mit dem Ziel, dem politischen System des Bonapartismus die Grundlagen zu entziehen, die im Werden begriffene Demokratie zu stärken und gleichzeitig die nationale Verteidigung zu gewährleisten, forcierte Gambetta die Absetzung dieser bonapartistischen Amtsträger. Die bis zum 14. September 1870 erfolgte Neubesetzung der Präfektenämter stellte zweifellos einen Meilenstein des gesellschaftlichen Wandlungsprozesses zu einem demokratischen Staatsgefüge dar. Der Umstand jedoch, dass die Majorität der 85 neuen Amtsträger, deren soziale Herkunft ein Spiegelbild der Regierung darstellte, auf Vorschlag des Innenministers in ihr Amt gekommen war, ließ die Kritik an Gambetta nicht geringer werden.

Für den überzeugten und eifernden Patrioten Gambetta hatte die Verteidigung des Vaterlandes bei allen Maßnahmen der Regierung oberste Priorität. Doch die französischen Truppen befanden sich weiter im Rückzug. Am 20. September 1870 schloss sich die preußische Blockade um die französische Hauptstadt, und der preußische Generalstab bezog in Versailles Quartier. Eine nennenswerte Unterstützung durch das Ausland blieb in weiter Ferne, denn nur die Vereinigten Staaten, die Schweiz, Spanien und Italien hatten die Regierung der Nationalen Verteidigung anerkannt. Um den Makel der Illegalität abzulegen, drängte ein Teil der Regierung auf die schnelle Durchführung von Legislativwahlen. Aus Sorge,

---

5 Gambetta, L., Dépêches, circulaires, décrets, proclamations et discours de Léon Gambetta (4 septembre 1870–6 février 1871), hrsg. von J. Reinach, Charpentier 1886, S. 12.

diese Wahlen könnten nicht die gewünschte und für die demokratische Entwicklung Frankreichs notwendige republikanische Mehrheit bringen und in der festen Überzeugung, die Regierung hätte sich primär um die Verteidigung zu sorgen, widersetzte sich Gambetta lange Zeit der Ausschreibung von Wahlen. Erst die Weigerung Bismarcks, mit einer Macht zu verhandeln, die „auf der Straße geboren war", bewog Gambetta zum Einlenken. Doch das weitere Vorrücken preußischer Truppen, die am 28. September 1870 Strasbourg eroberten sowie separatistische Erscheinungen im Midi spitzen die Situation dramatisch zu und zwangen zu einer politischen Umorientierung. Während man nun seitens der Regierung die nationalen Wahlen aussetzte, wurden im Midi Legislativwahlen für den 16. Oktober 1870 ausgeschrieben.

Solcherart zum Handeln gezwungen, entschloss sich die Regierung, einen Vertreter aus ihren Reihen nach Tours zu entsenden. Als Repräsentant der einzig legitimen Gewalt in Frankreich sollte er den Abfall einzelner Gebiete verhindern und die Fortsetzung des Kampfes organisieren. Die Wahl fiel „wegen seiner Leistungen als Innenminister, wegen seiner Popularität und seines Enthusiasmus"[6] auf Gambetta. Als der unter dem Jubel Tausender und in Anwesenheit international bekannter Persönlichkeiten wie Alphonse Daudet, Victor Hugo und Louis Blanquis am 7. Oktober 1870 Paris in einem Heißluftballons verließ, gab er seinen Zeitgenossen ein Beispiel persönlichen Mutes und tätigen Patriotismus. Zugleich hinterließ er der Nachwelt das wohl spektakulärste Bild der Regierung der Nationalen Verteidigung – fotografisch festgehalten von Félix Nadar.

Nur wenige Stunden nach seinem triumphalen Einzug in Tours wurde Gambetta am Abend des 10. Oktober Kriegsminister. Zwar hatten zwei der vier in Tours weilenden Regierungsmitglieder gegen die Amtsübernahme votiert, doch bei Stimmengleichheit brachte das Votum des Innenministers die Entscheidung zu seinen Gunsten. In seiner Doppelfunktion als Innen- und Kriegsminister vervielfachten sich die Probleme, vor denen Gambetta stand. Die Republikaner waren – wie in der Revolution von 1848 – in einen parlamentarisch liberalen und einen sozialistischen Flügel gespalten. Eine solide parteipolitische Basis für die Aufgaben des Innen- und Verteidigungsministers gab es weder in Paris noch in den Regionen. Die militärische Lage wurde zudem immer bedrohlicher. Dem mangelnden Einsatz einiger Befehlshaber, der unzureichenden Ausbildung und Ausrüstung des Heeres und einem übermächtigen Gegner begegnete Gambetta mit seinem Patriotismus und seinem rastlosen persönlichen Einsatz. Doch damit

---

6 Antonmattei, P., Léon Gambetta – hérault de la République, a.a.O., S. 103.

konnte er weder den Fall von Orléans (5. Dezember 1870) noch die Einschließung von Paris und den beginnenden Beschuss der Hauptstadt (5. Januar 1871) verhindern. Der Patriot Gambetta sah durch diese Entwicklungen sein Vaterland gefährdet, und der Republikaner wähnte die Früchte der beginnenden Demokratisierung des französischen Staates in Gefahr. Noch am Vorabend des Waffenstillstandes telegrafierte Gambetta an Favre: „Als Regierung können wir nicht kapitulieren ... Den Krieg bis zur Befreiung fortsetzen ... ist unsere Aufgabe."[7]

Folgerichtig trat Gambetta aus Protest gegen den am 28. Januar unterzeichneten Waffenstillstand von seinen Ämtern zurück. Pflichtbewusst erklärte er sich jedoch bereit, eine ordnungsgemäße Übergabe seiner Aufgaben an einen Vertreter der Regierung der Nationalen Verteidigung zu gewährleisten. Als Politiker aus Toulouse und aus Lyon ihn aufforderten, die Macht zu übernehmen und eine Gegenregierung zu bilden, und als mit einer – von der extremen Linken organisierten – Demonstration in Bordeaux Tausende dieser Forderung Nachdruck verliehen, hatte Gambetta abzuwägen. Der Patriot trat hinter den Republikaner zurück, Gambetta übergab seine Ämter.

Die am 8. Februar 1871 stattfindenden Wahlen brachten den Anhängern der Monarchie einen klaren Sieg. Lediglich 200 Abgeordnete vertraten republikanische Auffassungen. Ihnen gegenüber formierte sich eine Zweidrittelmehrheit von Monarchisten, deren Uneinigkeit zunächst jedoch die politische Durchsetzungskraft minderte. Bonapartisten, Orléanisten und Legitimisten einte der Wille, Frankreich wieder zu einer Monarchie werden zu lassen. In der Frage, wer der künftige Herrscher im Hexagon sein sollte, gingen die Meinungen allerdings auseinander.

Als Favoriten im monarchistischen Wettstreit um die Besetzung des noch zu etablierenden Thrones kristallisierten sich in der legitimistischen Fraktion der Graf von Chambord als Thronprätendent der Bourbonen und für die orléanistische Fraktion der Graf von Paris heraus. Letzterer sah sich in der dynastischen Nachfolge des Herzogs von Orléans, der als Bürgerkönig Frankreich von 1830 bis 1848 regiert hatte.

Die gewählten Deputierten der Nationalversammlung bestimmten Thiers zum „Chef der Exekutiven". Schon die Amtsbezeichnung ließ die Ungewissheit über den künftigen politischen Werdegang Frankreichs deutlich werden. Unmittelbar nach Amtsantritt verhandelte die von Thiers geführte Regierung mit dem deutschen Reichskanzler Bismarck über die Friedensbedingungen. Die deutsche Seite

---

7   Gambetta, L., Dépêches, circulaires, décrets, proclamations et discours ..., a.a.O., S. 239.

rückte jedoch in keiner Weise von ihren Forderungen ab, so dass es Thiers am 28. Februar 1871 oblag, den Abgeordneten der Nationalversammlung die demütigenden Bedingungen des Präliminarfriedens zu verkünden. Demnach sollte Frankreich das Elsass und Teile Lothringens an das Deutsche Kaiserreich abtreten, fünf Milliarden Goldfrancs Reparation bezahlen und eine deutsche Besetzung bis zur Begleichung dieser Schuld hinnehmen. Unter den gegebenen Bedingungen war die Diskussion über diese Bedingungen nur kurz, 546 Deputierte votierten für den Friedensvertrag, 23 enthielten sich der Stimme und 107 stimmten mit Nein. Zu denen, die sich gegen den vom Deutschen Kaiserreich oktroyierten Frieden aussprachen, gehörten neben den Abgeordneten des Elsass und Lothringens auch Louis Blanc, Georges Clemenceau, Delescluze, Hugo und Gambetta. Obwohl der Advokat in zehn Départements in die Nationalversammlung gewählt worden war, schien seine Karriere nun doch beendet zu sein. Zum einen war die politische Situation wenig dazu angetan, sich berechtigte Hoffnungen über die baldige Realisierung der demokratischen Überzeugungen Gambettas machen zu können. Zum anderen hatte seine ohnehin schwache Gesundheit unter den Belastungen der letzen Monate stark gelitten. Seinen Zeitgenossen schien Gambetta, der in Monaten ergraut war, um Jahre gealtert. „So lang der Krieg dauerte, hat er sich selbst überwunden, die Moral hatte die Physis beherrscht"[8], urteilte einer seiner langjährigen Mitarbeiter. Zu diesen gesundheitlichen Problemen kam nun die politische Enttäuschung, und so legte Gambetta Anfang März 1871 gemeinsam mit 26 anderen Abgeordneten aus Protest über den Frieden mit dem Deutschen Kaiserreich sein Mandat nieder. Nicht wenige seiner republikanischen Weggefährten werteten die Grabrede, die Gambetta für den verstorbenen Bürgermeister von Strasbourg hielt, als sein politisches Testament: „Im patriotischen Denken an eine Revanche, die der Protest des Rechtes und der Gerechtigkeit gegen Gewalt und Niedertracht sein wird ... müssen sich die Republikaner eng zusammenschließen."[9]

Vom selbstgewählten Exil im spanischen San-Sébastian aus blieb Gambetta ein stummer Beobachter jener dramatischen Ereignisse, die sich im Frühjahr 1871 in Frankreich vollzogen. Die Pariser Kommune und ihre blutige Niederschlagung blieben ebenso unkommentiert wie die Unterzeichnung und Ratifizierung des Friedensvertrages mit dem Deutschen Kaiserreich. Als die Diffamierung seiner Person, die durch die französische Regierung betrieben wurde, immer

---

8 Freyciner, Ch. de, Souvenirs de 1848–1878, Delagrave 1914, S. 267.
9 Zit. nach: Chastenet, J., Gambetta, Paris 1968, S. 185.

neue Dimensionen annahm, vor allem jedoch als klar wurde, dass diese von Thiers initiierte Kampagne in erster Linie darauf zielte, die Einheit der Republikaner dauerhaft zu unterminieren, gelang es Freunden, ihn zur Rückkehr auf die politische Bühne zu bewegen. Das geltende Wahlrecht bot dazu die Möglichkeit. Lediglich 650 von 768 Deputierten waren bei den Legislativwahlen vom Februar 1871 bestimmt worden, und Kandidaturen in mehreren Départements waren noch immer möglich.

Bei den Nachwahlen Anfang Juli 1871 stellte sich Gambetta in drei Départements dem Votum der Franzosen. Sein Erfolg als Deputierter des Départements Seine bildete einen Teil des Wahlsieges, den die Republikaner bei dieser Abstimmung errangen. Schwerer noch als die fast 80 Prozent der durch sie errungenen Sitze wog der Umstand, dass die Monarchisten im Verständnis der französischen Öffentlichkeit mehr und mehr zu Gegnern des existenten, wenn auch fragilen Regimes wurden. Mehr denn je war es Thiers, der „Chef der Exekutive", der diesem Regime seine Prägung gab. Von sich selbst mehr als von den republikanischen Idealen überzeugt, nutzte Thiers die Uneinigkeit der Monarchisten auf der einen und die der Republikaner auf der anderen Seite, um seinen eigenen Einfluss auf Politik und Gesellschaft zu intensivieren. Der Vorschlag seines Freundes J.-C. Rivet, des langjährigen Präfekten von Lyon, kam ihm dabei sehr gelegen. Dieser hatte der Nationalversammlung am 2. August 1871 einen Gesetzentwurf unterbreitet, mit dem Thiers den Titel „Präsident der Republik" erhalten und zudem für drei Jahre in seinen bisherigen Rechten bestätigt werden sollte. Diese auf den ersten Blick scheinbar nur formelle Veränderung hatte staatsrechtlich weitreichende Konsequenzen, die wenigen Deputierten bereits deutlich wurden, bevor das *Loi Rivet* am 31. August 1871 mit Zweidrittelmehrheit beschlossen wurde.

Indem das Gesetz Thiers zum Präsidenten machte und ihn als Regierungschef beließ, beendete es zugleich die ministerielle Verantwortung vor der Nationalversammlung. Darüber hinaus wurde die legislative Macht zu einer verfassungsgebenden umfunktioniert. Während die Mehrheit der Republikaner, gestärkt durch den jüngsten Wahlerfolg, in ihrem nun möglichen Mitwirken an der Ausarbeitung einer Verfassung die Chance sahen, Frankreich ein demokratisches Grundgesetz zu geben, war es die demonstrative Stärkung der Exekutive, die nicht wenige Monarchisten zur Zustimmung bewog. Für sie war die Entscheidung über die künftige Staatsform lediglich vertagt worden.

Auch für Gambetta war die politische Zukunft Frankreichs noch nicht entschieden. Doch in seiner Positionierung zum *Loi Rivet* wusste er zu differenzieren. Präsident und Regierungschef Thiers erschien Gambetta eingedenk der Stärke der Republikaner in der Nationalversammlung ein Garant für den Fortbestand erreichter demokratischer Rechte und der forcierten Propagierung republikanischer Auffassungen im ganzen Land zu sein. Die Umwandlung der Nationalversammlung in ein konstitutionelles Organ lehnte er ab. Da diese Versammlung im Zeichen der ausländischen Invasion und der militärischen Niederlage zustande gekommen sei, bildete sie für Gambetta kein Organ, das den konstitutionellen Willen seiner Landsleute repräsentierte.

Von den drei republikanischen Gruppierungen, die sich Ende 1871 in der Nationalversammlung etablierten, war die von Gambetta angeführte *Union républicaine* nach den gemäßigten und den radikalen Republikanern die zahlenmäßig kleinste. Nicht zuletzt auf Grund ihres charismatischen Wortführers und der mit Erfolg geführten propagandistischen Offensive zeigte sich der Einfluss der *Union* im Land weitaus deutlicher, als es ihre Präsenz in der Nationalversammlung vermuten ließ. Geradezu hektisch engagierte sich Gambetta landesweit. Sein Ziel war es dabei, die Republikaner zu einen und seine programmatischen Überzeugungen von der demokratischen Gestaltung des französischen Staates zu propagieren.

Als Mittel nutzte er zum einen seine äußerst aktive Korrespondenz. In unzähligen privaten und in nicht wenigen offenen Briefen bezog der Chef der *Union républicaine* Position.[10] Zum anderen schuf sich Gambetta mit der Gründung der *La République française* im November 1871 ein neues Instrument der politischen Auseinandersetzung. Die Zeitschrift gewann innerhalb von Monaten einen herausragenden Platz in der französischen Presselandschaft dieser Epoche. Die größte Wirkung aber erzielte der Advokat mit der Vielzahl von Reden, die er 1871 und 1872 in praktisch allen Regionen des Landes hielt und auf denen er – nach dem ehrenden Urteil seiner Zeitgenossen – als „Handelsreisender in Sachen Demokratie" auftrat. Der Bezug zur Revolution von 1789, zu deren Leistungen wie zu deren Fehlern, diente Gambetta dabei häufig als historischer Ansatz seines öffentlichen Engagements. Wenn auch die Reden dieser Zeit primär der unmittelbaren politischen Auseinandersetzung dienten, die Demokratievorstellungen der Republikaner propagierten und darauf zielten, die lokalen politischen Verantwortungsträger für die Republik zu gewinnen, so tangierte Gambetta stets auch jene Grundsatzfragen, die den Inhalt seiner späteren, berühmt gewordenen Reden bestimmen sollten.

---

10 Vgl. Halévy, D./Phillias, E., Lettres de Gambetta (1868–1882), Paris 1938

Die wachsende Popularität Gambettas beunruhigte die Monarchisten, bei den gemäßigten Republikanern um Grévy verstärkte sie bestehende Vorurteile. Zu einer politischen Gefahr für beide Gruppierungen und für Regierungschef Thiers wurde Gambetta aber erst mit einer Rede, die er am 26. September 1872 in Grenoble hielt. Eine neue soziale Schicht sei in Frankreich seit 18 Monaten im Entstehen, hatte Gambetta betont. Diese Schicht, zu der nach Auffassung des republikanischen Wortführers alle jene zählten, die vom Fortschritt in der öffentlichen Bildung und von den zunehmenden demokratischen Mitbestimmungsmöglichkeiten profitierten, werde in wachsendem Maße die politische Entwicklung der noch fragilen Republik prägen. Die von ihm repräsentierten Republikaner seien die legitimen Interessenvertreter dieser neuen sozialen Schicht, da sie der einzige Garant für die Verteidigung der Republik seien.

Die heftige Reaktion praktisch der gesamten Presse war signifikant für die sich zuspitzende innenpolitische Auseinandersetzung.[11] Angesichts weiterer Erfolge bei den Teilwahlen im Oktober 1872 verschärften alle widerstreitenden Seiten den Ton. Gambettas *La République française* leitete aus den Wahlergebnissen die Forderung an Thiers ab, sich zwischen seiner Funktion als Regierungschef und der als Präsident der Republik zu entscheiden. Dieses Ansinnen kleidete man propagandistisch verknappt in die Formel: Nationalversammlung oder Frankreich. Graf von Chambord, Wortführer der Monarchisten und Thronanwärter, trat mit einer Deklaration an die Öffentlichkeit, in der jegliche republikanische Regierungsform verdammt wurde. Am 13. November 1872 schaltete sich Thiers in die Kontroverse ein. „Die Republik ist die legale Regierungsform des Landes. Etwas Anderes zu wollen wäre eine Revolution und die furchtbarste von allen ... Die Republik wird konservativ sein oder es wird sie nicht geben."[12] Mit seinem klaren Bekenntnis zur republikanischen Staatsform und mit der sich in den Folgejahren erfüllenden Prophezeiung von deren Charakter rückte die Person des Präsidenten in das Zentrum der politischen Rivalitäten.

Hatten die monarchistischen Kräfte in Thiers bis dato den Platzhalter für die erstrebte Restauration der Monarchie in Frankreich gesehen, so schlug deren Enttäuschung nunmehr in eine offen erklärte Ablehnung des Präsidenten um. Die konservativen Deputierten in der Nationalversammlung hingegen fühlten sich zwar in ihren Ansichten gestärkt, mussten jedoch zur Kenntnis nehmen, dass der politische Rückhalt, über den Thiers verfügte, schwand. Als in der Nationalver-

---

11 Vgl. Caron, F., Frankreich im Zeitalter des Imperialismus, Stuttgart 1991, S. 263ff.
12 Zit. nach: Deschanel, P., Gambetta, Paris 1919, S. 154.

sammlung über einen Entschließungsentwurf abgestimmt wurde, der zu einer öffentlichen Missbilligung der Rede Gambettas in Grenoble führen sollte, sprachen sich 263 Abgeordnete dafür und nur 116 dagegen aus. Die gesamte Linke (277) enthielt sich jedoch der Stimme. Die Republikaner, allen voran Gambetta, hatten mit Genugtuung die Positionierung Thiers für eine demokratische Entwicklung Frankreichs vernommen. Mit verständlichem Misstrauen beobachteten die linken Republikaner jedoch die sich immer stärker abzeichnende Allianz zwischen konservativen Kräften und Thiers.

Unter dessen Leitung war im November 1872 eine Kommission gebildet worden, die sich mit der Ausarbeitung einer neuen Verfassung befassen sollte. In diesem Gremium verfügten die Monarchisten über eine solide Mehrheit, die es ihnen möglich machte, ihren Einfluss auf den Präsidenten zu verstärken, während sie gleichzeitig die Suche nach der optimalen Konstellation für die Restauration der Monarchie fortsetzten. Gambetta votierte vehement gegen die unter solchen politischen Vorzeichen avisierte Teilerneuerung der Nationalversammlung, gegen die Übertragung konstitutioneller Befugnisse auf die Versammlung und sprach sich zudem noch für eine deutliche Reduzierung der Deputiertenzahl aus. Es widerspräche zutiefst demokratischen Grundprinzipien, „eine Regierung zu organisieren ohne zuerst zu sagen, wie ihr Name und ihre Bestimmung sein wird …". Unter Bezug auf die starken monarchistischen Kräfte in der Nationalversammlung betonte Gambetta weiter, dass jedes Regime zwar konservative Kräfte besitze, eine Republik aber nicht ausschließlich aus Konservativen bestehen könne. Er weigere sich, eine Republik zu organisieren, die kein anderes Programm besitze, „als die Demokratie zu beschneiden."[13] Die Auseinandersetzungen um die Person und die Politik Thiers, im Kern ein Ringen um die künftige Gestaltung des politischen Systems in Frankreich, kulminierten im Frühjahr 1873. Nach hartnäckig geführten Verhandlungen mit Bismarck war am 15. März 1873 ein Vertrag unterzeichnet worden, der den Abzug der deutschen Besatzungstruppen bis September 1873 regelte. Parallel dazu hatte eine von Thiers angeregte Anleihe genügend Mittel eingebracht, um die vereinbarten Reparationen vollständig zahlen zu können. Die Nationalversammlung würdigte daraufhin in einer Erklärung einmütig die Verdienste, die sich Thiers damit um das Vaterland erworben hatte. Doch mit diesen politischen Erfolgen hatte der Kompromisskandidat Thiers, den konserva-

---

13 Gambetta, L., Discours sur le projet de loi tendant à régler les attributions des pouvoirs publics et les conditions de la responsabilité ministérielle, prononcé le 28 février 1873, à l'Assemblée nationale, in: Reinach, J., Discours et plaidoyers …, a.a.O., Bd. 3, S. 295.

tive Republikaner und Monarchisten zwei Jahre zuvor akzeptiert hatten, um einer möglichen radikalen Demokratisierung Frankreichs begegnen zu können, seine politische Existenzberechtigung verloren.

Durch die Tatsache, dass bei allen Wahlen seit dem Juni 1871 die Republikaner in ihrer Gesamtheit zwar an politischem Gewicht gewonnen hatten, gleichzeitig aber die Unterschiede zwischen den republikanischen Fraktionen und die Rivalitäten untereinander immer offensichtlicher wurden, konnte Thiers auch von dieser Seite nur bedingt weitere Unterstützung erwarten. Besonders deutlich offenbarten das die Teilwahlen vom April und Mai 1873 in den acht Pariser Wahlbezirken. Dem von Thiers protegierten Charles Rémusat setzten die Republikaner um Gambetta Désiré Barodet entgegen. Dessen Kandidatur, mit der er letztlich erfolgreich war, zeitigte in doppelter Hinsicht schwerwiegende politische Folgen. Zum einen konnten Monarchisten und konservative Republikaner den Wahlsieger wegen dessen politischer Vergangenheit populistisch in eine Wiederauferstehung der Kommune umfunktionieren. Gleichzeitig wurde zum anderen die Niederlage von Rémusat zur Unfähigkeit von Thiers stilisiert, dieser Gefahr für den inneren Frieden zu begegnen. In dieser komplizierten Kräftekonstellation war der Sturz Thiers – auch nach Gambettas späterer Einsicht durch die Kandidatur Barodets forciert – nur noch eine Frage der Zeit. Dem Druck der Monarchisten, die sich nach dem Tode Napoleon III. im Januar 1873 ohne politische Leitfigur sahen, vermochte Thiers zu widerstehen. Die Unterstützung der Republikaner verlor er jedoch, obwohl er am 24. Mai 1873 vor der Nationalversammlung erklärte, dass er sich für die Republik einsetzen werde, eine Restauration der Monarchie in Frankreich unmöglich geworden und der republikanische Gedanke bei der Majorität der französischen Bevölkerung fest verankert sei.[14] Nach einem Misstrauensvotum, bei dem sich mit 360 zu 344 Stimmen nur eine knappe Mehrheit gegen Thiers aussprach, trat der Präsident von seinem Amt zurück.

Dem sich abzeichnenden monarchistischen Restaurationsversuch setzten die Republikaner, initiiert von Gambetta, das verstärkte Bemühen um die eigene Einheit entgegen. Am Vorabend der Abwahl Thiers unterzeichneten 115 republikanische Abgeordnete einen dementsprechenden Appell. Darin erklärten sich eine Reihe ihrer namhaften Vertreter wie Ferry, Blanc und Grévy willens, über die fortbestehenden persönlichen Animositäten zu Gambetta hinweg diese Einheit zu schaffen. Für den Fortbestand und die politische Konsolidierung der jungen Demokratie in Frankreich betrachteten sie die Union republikanischer

---

14 Vgl. Castenet, J., Histoire de la Troisième République, Paris 1952, T. I., S. 215.

Kräfte zu diesem Zeitpunkt als wichtiger denn je. Unmissverständlich hatte der auf sieben Jahre bestimmte Nachfolger von Thiers, Marschall Mac-Mahon, den Franzosen ein beängstigendes Programm kundgetan. Mit Gottes Hilfe und dem ungebrochenen Einsatzwillen der Armee, hieß es in der Inaugurationsadresse, wolle er „das Werk der Befreiung unseres Territoriums und die Wiederherstellung der moralischen Ordnung unseres Landes fortsetzen."[15] Der neue Präsident stellte die politischen Weichen auf Revanche und Restauration und regte, im Vertrauen auf die Loyalität der Armee, eine Verfassungsdebatte an, um auf diese Weise den Boden für eine legale Wiedereinführung der Monarchie zu bereiten. Ein Treffen der beiden Thronprätendenten, der Grafen de Chambord und de Paris, das am 5. August 1873 stattfand, demonstrierte, dass auch die beiden monarchistischen Flügel, die Legitimisten und die Orléanisten, um Einigung bemüht waren. Unter Leitung von General Changarnier bildeten die Monarchisten eine Kommission, die mit dem nunmehrigen gemeinsamen Thronanwärter, dem Grafen de Chambord, über die Konditionen seiner Thronbesteigung verhandeln sollte. Parallel dazu wurde ein Gesetzentwurf vorbereitet, der die Wiederherstellung der erblichen konstitutionellen Monarchie ebenso vorsah, wie er die Verantwortlichkeit der Minister gegenüber der Kammer sowie die Trikolore als Nationalflagge festschreiben sollte. Der monarchistischen Sache sicher, begann man mit den Vorbereitungen für die Krönungsfeierlichkeiten.

Die auf eine Entscheidung drängende Situation sahen nicht alle Republikaner als ernsthafte Bedrohung für den Prozess der Demokratisierung in Frankreich. Gambetta hingegen wusste um die Gefahr. Auch wenn er sich nach dem Urteil von Zeitgenossen ungewohnt unsicher und unruhig verhielt, behielt er die Leitung der republikanischen Kräfte in der Hand. Mit einer Pressekampagne suchte man die Öffentlichkeit zu informieren und zu mobilisieren. Besonders bemerkenswert war ein von 18 Pariser Deputierten lancierter Text, der in Gambettas *La République française* erschien. Mit diesem Papier vom 17. Oktober 1873 wandten sich die Politiker an die lokalen Verantwortungsträger und forderten sie dazu auf, alle Möglichkeiten zu nutzen, ein Regime zu verhindern, das Frankreich in seiner Entwicklung zurückwerfen würde. Einmal mehr demonstrierte Gambetta, dass Fortschrittsglaube und die demokratische Einbeziehung einer breiten Basis zu den unabdingbaren Grundelementen seines Politikverständnisses gehörten.

Doch am Scheitern des letzten ernstzunehmenden Restaurationsversuches hatte weder die republikanische Pressekampagne noch die Person Gambettas den

---

15 Zit. nach: Antonmattei, P., Léon Gambetta, a.a.O., S. 194.

entscheidenden Anteil. Mit seinem strikten Beharren auf die Wiederherstellung vorrevolutionärer Zustände und die absoluten Verweigerung jeglicher Konzessionen an die französische Öffentlichkeit war es der Graf von Chambord selbst, der die in Gang befindlichen Krönungsfeierlichkeiten zu einer Absurdität werden ließ. Als er am 30. Oktober 1873 in der legitimistischen Zeitung *L'Union* verbreiten ließ, dass es eine von ihm geführte Monarchie nur mit dem weißen Banner der Bourbonen geben würde, betrachteten auch die überzeugtesten Anhänger die Sache der Monarchie als verloren und beklagten ihr politisches Schicksal. Da auch die Position der katholischen Kirche in Frankreich vom künftigen Charakter des Staates mitbestimmt werden würde, verfolgte Rom die Entwicklungen aufmerksam. Bissig kommentierte Papst Pius IX. die Engstirnigkeit des Thronanwärters: „Und das alles für eine Serviette!"[16]

Nach dem Sturz von Thiers und dem Scheitern der Restauration konzentrierten die Republikaner – allen voran Gambetta – ihre politische Tätigkeit auf zwei Ziele. Erstens strebte man nach der Festigung des republikanischen Blockes in der Nationalversammlung, um innerhalb der Kammer verstärkt auf das Zentrum Einfluss nehmen zu können. Zweitens intensivierten die Republikaner ihre Bemühungen, die Majorität der Bevölkerung für ihre politischen Absichten zu gewinnen. Es war Gambetta, der sich, auf seine Popularität und sein Charisma bauend, in besonderem Maße um die Verbreiterung der republikanischen Basis verdient machte. An den Patriotismus seiner Landsleute appellierend, verwies er im Oktober 1873 auf die tragende Rolle, die das Bürgertum seit der Revolution beim Aufbruch in die Moderne innegehabt hatte. Gleichzeitig betonte Gambetta aber auch, dass es nunmehr darauf ankomme, „eine Union der Klassen vorzubereiten und zu festigen, das heißt auf einer unlösbaren Allianz zwischen dem Proletariat und dem Bürgertum die Wiederaufrichtung und selbst die Größe Frankreichs zu gründen."[17]

Nicht zuletzt durch das Engagement Gambettas gewannen die Republikaner vor allem bei der Bevölkerung kleinerer Städte erheblich an Zuspruch. Doch auch die Kritik, die der republikanische Wortführer aus den eigenen Reihen erfuhr, nahm zu. Seine Orientierung auf eine enge Verbindung der Arbeiterklasse mit dem Bürgertum, die im Kern die Fortentwicklung seiner erstmals in Grenoble geäußerten Auffassung von der Rolle der neuen sozialen Schichten darstellte, sollte

---

16 Zit. nach: Debidour, A., L'Eglise catholique et l'État, T. I, Alcan 1906, S. 115.
17 Gambetta, L., Discours prononcé le 3 octobre 1873, au château de la Borde (près Châtellerault), in: Reinach, J. Discours et plaidoyers …, a.a.O., Bd. 4, S. 85.

dem Land inneren Frieden schaffen und der Republik Stabilität verleihen. Ihm selbst brachte sie den Vorwurf des Opportunismus ein. Die gegen ihn erhobenen Anschuldigungen wurden noch vehementer, als sich der Anwalt 1874 dazu entschloss, die konstitutionelle Gewalt der Nationalversammlung anzuerkennen. Während Gambetta die Tribüne der Nationalversammlung nutzte, den Abgeordneten seine Neupositionierung zu erklären, fiel der *La République française* die Aufgabe zu, den „Gambettistes" sowie allen Republikanern die veränderte Haltung zu erläutern und auf diese Weise für politischen Rückhalt zu sorgen. In der Argumentation setzte Gambetta die verfassungsgebende Versammlung, in der man das reale Kräfteverhältnis einzuschätzen vermochte, jener Unsicherheit gegenüber, die nach Auflösung der Kammer und Neuwahlen eintreten könnte. Die dauerhafte Verankerung der republikanischen Staatsform in Frankreich über alles stellend, ging Gambetta nach der parlamentarischen Sommerpause des Jahres 1874 noch einen Schritt weiter. Obwohl er um die monarchistische Präferenz Mac-Mahons wusste, erklärte er sich bereit, auch dessen 7-jähriges Mandat zu akzeptieren. Selbst bei der lang diskutierten Frage nach der Notwendigkeit einer zweiten Kammer des Parlamentes zeigte sich Gambetta konzessionsbereit. Um Unentschlossene und vor allem das politische Zentrum für die Sache der Republik zu gewinnen, befürwortete er sogar nachdrücklich die Einrichtung des Zweikammersystems.

Trotz dieser Bemühungen gelang es der von Blanc geführten extremen Linken am 29. Januar 1875, die erste Gesetzesänderung mit verfassungsmäßigem Charakter, die der Nationalversammlung vorgelegt wurde, zu Fall zu bringen. Der Text hatte die Einführung einer zweiten Kammer vorgesehen und dem Staatsoberhaupt den Titel eines Präsidenten der Republik zuerkannt. Das knappe Abstimmungsergebnis (359 zu 336 Stimmen) zeigte jedoch, dass sich trotz dieser parlamentarischen Niederlage die Waage zugunsten der Republikaner neigte. Am Tag darauf war der Wendepunkt in der politischen Entwicklung erreicht. Der katholische Abgeordnete Henri Wallon brachte einen Gesetzentwurf zur Abstimmung, der Senat und Deputiertenkammer als Legislativorgane vorsah und der im Weiteren fixierte, dass „der Präsident der Republik mit der Mehrheit der Stimmen von Senat und Kammer … gewählt wird."[18] Mit der knappsten nur denkbaren Mehrheit – 353 zu 352 Stimmen – fand der Entwurf die Zustimmung der Deputierten, von denen sich nicht alle der Tragweite dieses Ergebnisses bewusst waren.

---

18 Zit. nach: Antonmattei, P., Léon Gambetta, a.a.O, S. 224.

Für die Zukunft prägend war nicht nur die Fixierung der Republik als Staatsform, sondern auch der Umstand, dass erstmals seit dem Zusammenbruch des Zweiten Kaiserreiches der Titel des Staatsoberhauptes vom Namen des im Amt befindlichen Politikers getrennt wurde. Unter maßgeblicher und langjähriger Mitwirkung Gambettas hatte Frankreich den Weg zur Demokratisierung des Staates eingeschlagen. Auch angesichts seines größten politischen Erfolges wurde der republikanische Wortführer nicht müde, seine politischen Freunde zur Besonnenheit aufzufordern und darauf zu verweisen, dass dem Erfolg des 30. Januar weitere Schritte zur Demokratisierung folgen müssten. Es ist das bleibende Verdienst Gambettas, diese Schritte maßgeblich beschleunigt zu haben, indem seine Persönlichkeit während der folgenden Monate der Garant für die fortbestehende Einheit der Republikaner in der Nationalversammlung war. So wurden mit dem Gesetz über die Rolle und die Funktion des Senats (24. Februar 1875), dem Gesetz über die Organisation der öffentlichen Gewalten (25. Februar 1875) und jenem Gesetz, das das Verhältnis der Staatsorgane zueinander regelte (16. Juli 1875), Festlegungen getroffen, die das Antlitz der Dritten Französischen Republik verfassungsrechtlich prägten. Selbst politische Gegner versagten Gambetta ihre Anerkennung nicht, weil ihm unter schwierigen Bedingungen die Gründung der Republik auf demokratischem Wege gelungen war. Ein zeitgenössisches *Bonmot* verdeutlicht Leistung und Paradoxie im Wirken Gambettas gleichermaßen: Aus einer monarchistischen Versammlung hat er die Republik geschaffen und den Senat aus einer republikanischen Partei, die diesen nicht wollte.

SCHRIFTEN VON GAMBETTA

Les fondateurs de la IIIe République. Textes choisis et présentés par Pierre Barral, Paris 1968
Crastre, F., Les plus beaux discours de Gambetta, Paris o.J.
Lettres de Gambetta 1868–1882, recueillies et annotées par Daniel Halévy et Émile Phillias, Paris 1938
Dépêches, circulaires, décrets, proclamations et discours de Léon Gambetta (4 septembre 1870–6 février 1871), hrsg. von J. Reinach, Paris 1889
Dépêches, circulaires, décrets, proclamations et discours de Léon Gambetta, Charpentier 1886
Discours et plaidoyers choisis. Avec une notice biographique par Joseph Reinach, Paris 1883
Discours et plaidoyers politiques de M. Gambetta, publiés par Joseph Reinach, 11 Bde., Paris 1881ff.

LITERATUR ÜBER GAMBETTA

Amson, D., Gambetta ou le rêve brisé, Paris 1994
Antonmattei, P., Léon Gambetta – hérault de la République, Paris 1999
Cartier, R., Léon Gambetta, Lyon 1946
Bury, J. P. T., Gambetta and the Making of the Third Republic, London 1973
Chastenet, J., Gambetta, Paris 1968
Deschanel, P., Gambetta, Paris 1919
Kohly, M. G., Gambetta, Paris 1929
Reinach, J., La vie politique de Léon Gambetta suivie d'autres essais sur Gambetta, Paris 1918
Tank, K. L., Gambetta. Ein politischer Kämpfer gegen Despotismus und Anarchie, Essen 1937
Wormser, G., Gambetta dans les tempêtes, Paris 1964

GESAMTDARSTELLUNGEN ZUR ZEIT

Broglie, G. de, L'Orléanisme. La ressource libérale de la France, Paris 1981
Girard, L., La IIe République (1848–1852), Paris 1968
Hammer, K./Hartmann, P. C. (Hrsg.), Der Bonapartismus – Le Bonapartisme. Historisches Phänomen und politischer Mythos, München 1977
Mayeur, J.-M., Les débuts de la Troisième République 1871–1898, Paris 1980
Reclus, M., Grandeur de „la Troisème". De Gambetta à Poincaré, Paris 1948
Roepke, F., Von Gambetta bis Clemenceau. 50 Jahre französische Politik und Geschichte, Stuttgart/Berlin 1922
Roux, Marquis de, Origines et fondation de la Troisième République, Paris 1933

Jules Ferry (1832–1893)

II.

JULES FERRY
(1832–1893)

Als zweites Kind eines Rechtsanwaltes am 5. April 1832 im elsässischen St.-Diè geboren, fand Jules Ferry zeit seines Lebens die moralische, politische und bisweilen auch die finanzielle Unterstützung seiner sechs Jahre älteren Schwester Adèle und seines zwei Jahre jüngeren Bruders Charles. Die Familie verlegte ihren Wohnsitz 1846 zunächst nach Strasbourg, vier Jahre später dann nach Paris. Als brillanter Schüler der École de Droit in der französischen Metropole und eingenommen von der Demokratisierung der französischen Gesellschaft in der Zweiten Republik (1848–1852), visierte der junge Ferry die Laufbahn eines Beamten im höheren Dienst an. Die Enttäuschung über den Staatsstreich des späteren Napoleon III. bewirkte seine berufliche Umorientierung. Er wurde Volontär in der renommierten Kanzlei von Pierre Berryer, einem ebenso bekannten wie engagierten Legitimisten. Dessen Auftrag, zur Eröffnung einer Konferenz der Rechtsanwälte zu sprechen, gab dem jungen Ferry 1855 erstmals die Möglichkeit, seine Ideen von sozialer Gerechtigkeit, Gewissensfreiheit und der Trennung von Staat und Kirche zu propagieren. In der Folge suchten die Opponenten des Zweiten Kaiserreiches die Bekanntschaft Ferrys, der mit Hector Berlioz und Franz Liszt ebenso debattierte wie mit Émile Ollivier und Léon Gambetta. Bereits in den ersten Artikeln über die Industriepolitik Napoleon III., die Ende der 50er Jahre im Courrier de Paris und in der Revue des Deux Mondes erschienen, verband sich das journalistische Talent Ferrys mit seinem politischen Engagement. Diese Verbindung fand ihre Fortsetzung bei der Vorbereitung der Wahlen von 1863. Als sich Ferry in seiner

Broschüre „La lutte électorale" ausgesprochen kritisch mit der im Zweiten Kaiserreich üblichen Praxis der offiziellen Kandidaturen auseinander setzte, brachte ihm das auf der einen Seite eine Geldstrafe ein, begünstigte zugleich aber auch durch den größer werdenden Bekanntheitsgrad seinen beruflichen und politischen Aufstieg. Das Journal Le Temps, bekanntestes Sprachrohr der republikanischen Opposition dieser Zeit, bot Ferry die reguläre Mitarbeit in der Redaktion an. Die Veröffentlichung der Artikelserie „Les Comptes fantastiques d'Haussmann", die – aus der Feder Ferrys stammend – sich ausgesprochen kritisch mit den Praktiken bei der Umgestaltung von Paris befasste, ließen sowohl Ferry als auch die Zeitschrift landesweit bekannt werden. Gemeinsam mit Jules Favre gründete er in Vorbereitung der Wahlen von 1869 die republikanische Wochenschrift L'Electeur libre, in der die Kampagne zur Demokratisierung der Gesellschaft vehement fortgesetzt wurde. Der persönliche Erfolg, den Ferry mit seiner Wahl zum Deputierten von Paris im Mai 1869 errang, wurde durch kaiserliches Votum zunichte gemacht. Mit dem Zusammenbruch des Zweiten Kaiserreiches begann die politische Karriere des begabten Journalisten. In der Regierung der Nationalen Verteidigung übernahm Ferry das Amt des Staatssekretärs für nationale Verteidigung. In dieser Funktion befreite er an der Spitze von Truppen der Nationalgarde am 31. Oktober 1870 die von Aufständischen im Pariser Rathaus festgesetzte Regierung. Während der preußischen Belagerung von Paris fiel Ferry auch die schwierige Aufgabe zu, die Versorgung der hauptstädtischen Bevölkerung zu sichern. Der fehlgeschlagene Versuch, mittels Kleie und Hafer das vorhandene Mehl zu strecken und auf diese Weise Tausende vor dem Hungertod zu bewahren, brachte ihm den Beinamen Ferry famine ein, den Opponenten jeglicher politischer Couleur bis an sein Lebensende strapazierten. Bei den Wahlen zur Nationalversammlung im Februar 1871 wurde Ferry als Deputierter der Vogesen gewählt. Als er bei Ausbruch der Pariser Kommune im März 1871 vom Regierungschef Adolphe Thiers den Befehl erhielt, die Hauptstadt zu evakuieren, widersetzte sich Ferry. Doch sein Versuch, die legale Macht im Rathaus zu verteidigen, schlug fehl und zwang den Politiker, dessen Tod auf den Straßen gefordert wurde, sich tagelang zu verstecken. Am 6. Juni 1871 trat er offiziell von allen Ämtern zurück. In der Folgezeit erwies sich Ferry sowohl in der Nationalversammlung als auch in den aus seiner Feder stammenden Artikeln als ein geistvoller und scharfzüngiger Kritiker von Thiers und des von ihm eingeschlagenen politischen Kurses. Mit seiner Berufung zum Botschafter in Athen (12. Mai 1872) versuchte der Regierungschef, der Opposition einen ihrer Wortführer zu entziehen. Nur wenige Tage nach dem Sturz von Thiers demissionierte Ferry und nahm seine Tätigkeit als Abgeordneter wieder auf. Die Vermählung mit Eugénie Risler im Oktober 1875 war von mehr als nur individueller Bedeutung. Sie brachte für Ferry auch die Verbindung mit einer elsässischen Familie von Industriellen und Bankiers, die seit Generationen für ihre liberale und antiklerikale Einstellung bekannt waren, und blieb deshalb nicht ohne Einfluss auf die politischen Ansichten Ferrys. Nach seiner Wiederwahl in die Nationalversammlung avancierte der Politiker aus den Vogesen, sich zwischen Gambetta und Georges Clemenceau positionierend, zu einem der Wortführer der republikanischen Linken. Da Ferry in der Entwicklung der kommunalen Demokratie den Garant für die Stabilität der Republik sah, wurde deren Förderung zum Schwerpunkt seiner parlamentarischen Tätigkeit. Als Jules Grévy nach dem Rücktritt Patrice de Mac-Mahons im Januar 1879 Präsident der Republik wurde, berief er Ferry zum Bildungsminister. In harten politischen Auseinandersetzungen gelang es Ferry, der von September 1880 bis November 1881 sowie vom Februar 1883 bis März 1885 zugleich das Amt des Ministerpräsidenten bekleidete, eine von Verweltlichung und Vereinheitlichung geprägte Modernisierung des gesamten französischen Bildungswesens auf den Weg zu bringen. Nachdem er das Amt des Bildungsministers mit Unterbrechungen bis zum November 1883 ausgeübt hatte, übernahm er die Leitung des Außenministeriums, die er bis März 1885 innehatte. Überzeugt von der besonderen Verpflichtung und der Fähigkeit Frankreichs, weltweit zivilisatorisch tätig zu werden, legte Ferry mit den von ihm initiierten kolonialpolitischen Aktivitäten die entscheidende Grundlage für die koloniale Inbesitznahme weiter Teile Schwarzafrikas durch die Dritte Republik. Das anfängliche Scheitern der von ihm betriebenen Indochinapolitik führte im März 1885 zum Sturz Ferrys. Als Präsident Grévy 1887 von seinem Amt zurücktrat, schien die Wiedererlangung einer maßgeblichen politischen Position für Ferry möglich. Doch bei der Kandidatur für den Platz im Elysée unterlag er klar. Nur Wochen später wurde Ferry Opfer eines Attentats, das seine Gesundheit bleibend beeinträchtigte. Bei den Legislativwahlen vom Oktober 1889 verlor der elsässische Politiker seinen Sitz im Parlament. Mit der Wahl in den Senat gelang Ferry im Februar 1891 die Rückkehr auf die nationale politische Bühne. Einerseits galt sein besonderes Interesse auch in dieser Funktion der Kolonialpolitik, andererseits widmete sich Ferry verstärkt sozialen Problemen. Am 24. Februar 1893 wählte man Ferry zum Präsidenten des Senats, in ein Amt, das er nur wenige Wochen bis zu seinem Tod am 17. März 1893 ausüben konnte.

Weichensteller ohne Gott
und König ...

Die Niederlage von 1870/71 lastete auch am Ende des Jahrzehnts noch schwer auf der französischen Gesellschaft. Zwar war es den demokratischen Kräften des Landes – unter der Ägide von Léon Gambetta – gelungen, die Republik als Staatsform zu etablieren, doch sie stand auf schwachen Beinen. Der seit 1873 als Präsident der Republik im Amt befindliche Marschall Mac-Mahon verstand sich erklärtermaßen als Platzhalter der französischen Monarchie. Die Differenzierung der republikanischen Kräfte in der Kammer sowie im Senat setzte sich fort und fand ihre Ergänzung in einer zunehmenden persönlichen Rivalität zwischen den Wortführern der unterschiedlichen Fraktionen. Die als Reparationen nach Deutschland geflossenen Millionen hatten der Wirtschaft jene Mittel entzogen, die für eine Modernisierung von Industrie, Landwirtschaft und Infrastruktur unabdingbar waren. Und während deshalb die Schwierigkeiten wuchsen, sich auf den internationalen Märkten zu behaupten, schrumpfte infolge eines deutlichen Bevölkerungsrückgangs der nationale Markt zusehens. Psychologisch lastete der Verlust des Elsass und der Teile von Lothringen schwer auf einer Gesellschaft, die traumatisch noch immer nach Erklärungen für die im deutsch-französischen Krieg erlittene Demütigung der *Grande Nation* suchte.

Als sich bei den Wahlen zum Senat im Januar 1879 die Mehrheitsverhältnisse auch in dieser Kammer zugunsten der Republikaner verschoben, erhöhten diese ihren Druck auf Präsident Mac-Mahon. Doch auch angesichts der sich verschärfenden wirtschaftlichen und politischen Krisensymptome war dieser nicht – wie von ihm gefordert – bereit, die hohen Verwaltungsebenen und die Generalität der Armee von konservativen und monarchistischen Kräften zu säubern. Stattdessen demissionierte der Präsident. Während die Monarchie in Frankreich auf diese Weise im Januar 1879 ihren Platzhalter einbüßte, verlor sie durch den Tod Louis Napoleons nur Monate später auch den bonapartistischen Thronprätendenten.

Getragen von der starken Mehrheit in der Kammer und im Senat, wurde Jules Grévy zum neuen Präsidenten der Republik gewählt. Der von ihm zum Ministerpräsidenten berufene William-Henri Waddington präsentierte am 4. Februar 1879 sein Kabinett, in dem Ferry das Amt des Bildungsministers übertragen wurde. Noch bevor der begabte Journalist und überzeugte Republikaner nur wenige

Wochen später mit seinen Gesetzesinitiativen die gesamte Öffentlichkeit in Aufregung versetzte, bemühte sich die Regierung Waddington durch einige Gesten mit hohem patriotischen Symbolgehalt Rückhalt in der Bevölkerung zu gewinnen. Mit der Rückkehr beider Kammern des Parlamentes wurde Paris in der politischen Realität wieder zur französischen Hauptstadt. Die Marseillaise erklärte man nun auch offiziell zur Nationalhymne. Eine Teilamnestie für die verurteilten Kommunarden komplettierte die erste Etappe einer symbolischen Verankerung republikanischer Ideale im täglichen Leben.

Niemand konnte ahnen, dass mit dem Eintritt Ferrys in das Kabinett Waddington ein Abschnitt in der Entwicklung Frankreichs begann, in dem die Dritte Republik und, über deren Bestand hinaus, die französische Gesellschaft eine bleibende politische und soziokulturelle Prägung erfahren sollte. Beeinflusst von den Gedanken der französischen Aufklärung und auch als geistiger Erbe von Jean Marie Condorcet, sah sich der Positivist Ferry vor eine komplizierte Aufgabe gestellt. Im Interesse der demokratischen Fundierung der Republik ging es ihm um die Trennung von weltlicher und geistlicher Macht. Dieser Überzeugung folgend, war der offene Ausbruch des Konfliktes mit den konservativen politischen Kräften und in besonderem Maße der mit der katholischen Kirche absehbar. Parallel dazu brachte die von Ferry stets betonte Notwendigkeit, bei allen Veränderungen die sozialen Realitäten zu berücksichtigen, ihm die Kritik des radikalen Flügels der Republikaner ein.

Mit der Neubesetzung wichtiger Ämter im Bildungsministerium signalisierte Ferry bereits 1879 die Richtung der von ihm avisierten schul- und hochschulpolitischen Veränderungen. An die Spitze des Grundschulwesens stellte Ferry keinen Geringeren als Ferdinand Buisson. Der liberale Protestant und spätere Friedensnobelpreisträger (1927) hatte unter Napoleon III. den Eid auf das Kaiserreich verweigert und war als Direktor der *Revue pédagogique* vehement für eine säkularisierte Bildungspolitik eingetreten, deren moralische Grundmaximen er mit republikanischen Idealen und patriotischen Überzeugungen verband. Eine enge Freundschaft verband Buisson mit dem ehemaligen Pastor Félix Pécaut, den Ferry mit der Organisation und Leitung der *École normale supérieure* von Fontenay-aux-Roses beauftragte. Komplettiert wurde der reformorientierte Kreis um Ferry durch Jules Steeg. Der Protestant, der wegen Beleidigung der katholischen Kirche 1877 verfolgt worden war, stand politisch und persönlich Buisson und Pécaut nahe.

Das schon von den Zeitgenossen so empfundene „Zeitalter Ferrys" begann am 15. März 1879 mit der Vorlage zweier Gesetzesinitiativen. Mit dem Gesetz über die Reform des Obersten Rates wollte der neue Bildungsminister sicherstellen, dass es maßgeblich der Staat war, der die Lenkung der universitären und Hochschulbildung wahrnahm und dass mittels dieser Position die Verbreitung republikanischer Ideale befördert wurde. Bis zur Annahme des Gesetzes im Februar 1880 waren von den 36 Mitgliedern des Obersten Rates lediglich drei direkt von der Regierung benannt worden. Neben 14 Vertretern der Universitäten hatten 19 Mitglieder außeruniversitärer Gremien den Rat komplettiert. Ferrys Gesetz erweiterte die Zahl der Ratsmitglieder und ließ durch die Modalitäten der Zusammensetzung den staatlichen Einfluss auf dieses Organ dominant werden. Vertretern der Kirchen wurde der Zugang zum Obersten Rat verwehrt. Dessen neuer, demokratisch geprägter Charakter fand seine besondere Betonung durch den Umstand, dass sämtliche Ratsmitglieder, die den Universitäten, Hoch- und Grundschulen entstammten, von diesen Körperschaften selbst bestimmt worden waren. Der von Ferry geschaffene, den republikanischen Idealen verpflichtete Rat nahm umgehend die Reform des Abiturs und der Inhalte des Unterrichts in Angriff.[1] Doch während das französische Universitäts- und Hochschulwesen durch die erste der Reformen auf der einen Seite in die republikanische Pflicht genommen wurde, ordnete es sich auf der anderen der staatlichen Verwaltung unter und entwickelte ob der Zusammensetzung des Rates ein Maß an Selbstbezogenheit, das für das französische Hochschulwesen noch heute signifikant ist.[2]

Von der festen Absicht geprägt, der akademischen Bildung in der noch jungen Republik eine laizistische Prägung zu geben, war die zweite Gesetzesvorlage Ferrys. Sie sah die Abschaffung der gemischten Jurys vor, in deren Verantwortung die Verleihung akademischer Grade an katholischen Universitäten seit einem Gesetz vom 12. Juli 1875 lag. Der Werdegang des von Ferry initiierten Projektes verdeutlichte sehr bald, dass die Republikaner zwar in der Kammer über eine solide Mehrheit verfügten und auch im Senat die politisch gewichtigste Gruppe verkörperten, dass sie aber nur bedingt als geschlossene politische Einheit agierten und außerdem mit starken außerparlamentarischen Widerständen zu rechnen hatten.

Nur wenige Monate nach dem Amtsantritt Ferrys votierte die Kammer mit solider Mehrheit für den Gesetzentwurf. Die Diskussion im Senat, die im Dezember 1879 begann, entzündete sich an Artikel 7 des Projektes. Dieser Artikel unter-

---

1   Vgl. Trouillet, B., „Der Sieg des preußischen Schulmeisters" und seine Folgen für Frankreich 1870–1914, Frankfurt a. M. 1991, S. 141ff.
2   Vgl. Caron, F., Frankreich im Zeitalter des Imperialismus 1851–1918, Stuttgart 1991, S. 369ff.

sagte vom Staat nichtautorisierten Mitgliedern religiöser Orden sowohl den Unterricht an einer Schule als auch deren Leitung. Damit zielte der Gesetzentwurf auf eine weitere Verstärkung der staatlichen, nunmehr republikanischen Kontrolle über die Organisation des Bildungswesens und über deren Inhalte. Richtete sich der Artikel 7 formell gegen den Einfluss aller Orden, so zielte er in der Realität hauptsächlich auf den der Jesuiten. Der Orden hatte die 1850 eingeführte Unterrichtsfreiheit weidlich genutzt. In einer Vielzahl von Gymnasien, die der Leitung der Jesuiten unterstanden, bemühte man sich, die künftige Elite Frankreichs im antirepublikanischen Geist zu bilden und zu erziehen. Der Widerstand im Senat gegen den Artikel 7 fand seinen Wortführer in keinem Geringeren als Jules Simon. Bildungsminister in der Regierung der Nationalen Verteidigung sowie unter der Regierung Thiers war Simon einer der populärsten Vertreter der republikanischen Partei. Als Grundlage für die Debatte legte Simon dem Senat am 8. Dezember 1879 einen Bericht vor, der sich gegen den Artikel 7 aussprach. Parallel zu dem sich im Senat formierenden Widerstand, der am 15. März 1880 in eine klare Ablehnung des gesamten Gesetzentwurfes durch das Gremium mündete, mobilisierte die katholische Kirche die Öffentlichkeit. Eine Unterschriftensammlung brachte mehr als 1,5 Millionen Stimmen gegen den Artikel 7 zusammen. In praktisch allen Provinzen bemühten sich katholische Komitees die Öffentlichkeit gegen die von Ferry avisierten Veränderungen, und damit letztlich gegen die Konsolidierung der Republik, zu mobilisieren.

Jules Ferry scheute sich nicht, dem Widerstand gegen seinen Gesetzentwurf auch mit außerparlamentarischen Mitteln zu begegnen. Im September 1879 begab er sich auf eine Vortragsreise in den Süden des Landes, den er nach eigenem Bekunden erstmals näher kennen lernte. In seinen Reden stellte er stets sorgsam klar, dass es den Republikanern nicht um einen Angriff auf den Katholizismus ginge, sondern um die Beendigung der jesuitischen Dominanz in Schulen und Hochschulen, in der die Republikaner nicht zuletzt wegen des großen Einflusses auf die Ausbildung des Offizierskorps eine Bedrohung für die Demokratisierung der Gesellschaft sahen. Ferry erfuhr bei seiner Reise in Toulouse, Montpellier, Marseille und anderen Orten einen zum Teil begeisterten Empfang, der primär seinem Engagement für den viel umstrittenen Artikel galt.[3] Doch weder der ferry'sche Aktionismus noch die national publik gewordene breite Akzeptanz der Bevölkerung für den Gesetzentwurf beeinflusste die Entscheidung im Senat.

---

3   Vgl. Reclus, M., Jules Ferry, Paris 1947, S. 155ff.

Nur zwei Wochen, nachdem dieser mit 347 zu 133 dem Gesetz seine Zustimmung verweigert hatte, erließ die Regierung, die nicht bereit war, es bei dieser politischen Niederlage bewenden zu lassen, zwei Dekrete. Mit dem ersten dieser Erlasse ordnete man die Auflösung des Jesuitenordens an. Durch den bewussten Rückgriff auf Gesetze aus der Zeit des Konsulats nahm der von Ferry inspirierte Beschluss dem zu erwartenden politischen Widerstand klerikaler und konservativer Kräfte einen Großteil seiner Entfaltungsmöglichkeit. Das zweite Dekret forderte alle anderen kirchlichen Lehranstalten auf, sich um eine staatliche Genehmigung für ihre Tätigkeit zu bemühen, setzte dafür eine Frist von sechs Monaten und drohte bei deren Nichteinhaltung mit Schließung. Die Wellen der Empörung schlugen hoch. Die katholische Presse hob erneut zu einer Kampagne an, in deren Verlauf die Dekrete Ferrys zu einem Teil des unversöhnlichen Krieges zwischen Katholiken und „regierungsunfähigen Umstürzlern" hochstilisiert wurden. Von den Orden wurde eine Petitionskampagne organisiert. Die gesammelten Bittschriften, mit denen man sich daraufhin an den Senat wandte, wurden von diesem zwar diskutiert, eine offizielle Beratung lehnte das Gremium jedoch ab. Während der seit 1879 im Amt befindliche Ministerpräsident Charles Louis de Freycinet um Vermittlung bemüht war und intensiv mit dem Heiligen Stuhl, der französischen Ordensgeistlichkeit und dem päpstlichen Nuntius in Paris verhandelte, entwickelte sich der passive Widerstand der Orden immer deutlicher zur Hauptform des Protestes. Aus Solidarität mit den Jesuiten weigerten sich die Ordensgemeinschaften, die staatliche Zulassung für die von ihnen betriebenen Schulen zu beantragen. In der festen Überzeugung von der Notwendigkeit und Richtigkeit des eingeschlagenen Kurses führte Ferry seine Politik schon zu diesem Zeitpunkt mit einer Konsequenz, die auch seinen Gegnern Respekt abverlangte.

Ende Juni 1880 begann die Ausweisung der Jesuiten aus Frankreich. Die Umsetzung des ersten Dekrets ließ die Gräben zwischen den politischen Lagern der noch jungen Republik breiter werden und führte darüber hinaus zum Sturz der Regierung Freycinet. Da die Jesuiten freiwillig nicht bereit waren, das Land zu verlassen, war zur Schließung eines jeden Ordenshauses der Einsatz von Polizei unabdingbar. Wenn die Patres dann in betont demütiger Haltung der republikanischen Ordnungsmacht wichen, wurden sie von Vertretern der eifernden konservativen und katholischen Presse erwartet und zum Sinnbild menschlicher Entrechtung in der Republik gemacht.

Hinter den Kulissen verhandelten indes Vertreter der Regierung und des Heiligen Stuhles. Dessen Ziel war es, nunmehr zumindest die Umsetzung des zweiten Dekrets zu verhindern. Als diese Verhandlungen der Öffentlichkeit bekannt wurden, betrieben die Republikaner um Gambetta und Ferry den Rücktritt des verantwortlichen Innenministers Ernest Constans. Nur zwei Tage später trat auch Freycinet von seinem Amt zurück und machte damit den Weg für Ferry frei. Während der Elsässer schon durch den Beginn seiner reformerischen Tätigkeit bei vielen seiner Landsleute das Image eines eifernden Vertreters republikanischer Ideen gewonnen hatte, galt er im Lager der Republikaner zu Recht als Vertreter des gemäßigten Flügels und schien damit geeignet, deren unterschiedliche Fraktionen zusammenzuhalten.[4] Doch Denken und Handeln des neuen Ministerpräsidenten bewegten sich nicht nur in parteipolitischen Dimensionen. Vielmehr verstand Ferry die republikanische Partei und sich selbst als legitime und befähigte Sachwalter der nationalen Interessen des französischen Volkes und sah beide vor drei grundsätzliche Aufgaben gestellt: „Zuerst die Armee wiederherstellen, dann auf der Grundlage des allgemeinen Wahlrechts die Regierung, d.h. die Republik neu zu gestalten, aber auch die nationale Seele durch die nationale Schule wieder erstehen zu lassen."[5]

Die inhaltlichen Neuorientierungen, die sich auf der Basis solcher Prämissen zunächst im Hochschulbereich vollzogen, waren wenig spektakulär, erzielten aber bereits mittelbare Wirkung. Bei der Auseinandersetzung mit Gegnern seiner Politik, jedoch auch um Unentschlossene zu überzeugen, bediente sich Ferry bisweilen eines verbal überbetonten Patriotismus und scheute auch nicht die Vergleiche mit dem Sieger von 1870/71. Es gelte, so ließ der Bildungsminister wiederholt verlauten, die finanzielle und geistige Armut der französischen Hochschulen zu beseitigen, die so sehr mit dem Glanz der deutschen kontrastiere. Unter der Ägide Ferrys wurde innerhalb weniger Jahre die Anzahl der Lehrstühle nahezu verdoppelt. Mit dem Observatorium in Meudon, dem nationalen Büro für Meteorologie und der Fakultät für protestantische Theologie in Paris entstanden Forschungs- und Lehreinrichtungen, die von sich reden machten. Für geographische und ethnographische Forschungen sowie für die Archäologie begannen die Gelder reichlich zu fließen und bereiteten im wohlverstandenen Eigeninteresse der erstarkenden Republik den Boden für die koloniale Expansion Frankreichs.[6]

Nicht minder tief greifend waren die von Ferry in Gang gesetzten Veränderungen im Sekundarschulbereich. Auf der Grundlage eines verstaatlichten Schul-

---

4   Vgl. Mayeur, J.-M., Les débuts de la Troisième République 1871–1889, Paris 1980, S. 95ff.
5   Zit. nach: Rudelle, O., Jules Ferry et le Gouvernement de la République, in: Jules Ferry, fondateur de la République, Actes du colloque, présentés par F. Furet, Paris 1985, S. 129.
6   Vgl. Bouche, D., Histoire de la colonisation française, Paris 1991, S. 53ff.

wesens suchten die Republikaner gleiche Bedingungen für alle Schüler zu schaffen und die Inhalte des vermittelten Wissens zu demokratisieren, um auf diese Weise das politische Fundament der jungen Republik zu festigen. Mit dem Gesetz vom 21. Dezember 1880 genehmigte man die Einrichtung von Lycéen für Mädchen, und nur ein Jahr später eröffnete mit der *École normale supérieure* in den ehemaligen Gebäuden der Porzellanmanufaktur von Sèvres das erste Lycéum. Die Veränderungen in diesem Bereich des höheren Schulwesens, in dem die Orden noch bis in das Vorfeld des Ersten Weltkrieges die Oberhand behielten, vollzogen sich jedoch langsamer und weniger spektakulär. Insofern konnten die Republikaner unter der Ägide von Ferry die politische Absicht, die sich hinter den Maßnahmen verbarg, nur im Ansatz Wirklichkeit werden lassen. Nach der Vorstellung von Ferry sollte eine säkularisierte und vom Staat inhaltlich und organisatorisch determinierte höhere Bildung für Mädchen dem beträchtlichen Einfluss der Kirche entgegenwirken und – in einer Art patriotischer Gesellschaftsplanung – den republikanisch gesinnten Männern die Möglichkeit geben, republikanisch erzogene und gebildete Frauen zu finden.[7]

Im September 1880 übernahm Ferry zum ersten Mal das Amt des Ministerpräsidenten. Da er zugleich die Verantwortung für das Bildungsressort behielt, hatten sich die Möglichkeiten zur Umsetzung seiner Ideen deutlich verbessert und Ferry zögerte nicht, davon Gebrauch zu machen. Auf seine Anweisung hin begann die Polizei am 16. Oktober 1880 mit der Durchführung des zweiten Dekrets. Die Weigerung, sich nicht um eine staatliche Zulassung zu bemühen, die zugleich Ausdruck des Protestes gegen die republikanische Regierung und der Solidarität mit den Jesuiten war, erleichterte der Regierung Ferry die Umsetzung dieses Dekrets juristisch und politisch. Im Dezember verkündete die Regierung, dass 261 Klöster geschlossen und mehr als 5000 Ordensgeistliche ausgewiesen worden seien. Konsequenterweise hatte Ferry auch jene Beamten entlassen, die sich den Gesetzen widersetzt hatten. Diese Entschlossenheit im politischen Handeln des Bildungsministers und Ministerpräsidenten zeigte sich zeit seines Wirkens an herausragender Position, schlug aber niemals in einen eifernden Starrsinn um. Der kritisch abwägende und differenzierende Blick auf die politischen und sozialen Gegebenheiten, den sich Ferry bewahrte, trug ihm im Lager der Republikaner den Ruf eines Opportunisten ein und führte zu heftigen Auseinandersetzungen mit Gambetta und Georges Clemenceau. Bei seinem Vorgehen gegen die

---

7 Vgl. Mayezr, F., La femme dans la société selon Jules Ferry, in: Jules Ferry, fondateur de la République …, a.a.O., S. 79ff.

dominante Rolle der Orden im Bildungswesen war der Realitätssinn des Ministerpräsidenten ein Faktor, der eine weitere Zuspitzung der innenpolitischen Situation verhindern half. Ferry akzeptierte stillschweigend, dass die Dekrete in den einzelnen Départements unterschiedlich gehandhabt wurden, er ließ die Nonnenklöster unbehelligt und respektierte uneingeschränkt die Besitzrechte der Orden.

Zum Kernstück der ferry'schen Umgestaltung des Bildungswesens entwickelte sich die Reform des Grundschulwesens. Als Reaktion auf die seit langem konstatierten intellektuellen und pädagogischen Defizite der Grundschullehrer verabschiedete die Regierung am 9. August 1879 zunächst ein Gesetz, das die Départements verpflichtete, innerhalb von vier Jahren Ausbildungsstätten für Lehrerinnen zu schaffen. Gleichzeitig schuf man mit den beiden *Écoles normales supérieures* in Fontenay-aux-Roses und in St.-Cloud den Rahmen für die künftigen Lehrerseminare. Das Gesetz vom 16. Juni 1881 füllte dann den von der Regierung geschaffenen Rahmen inhaltlich aus. Nach diesem Gesetz sollte der Unterricht für Jungen und Mädchen im Alter von sechs bis dreizehn Jahren sowohl an öffentlichen wie auch an freien Schulen obligatorisch und kostenlos sein. Regte sich gegen dieses Vorhaben bereits parlamentarischer Widerstand durch die Führer konservativer Kreise, so gewann dieser neue Dimensionen, als Paul Bert einen Gesetzentwurf vorlegte, mit dem der Laizismus zur Pflicht erhoben und damit die völlige Trennung von Staat und Kirche sowohl im Unterricht als auch im Lehrkörper angestrebt wurde. Gegen diese vorgebliche „Dechristianisierung" Frankreichs machten Vertreter des Katholizismus ebenso mobil wie einige Anhänger der gemäßigten Republikaner. Populistisch aufbereitet, protestierten sie in Kammer und Öffentlichkeit gegen die „Aufgabe der Seele Frankreichs" und wurden nicht müde zu betonen, dass eine Schule ohne Gott notwendigerweise eine Schule gegen Gott sein würde. Es war Ferry, der in den erhitzt geführten Debatten wiederholt das Wort ergriff und mit der ihm eigenen Wortgewandtheit die Prinzipien und Ziele des Gesetzentwurfes verteidigte. Zum einen würde durch das Gesetz jegliches besondere Dogma aus dem Bildungsprogramm herausgenommen und zum anderen würde es der moralischen und staatsbürgerlichen Bildung und Erziehung den höchsten Stellenwert verschaffen. „Die konfessionelle Neutralität ... wird zur Sicherheit des Staates und zur Zukunft folgender Generationen beitragen, sie ist von allgemeinem Interesse ...", betonte Ferry.[8] Doch selbst der vehe-

---

8   Zit. nach: Reclus, M., Jules Ferry, a.a.O., S. 213.

mente Einsatz des Ministerpräsidenten konnte nicht verhindern, dass der Senat nach einer ersten Lesung den Gesetzentwurf am 2. Juli 1881 ablehnte. Nur wenig später verfiel jedoch auch der Abänderungsvorschlag, den der bekannte Bildungspolitiker Simon der Deputiertenkammer vorlegte, der Ablehnung.

Die in Bezug auf dieses Gesetz entstandene Pattsituation zwischen dem Senat auf der einen und der Deputiertenkammer auf der anderen Seite, die im Kern das Kräfteverhältnis zwischen den gemäßigten und den radikalen republikanischen Kräften darstellte, wurde erst mit den Senatswahlen im Januar des Folgejahres aufgehoben. In deren Ergebnis hatten die Vertreter der radikalen Republikaner so deutlich an Boden gewonnen, dass der ursprüngliche Gesetzentwurf im März den Senat passierte. Ferry, der auch verbal darum bemüht war, der Argumentation politisch Andersdenkender keinen Vorschub zu leisten und deshalb stets von „religiöser Neutralität" statt von Laizismus sprach, nutzte die für ihn günstige politische Konstellation aus. Zwar wurde auch künftig in den öffentlichen Schulen an einem Tag in der Woche Religionsunterricht erteilt, jedoch wurde Pfarrern der Zutritt zu den Schulgebäuden verwehrt. Das Gesetz vom 28. März 1882 führte in Frankreich die obligatorische Schulpflicht für alle Kinder zwischen sechs und dreizehn Jahren ein. Sofern die Kinder dieser Pflicht nicht in öffentlichen oder privaten Schulen nachkamen, oblag es dem Familienvater bzw. einer von ihm ausgewählten Person, für den Unterricht Sorge zu tragen. Von der Prämisse ausgehend, dass zwar die religiöse Bildung in der Hand der Kirche und der Eltern liegen müsse, dass jedoch die moralische und staatsbürgerlich-republikanische Prägung der Kinder Aufgabe der Schulen sei und damit in Verantwortung des Staates liege, scheute Ferry auch nicht vor drastischen Maßnahmen zurück.[9] In den Gemeinden wurden Kommissionen eingesetzt, die die Realisierung des Gesetzes zu überwachen hatten. Die Namen jener Eltern, die sich widersetzten, wurden an den Rathaustüren bekannt gemacht. Pfarrern, die gegen das Gesetz und die neu eingeführten Lehrbücher protestierten, wurde zeitweise die Zahlung ihrer Gehälter ausgesetzt.

Auch wenn die Durchsetzung der allgemeinen Schulpflicht besonders auf dem Land erst nach Jahrzehnten vollständig realisiert wurde und der Widerstand gegen die Trennung von Staat und Kirche bei der Ausbildung und Erziehung erst langsam nachließ, ist es das bleibende Verdienst Ferrys, in einem politischen Kraftakt und mit hohem persönlichen Einsatz eine richtungsweisende Umgestal-

---

9 Vgl. Ferry, J., Circulaire, adressé par M. le Ministre de l'Instruction publique aux instituteurs, Paris, le 17 novembre 1883.

tung und Modernisierung des Bildungswesens auf den Weg gebracht zu haben. Mit dessen patriotischer Ausrichtung trug es unzweifelhaft zur Rückgewinnung jenes nationalen Selbstwertgefühls bei, das nicht zuletzt durch den verlorenen Krieg von 1870/71 einen demütigenden Rückschlag erlitten hatte. Durch seine Orientierung auf die durch die Republik symbolisierten demokratischen Grundwerte und die demonstrative Hervorhebung jener Rolle, die der Familie und insbesondere dem Familienoberhaupt zukamen, dokumentierte die Bildungsreform von Ferry zum einen ihre Verwurzelung in traditionellen Werten, zum anderen aber auch den hohen Stellenwert, den man der Bildung für die dauerhafte Festigung der Grundlagen der Republik beimaß. Schon zeitgenössische Beobachter waren sich darin einig, dass solch tief greifenden Veränderungen, wie sie mit der Bildungsreform in Gang gesetzt wurden, ohne die visionäre Kraft Ferrys, ohne dessen festen Willen, im Interesse der Republik das politisch Machbare umzusetzen, und ohne die Durchsetzungskraft des Rechtsanwaltes aus dem Elsass schwer möglich gewesen wären. Bei dieser Einschätzung teilten nicht alle die Emphase von Gabriel Hanotaux, der zu dem Schluss kam, Frankreich hätte seit Napoleon keinen solch impulsgebenden Staatsmann gehabt wie Jules Ferry.

Ein summarischer Blick auf jenes Gesetzeswerk, das allein in der Zeit des ersten von Ferry geführten Kabinetts verabschiedet wurde, unterstreicht aber nachdrücklich dessen rastlosen Einsatz für die Demokratisierung des französischen Staates. Bildeten die hart umkämpften Schulgesetze den Bereich seiner politischen Tätigkeit, der in der nationalen und internationalen Öffentlichkeit die größte Aufmerksamkeit erregte, so waren die Gesetze, die die Rechte der Kommunen (21. April 1881), die Versammlungsfreiheit (30. Juni 1881) und die Pressefreiheit (29. Juli 1881) fixierten, für die Demokratisierung der Gesellschaft von nicht geringerer Bedeutung. Hier setzte das erste Kabinett Ferry eine Reihe jener Forderungen um, mit denen die republikanischen Kräfte im Zweiten Kaiserreich die Opposition geführt hatten.[10] Der dritte Bereich der vom Kabinett in dieser Zeit auf den Weg gebrachten prägenden Gesetze betraf mit der Schaffung der Postsparkasse (9. April 1881), der Einführung allgemeiner Zolltarife (7. Mai 1881) und der Gründung einer Gesundheitspolizei für Tiere (21. Juli 1881) auf den ersten Blick lediglich technische Fragen. Hinter diesen Gesetzen stand jedoch die Überzeugung Ferrys und der von ihm repräsentierten *Gauche républicaine*, dass die Konsolidierung der Republik unabdingbar Regelungen einschließen musste,

---

10   Vgl. Aubry, O., Das Zweite Kaiserreich, Zürich o. J., S. 592ff.

die der Bauernschaft, die noch immer die Majorität der Bevölkerung darstellte, verbesserte Existenzbedingungen schufen.

In dem Maße, wie sich am Beginn der 80er Jahre immer deutlicher zeigte, dass die anfänglichen Verwerfungen der republikanischen Ordnung überwunden waren (und die großen innenpolitischen Krisen des folgenden Jahrzehnts noch keine Schatten werfen konnten), gewann die Politik Raum, ihren neuen Platz auf der Bühne der internationalen Politik zu suchen. Mit der politischen Omnipräsenz Ferrys, der als Bildungsminister, Ministerpräsident und Außenminister in der ersten Hälfte der 80er Jahre zur Leitfigur der Republikaner wurde, tat sich jedoch erneut ein Graben zwischen den republikanischen Kräften auf, der ihre Wirksamkeit beeinträchtigte.

Es war der substantiell unbedeutende Konflikt zwischen den beiden republikanischen Wortführern, in dem dies seinen Niederschlag fand. Das Paradoxe der Situation lag in der Tatsache begründet, dass Léon Gambetta (*Union républicaine*) und Ferry eine bemerkenswerte Parallelität in ihrem Werdegang, in den politischen Zielen und in den privilegierten Mitteln zu deren Realisierung aufwiesen. Beide hatten ihre Prägung in den politischen Auseinandersetzungen am Ende des Zweiten Kaiserreiches erhalten und waren als Anwälte vehement für die Verwirklichung demokratischer Grundprinzipien eingetreten. Ferry hatte ebenso wie Gambetta bei der Ausrufung der Republik im September 1870 Pate gestanden, und der eine wie der andere war gewillt, mit der ganzen Persönlichkeit für die Fundierung der Republik, die Erweiterung demokratischer Grundrechte und die Stärkung Frankreichs einzutreten. Um diese strategischen Ziele zu erreichen, setzten beide den konservativen Kräften und der extremen Linken ein moderates Programm des sozialen Fortschritts entgegen. Und beiden brachte diese Positionierung den Vorwurf des Opportunismus ein.[11] Waren sich Ferry und Gambetta auf diese Weise politisch auch nahe, so trennten sie ihre unterschiedliche Lebenshaltung und ihr Habitus ebenso wie das Temperament und ihr Charakter. Dem impulsiven und ausgesprochen ehrgeizigen Lebemann Gambetta stand mit Ferry ein Mann gegenüber, der fleißig und methodisch arbeitete und dessen Privatleben als exemplarisch galt. Als Präsident Grévy im September 1880 Ferry zum Ministerpräsidenten machte, wurde der Graben zwischen den republikanischen Brüdern im Geiste größer. Die wechselseitigen Missverständnisse blieben auf der

---

11 Vgl. Rudelle, O., Jules Ferry et le Gouvernement de République, in: Jules Ferry, fondateur de la République, a.a.O., S. 129ff.

einen Seite nicht ohne hemmenden Einfluss auf die Politik, während diese auf der anderen Seite mit dem politischen Aufstieg Ferrys zugleich eine neue Prägung und ein größeres internationales Gewicht gewann. Nicht alle Zeitgenossen registrierten die Transformationsprozesse der französischen Politik am Beginn der 80er Jahre so deutlich wie der deutsche Reichskanzler Bismarck. Er hatte aus seiner Aversion gegenüber Gambetta nie einen Hehl gemacht und hielt diesen für unfähig, die deutsche Politik ernsthaft zu stören. Die politischen Fähigkeiten und die menschlichen Qualitäten Ferrys hingegen nötigten dem Reichskanzler Respekt ab und machten den neuen Ministerpräsidenten Frankreichs in seinen Augen zu einem „fürchterlichen Partner".[12]

Ihr Debüt auf der Bühne der internationalen Politik gab die von Ferry geführte Regierung bei der Ausdehnung französischen Einflusses in Nordafrika. Nach dem Staatsbankrott von Bey Mohammed-es-Sadok hatte 1869 eine internationale Kommission von englischen, französischen und italienischen Gläubigern die Finanzverwaltung Tunesiens übernommen und bestimmte seitdem die wirtschaftlichen und politischen Geschicke des Landes. Eine Vorentscheidung darüber, wer in Tunesien künftig das alleinige Sagen hatte, fiel auf dem Berliner Kongress von 1878. Die Briten erhielten von der französischen Seite volle diplomatische Unterstützung für die beabsichtigte Besetzung Zyperns und boten dafür ihrerseits den Verzicht auf Tunesien an. Hinter der Tolerierung des britischen Vorschlages durch den deutschen Reichskanzler verbarg sich die strategische Überlegung, Frankreichs Außenpolitik in Bahnen zu lenken, die nicht auf eine Revanche der Ergebnisse des Krieges von 1870/71 zielten.

Während sich in Tunesien am Beginn der 80er Jahre nicht alle Stämme des Landes den Gläubigern unterworfen hatten, die Spannungen zwischen Franzosen und Italienern im Lande ebenso zunahmen wie die Übergriffe von Aufständischen an der algerisch-tunesischen Grenze, kam das erste Kabinett Ferry ins Amt.[13] Das Dilemma, vor dem die Regierung stand, war unverkennbar. Ein militärisches Engagement in Tunesien bedeutete zwar auf der einen Seite das Ende der außenpolitischen Passivität, die bis dato signifikant für die junge Republik gewesen war. Es barg aber andererseits eingedenk des „mexikanischen Abenteuers" Napoleon III.[14] für Viele nicht geringe Risiken und kam einem zumindest vorläufigen Verzicht auf Revanche an Deutschland gleich. Noch war das französische

---

12 Vgl. Reclus, M., Jules Ferry, a.a.O., S. 226f.
13 Vgl. Bouche, D., Histoire de la colonisation française, a.a.O., S. 122ff.
14 Vgl. Vogelsberger, A. A., Kaiser von Mexiko, Wien-München 1992, S. 31ff.

Engagement in Afrika nicht Bestandteil einer kolonialen Strategie, wie sie in den Folgejahren unter dem maßgeblichen Einfluss von Ferry entstehen sollte. Tunesien bildete deshalb lediglich ein diplomatisches Problem lokaler Größe, doch der Widerstand, der sich im Kabinett gegen die bevorstehende „diplomatische Taufe der Republik" regte, konnte vom neuen Ministerpräsidenten nicht unbeachtet gelassen werden.

Überzeugt von der Richtigkeit und der Notwendigkeit eines französischen Eingreifens in Tunesien, verfolgte Ferry eine Doppelstrategie. Während er sich zum einen – unter Nutzung nahezu des gesamten Instrumentariums politischer und persönlicher Einflussmöglichkeiten – um Zustimmung für seine Politik bemühte, bereitete er zum anderen in strengster Geheimhaltung eine französische Militärexpedition in Tunesien vor.[15] Als es Ende März 1881 an der tunesisch-algerischen Grenze erneut zu Übergriffen tunesischer Stämme kam und der Bey in Tunis sich weigerte, gemeinsam mit französischen Truppen gegen die Aufständischen vorzugehen, waren alle Vorbereitungen abgeschlossen. Am 4. April 1881 verkündete Ferry beiden Kammern, dass in Tunesien eine unhaltbare Situation entstanden sei, die die Regierung nun zwinge, ihren Verpflichtungen nachzukommen. Es seien genügend Kräfte vereint, um weitere Übergriffe der Aufständischen zu verhindern.[16] Nur wenige Tage später bewilligte die Deputiertenkammer mit nur einer Gegenstimme die von Ferry für die Intervention beantragten Kredite.

Bereits zu Beginn der Militärexpedition zeigte sich, dass es dem Ministerpräsidenten nicht nur um die Wiederherstellung eines friedlichen Regimes an der algerisch-tunesischen Grenze ging. Eines der drei Expeditionskorps, geführt von General Bréart, hatte den Auftrag, die in Bardo befindliche Residenz des Beys zu umstellen. Als das am 11. Mai gelungen war, sah sich der Bey gezwungen, das ihm gestellte Ultimatum zu erfüllen und das französische Protektorat über sein Land anzuerkennen. Noch bevor mit dem Vertrag von Bardo die jahrzehntelange koloniale Herrschaft Frankreichs in Tunesien ihren Anfang nahm, hatte Ferry dem Parlament bereits die Übernahme des Protektorats verkündet und damit gleichzeitig die wahren Absichten seiner Außenpolitik erkennen lassen. Mit dem Vertrag von Bardo vollzog die innenpolitisch weitgehend konsolidierte Republik ihr *Entrée* in den Kreis der Großmächte. Nach diesem Ereignis gruppierten sich – mit der beginnenden Hinwendung Italiens zum Deutschen Kaiserreich – auch auf internationaler Ebene die Kräfte neu.

---

15 Vgl. Conte, A., L'Épopée coloniale de la France, Paris 1992, S. 246ff.
16 Vgl. Reclus, M., Jules Ferry, a.a.O., S. 253.

Innenpolitisch brachte der schnelle Erfolg der Intervention mit dem Vertrag von Bardo ein ambivalentes Ergebnis. Einerseits festigte er den Zusammenhalt und die politische Position der gemäßigten Republikaner und stärkte so mittelbar die Republik. In einem Brief an Ferry brachte Gambetta das Ergebnis der tunesischen Expedition verknappt auf die Formel: „Frankreich hat seinen Rang als Großmacht wiedergewonnen".[17] Andererseits forcierte die Tunesienpolitik der ersten Regierung Ferry sowohl die politischen Auseinandersetzungen im ganzen Land als auch die Grabenkämpfe im Lager der Republikaner. Der politische Kopf des radikalen Flügels, Clemenceau, nutzte die Parlamentsdebatte vom Mai 1881 gleichermaßen zur Selbstprofilierung wie zur Abrechnung mit der Politik Ferrys. Dieser hätte die Franzosen getäuscht und hintergangen, die hohen moralischen Werte verraten, die Frankreich repräsentiere und mit seinem Eingreifen in Tunesien die Verfassung verletzt. So massiv die gegen Ferry erhobenen Vorwürfe auch waren, so wenig zielten sie in ihrer Substanz auf einen prinzipiellen Wandel der gerade ins Werk gesetzten imperialen Politik der Dritten Republik. Es war Clemenceau selbst, der den Beweis dafür erbrachte. In der Verantwortung als Ministerpräsident (1906-1909) stand er auch für die Kontinuität von Inhalt und Form der französischen Kolonialpolitik.

Als die neu gewählte Kammer Ende Oktober 1881 zusammentrat, zeigte sich, dass die politischen und parlamentarischen Debatten um die „tunesische Affäre" trotz der inzwischen erfolgten vollständigen Unterwerfung des nordafrikanischen Landes nicht verebbt waren. Nach den Worten Ferrys, der seine Politik gleichermaßen mit bemerkenswerter Ruhe wie mit rhetorischer Schärfe verteidigte, war die paradoxe Situation eingetreten, dass die extreme Linke und die extreme Rechte sich im politischen Kampf gegen den Ministerpräsidenten einigten.[18] Von beiden Seiten wurde er der Lüge und der Täuschung bezichtigt. Noch schwerer wog aber sicher der Vorwurf, Ferry habe das elementare Ziel jeglicher Außenpolitik seit 1870/71, die Revanche an Deutschland, aufgegeben. Es war dem Einsatz Gambettas zu danken, der von der Tribüne der Kammer die Einheit der von ihm und Ferry geführten wichtigsten Flügel der Republikaner demonstrierte und mit seinem Auftreten entscheidend zur Ratifizierung des Vertrages von Bardo beitrug. Die gemeinsamen politischen Überzeugungen der beiden Mitbegründer der Dritten Republik hatten deren charakterliche Unterschiede dominiert und so – nach den Worten Gambettas – die parlamentarische Akzeptanz einer Politik des natio-

---

17 Lettres de Gambetta (1868–1882), Paris 1938, No. 474, 13. Mai 1881.
18 Vgl. Reclus, M., Jules Ferry, a.a.O., S. 269ff.

nalen Stolzes bewirkt. Der politische Sieg, den Ferry mit dem Votum für den Vertrag von Bardo errungen hatte, war der letzte in seiner ersten Amtszeit als Ministerpräsident. Am 10. November 1881 trat die von ihm geführte Regierung zurück.

Es war der Tod Gambettas (31. Dezember 1882), der sich für den weiteren politischen Werdegang Ferrys als förderlich erwies. Das überraschende und tragische Ableben des brillanten Redners erschütterte den Rechtsanwalt aus den Vogesen zutiefst. Gambetta hätte so vehement für die Entwicklung des französischen Patriotismus gestanden, dass man an die Zukunft der Republik glauben müsse. Er „nimmt weder die Republik noch die Revanche mit sich, doch er war von einem politischen Genie, das zu den rarsten in unserem Land gehört"[19], betonte Ferry in einem Brief an seinen deutschen Cousin. Der Tod Gambettas veränderte die Positionen der beiden wichtigsten Fraktionen der republikanischen Partei. Waren deren politische Gemeinsamkeiten zwischen der *l'Union gauche* und der *Gauche républicaine* unter dem Druck persönlicher Loyalität zu Ferry oder Gambetta bisweilen zu einer Marginale geworden, so war die Tendenz zur Annäherung und zu einem gemeinsamen politischen Agieren für die Republik nach dem Tode Gambettas unverkennbar.

Auf dieses wachsende Bewusstsein von der Notwendigkeit und den Möglichkeiten eines weitgehend einheitlichen Agierens der Republikaner auch auf dem internationalen Parkett konnte Ferry bauen, als er im Januar 1883 erneut mit der Regierungsbildung beauftragt wurde. In Verbindung mit seiner scheinbar unerschöpflichen Arbeitskraft und seinem zielgerichteten und methodischen Vorgehen wurde Ferry für die Zeitgenossen zur Personifizierung der Republik. Als deren Repräsentant wurde er in einer Vielzahl von Reden, die er in den ersten Monaten seiner zweiten Regierung hielt, nicht müde, sich für weitere Schritte zur Demokratisierung und Konsolidierung Frankreichs einzusetzen. Das Gesetz über die Neuorganisation des Justizwesens, eine Reform der städtischen Verwaltungen und ein neues Gewerkschaftsgesetz bildeten in dieser Zeit die Schwerpunkte.

Mehr noch als durch dieses Engagement erhielt die zweite Amtszeit Ferry durch die von ihm inspirierte bzw. direkt geführte Außenpolitik ihre Prägung. Hatte der Ministerpräsident im Fall Tunesien noch die Gunst der Stunde genutzt und eine sich bietende Gelegenheit zur Erweiterung des politischen, wirtschaftlichen und strategischen Einflusses der Republik ergriffen, so entwickelte Ferry in der Folgezeit eine Gesamtkonzeption von der „kolonialen Zukunft Frankreichs".[20]

---

19 Zit. nach: Ebd., S. 277.
20 Vgl. Conte, A., L'Épopée coloniale de la France, a.a.O., S. 243ff.

Dabei lag das Verdienst des Ministerpräsidenten keinesfalls in der Originalität der Überlegungen. Zeichnete sich das politische Denken Ferrys vor allem durch die systematische Zusammenführung unterschiedlichster Ideen aus, so war sein politisches Handeln von Folgerichtigkeit und einer Konsequenz geprägt, die unter Umständen auch vor der Verletzung parlamentarischer Spielregeln nicht zurückschreckte. Sowohl ideengeschichtlich als auch unter dem Aspekt der politischen Umsetzung bildeten die vom Ministerpräsidenten Ferry am 27. März 1884 vor der Kammer gehaltene Rede und die des zwischenzeitlich gestürzten Politikers vor dem gleichen Gremium vom 28. Juli 1885 die entscheidenden Zäsuren.[21] Mit seinen Darlegungen fixierte Ferry jene Prämissen, an denen sich die koloniale Strategie Frankreichs in den folgenden Jahrzehnten orientierte. Danach müsse Frankreich aus wirtschaftlichen Gründen eine aktive Kolonialpolitik betreiben, da die Kolonien eine profitable Kapitalanlage darstellten. Zugleich würde der nationalen Wirtschaft ein vor der Konkurrenz weitgehend geschützter Raum geschaffen. Politisch sei eine koloniale Expansion geboten, weil auf diese Weise zu verhindern wäre, dass Frankreich in der Hierarchie der Großmächte weiter an Boden verlor. „Frankreich kann nicht nur ein freies Land sein; es muss ein großes Land sein ... das auf die Bestimmungen Europas Einfluss ausübt ..."[22], ließ Ferry verlauten und gab zugleich seiner Überzeugung Ausdruck, dass dieser nationale Aspekt entscheidend dazu beitragen würde, politischen Rückhalt in weiten Teilen der Bevölkerung zu bekommen. Schließlich seien die Franzosen auch aus moralischen Gründen zum kolonialen Engagement verpflichtet, weil es für die höheren Rassen eine Verpflichtung gäbe. „Sie haben die Pflicht, die niederen Rassen zu zivilisieren."[23] Die von Ferry geforderte aktive Kolonialpolitik sollte somit auch dazu beitragen, die Dritte Republik zu konsolidieren, indem sie jenen Verlust an nationalem Selbstwertgefühl und internationalem Ansehen auszugleichen half, den die Niederlage von 1870/71 zur Folge gehabt hatte.

Stets darum bemüht, ernsthaften Konflikten mit anderen europäischen Mächten auszuweichen, begann Ferry mit der Verwirklichung seiner kolonialpolitischen Überzeugungen. Im Mai 1883 sicherte eine Marinedivision jene französischen Ansprüche auf Madagaskar, die bis in die Zeit Kardinal Richelieus zurückreich-

---

21 Vgl. Pervillé, G., De l'Empire français à la décolonisation, Paris 1991, S. 47ff. Siehe auch: Scholze, U./ Zimmermann, D./Fuchs, G., Unter Lilienbanner und Trikolore. Zur Geschichte des französischen Kolonialreiches. Darstellung und Dokumente, Leipzig 2001, S. 111ff.
22 Zit. nach: Reclus, M., Jules Ferry, a.a.O., S. 302.
23 Ebd., S. 304.

ten. Als London gegen das Vorgehen protestierte, weil es eine mögliche französische Bedrohung seiner Dominanz im Indischen Ozean befürchtete, versicherte Ferry, dass die vollständige Inbesitznahme der Insel nicht vorgesehen sei. Analog verhielt er sich in West- und Äquatorialafrika. Den französischen Handelsgesellschaften, die auf dem Senegal und auf dem Niger tätig waren, wurde von Ferry die Unterstützung entzogen, weil man auch hier die Verletzung möglicher englischer Interessen vermeiden wollte. Die zweite Expedition de Brazzas hatte zwar 1884/85 – letztlich auch dank der wohlwollenden Unterstützung durch die Regierung Ferry – die Präsenz Frankreichs im Gebiet zwischen Kongo und Ogowe gefestigt. Doch jener auf der Berliner Konferenz (1884/85) verabschiedeten Aufteilung der Gebiete und dem Prinzip der Handelsfreiheit auf dem Fluss stimmte Ferry zu. Es zeigte sich deutlich, dass die von ihm initiierte Kolonialpolitik einem einzigen Zweck diente: die Republik zu stärken. Es war weder das einzige Mittel, das er einsetzte, noch war diese Politik – wie aus den Kreisen der Opposition zu vernehmen war – in erster Linie der Selbstdarstellung eines Politikers geschuldet, der vielen Zeitgenossen als die Personifizierung von Sachlichkeit, Leistung und Ausdauer erschien.

Trotz seines umsichtigen und auf Ausgleich mit anderen europäischen Mächten bedachten Vorgehens konnte Ferry Rückschläge in seiner Kolonialpolitik nicht vermeiden. Einen dieser partiellen Misserfolge nutzte die Opposition im März 1885 zum Sturz des zweiten Kabinetts Ferry. Damit endete zwar nicht die politische Karriere des Mannes, der führend an der Demokratisierung der Dritten Republik mitgewirkt, und der ihr eine außenpolitische Prägung gegeben hatte, die für Jahrzehnte signifikant blieb. Aber es erscheint schon als Ironie der Geschichte, dass der Protagonist französischer Kolonialpolitik im 19. Jahrhundert seinen bestimmenden Einfluss sowohl in den Reihen der Republikaner als auch darüber hinaus durch die Modalitäten eben dieser Politik verlor.

Hatte bereits Napoleon III. begonnen, im hinterindischen Raum französische Ansprüche geltend zu machen, so erzielte die Dritte Republik darauf aufbauend seit der Mitte der 70er Jahre mit dem Protektorat über das Königreich Annam und der erzwungenen Handelsfreiheit auf dem Roten Fluss nicht unbeträchtliche Erfolge. Diese durch die Eroberung des gesamten Deltagebietes entscheidend zu erweitern und die Dominanz in der strategisch wichtigen Region Tonking zu gewährleisten, war die Aufgabe eines französischen Expeditionskorps. Die Kammer hatte Ferry für dessen Entsendung im Mai 1883 einstimmig die Mittel bewilligt. Je länger sich die Kämpfe im Norden des heutigen Vietnams hinzogen, desto mehr wich diese parlamentarische Einmütigkeit den immer drängenderen Aufforderungen an den Ministerpräsidenten, das Engagement im Norden Indochinas zu beenden und sich mit seiner Politik auf Europa zu konzentrieren. Als die Nachricht von der Niederlage der entsandten Truppen bei Langson die französische Hauptstadt erreichte, kulminierten die lautstarken Diskussionen in der Kammer und mündeten in die Forderung nach dem Sturz Ferrys. Dieser hatte wenig Gelegenheit, das Engagement im Delta des Roten Flusses zu rechtfertigen. Es gelte, so Ferry, nicht nur den französischen Besitz zu sichern. Man setze sich auch „für die Sicherheit und die Zukunft aller unserer Besitzungen in Indochina ein sowie für unsere Ehre in der gesamten Welt".[24] Doch der Appell an den Nationalstolz verfehlte seine Wirkung. Clemenceau, der Führer der radikalen Republikaner, avancierte zum Sprecher der gesamten Opposition und schreckte nicht davor zurück, Ferry des Verrates französischer Interessen zu bezichtigen und die gesamte Regierung zum Rücktritt aufzufordern. Nachdem die von Ferry beantragten Kredite zur Fortführung der Expansion im Norden Vietnams mit Zweidrittelmehrheit verweigert worden waren, demissionierte das Kabinett Ferry.

An den Grundsätzen der Kolonialpolitik der Dritten Republik änderte dieser Rücktritt nichts, und so nimmt es nicht wunder, dass nicht wenige von denen, die an diesem 30. März 1885 lautstark den Rücktritt des Elsässers gefordert hatten, sich in den späten 80er Jahren unter den Befürwortern eines imperialen Wettlaufes um kolonialen Besitz auf dem afrikanischen Kontinent befanden.[25]

---

24 Zit. nach: Ebd., S. 341.
25 Vgl. Bouche, D., Histoire de la colonisation française, a.a.O., S. 74ff.

SCHRIFTEN VON FERRY

Le Tonkin et la mère-patrie. Temoignages et documents, Paris 1890
Lettres de Jules Ferry 1846–1893, hrsg. von Eug. Jules-Ferry, Paris 1914
Les Affaires de Tunesie. Discours de Jules Ferry, publ. avec préface et notes a l'appui par Alfred Rambaud, Paris 1882
Discours et opinions, publ. avec comm. et notes par Paul Robiquet, 7 Bde., Paris 1893–1898

LITERATUR ÜBER FERRY

Barral, P., Jules Ferry. Une volonté pour la République, Nancy 1985
Froment-Guieysse, G., Jules Ferry, Paris 1947
Gaillard, J.-M., Jules Ferry, Paris 1989
Jules Ferry, fondateur de la République. Actes du colloque, présentes par F. Furet, Paris 1985
Pottecher, M., Jules Ferry, Paris 1933
Power, T. F., Jules Ferry and the renaissance of French imperialism, New York 1944
Rambaud, A., Jules Ferry, Paris 1903
Reclus, M., Jules Ferry, Paris 1947

GESAMTDARSTELLUNGEN ZUR ZEIT

Aubry, O., Das Zweite Kaiserreich, Zürich o.J
Brötel, D., Französischer Imperialismus in Vietnam. Die koloniale Expansion und die Errichtung des Protektorates Annam-Tonking 1880–1885, Stuttgart 1972
Brunschwig, H., L'Afrique noire au temps de l'Empire français, Paris 1988
Conte, A., L'Épopée coloniale de la France, Paris 1992
Furet, F./Ozouf, J., Lire et écrire. L' alphabétisation des Français de Calvin à Jules Ferry, 2 Bde., Paris 1977
Ponteil, F., Histoire de l'enseignement en France. Les grandes étapes 1789–1964, Paris 1966
Reclus, M., Grandeur de „la Troisième". De Gambetta à Poincaré, Paris 1948
Roux, Marquis de, Origines et fondation de la Troisième République, Paris 1933
Trouillet, B., „Der Sieg des preußischen Schulmeisters" und seine Folgen für Frankreich 1870–1914, Frankfurt a.M. 1991

Jean Jaurès (1859–1914)

III.

JEAN JAURÈS
(1859–1914)

In Castres am 3. September 1859 als erstes Kind des Landwirtes Jules Jaurès und seiner aus einer Tuchmacherfamilie stammenden Frau Adélaide Barbaza geboren, erhielt Jean Jaurès schon in früher Kindheit jene Prägungen, die das Leben und das gesellschaftliche Engagement des späteren Philosophen und Politikers entscheidend mitbestimmten. Das katholische Elternhaus gab ihm die Traditionen Occitaniens ebenso mit auf den Lebensweg wie die bürgerlichen Wertvorstellungen, die das Leben der Familie auf dem kleinen Landgut regelten. Das College seiner Geburtsstadt absolvierte Jaurès mit so großem Erfolg, dass er als Stipendiat für die École normale supérieur in Paris ausgewählt wurde. Deren Aufnahmeprüfung bestand er 1878 mit Bravour. Nach dreijähriger Ausbildung nahm Jaurès 1881 seine Tätigkeit als Gymnasiallehrer in Albi auf und gab parallel dazu Vorlesungen und Kurse an der Universität von Toulouse. 1885 avancierte Jaurès zum Außerordentlichen Professor für Philosophie, nahm seinen Wohnsitz in Toulouse und heiratete im Folgejahr Louise Bois. In französischer Sprache veröffentlichte Jaurès 1891 mit „Die Realität der sinnlich wahrnehmbaren Welt" seine erste und in Latein nur ein Jahr später seine zweite Dissertation („Von den Ursprüngen des deutschen Sozialismus bei Luther, Kant, Fichte und Hegel"). Als Mitarbeiter der Dépeche de Toulouse kandidierte er bei den Legislativwahlen 1885 für die Liste der Republikanischen Vereinigung und nahm im Herbst desselben Jahres als jüngster Abgeordneter seinen Platz bei den gemäßigten Republikanern ein. Als Jaurès die Wiederwahl in das Abgeordnetenhaus 1889 misslang, verließ er nach eigenen

Worten das öffentliche Leben. Das Engagement für die Sache der streikenden Grubenarbeiter von Carmaux im Herbst 1892 wurde zur Grundlage des erneuten Einzuges von Jaurès in das Parlament. Gewählt von den Arbeitern der Stadt Carmaux und den Bauern der unmittelbaren Umgebung, blieb er – mit Ausnahme der Jahre 1898 bis 1902 – deren Vertreter in Paris. Zunächst der von Jules Guesde gegründeten Französischen Arbeiterpartei nahe stehend, entwickelte sich Jaurès sehr bald zum Wortführer der Unabhängigen Sozialisten. Als überzeugter Demokrat, der der sich entwickelnden Arbeiterbewegung eine maßgebliche Rolle bei der Festigung der Republik beimaß, vertrat er die Interessen seiner Wählerschaft mit Vehemenz. Parallel zu seiner Tätigkeit als Abgeordneter leistete Jaurès eine umfangreiche journalistische und wissenschaftliche Tätigkeit. Allein für die Dépêche de Toulouse verfasste er zwischen 1887 und 1914 mehr als 1300 Artikel, die in ihrer Gesamtheit die Konsolidierung republikanischer Ideen im französischen Südwesten kennzeichneten, zugleich aber auch die Evolution politischen Denkens bei Jaurès und dessen wachsendes Charisma deutlich machten. Zwischen 1901 und 1908 erschien darüber hinaus die von Jaurès verfasste „Sozialistische Geschichte der Französischen Revolution". Die analysierende Beschäftigung mit der nationalen Geschichte fand noch im gleichen Jahr ihre Fortsetzung mit der Veröffentlichung der Studie „Der deutsch-französische Krieg 1870-1871". Als in den letzten Jahren des 19. Jahrhunderts die Arbeiterbewegung von der Debatte um die künftige Strategie und Organisationsform dominiert wurde, diese Diskussion theoretisch und praktisch in die Frage mündete, ob und unter welchen Konditionen Arbeiterparteien mit der Regierung zusammenarbeiten sollten, war es Jaurès, der für eine Tolerierung der Regierungspolitik eintrat und sich damit in Opposition zu der von Guesde repräsentierten marxistischen Orientierung der Sozialisten begab. Trotz der intensiven Bemühungen Jaurès', die Einheit der Partei zu erhalten, erwiesen sich die zentrifugalen Kräfte als stärker. Mit der Gründung des Parti Socialiste Français im Jahre 1902 stand der Politiker aus Castres an deren Spitze, schaffte im gleichen Jahr den Wiedereinzug in die Kammer und wurde im Folgejahr zu deren Vizepräsidenten gewählt. Im April 1904 gründete Jaurès die L'Humanité und wollte den Titel des Parteiorgans des PSF zugleich als Programm verstanden haben wissen. In den folgenden Jahren gewann die rastlose Tätigkeit Jaurès' zunehmend internationale Dimensionen. Der Aufforderung der Zweiten Internationale folgend, intensivierte Jaurès seine Anstrengungen, die gesamte französische Linke zu vereinigen. Nach der Gründung der Section Française de l'Internationale Ouvrière im April 1905 nahm Jaurès als einer der parlamentarischen Führer der französischen Sektion der Arbeiterinternationale entscheidenden Einfluss auf die Ausrichtung der Arbeiterbewegung seines Heimatlandes. Mit der ihm eigenen Energie kämpfte er 1905 für die vollständige Trennung von Kirche und Staat, sprach sich wiederholt und mit Vehemenz gegen die Fortführung der Kolonialpolitik aus und verdammte dabei besonders die 1911 erfolgte vollständige Übernahme des Protektorats in Marokko. In Übereinstimmung mit den Beschlüssen der Zweiten Internationale orientierte Jaurès die SFIO auf eine Politik zur Erhaltung des Friedens in Europa. Eine Verständigung zwischen dem Deutschen Reich und Frankreich betrachtete er dafür als unerlässlich. Mit der Verschärfung der internationalen Spannungen im Vorfeld des Ersten Weltkrieges intensivierte der Patriot und Pazifist Jaurès seine Bemühungen um den Erhalt des Friedens. So erschien 1911 als erster Baustein einer geplanten Gesamtdarstellung zu den Perspektiven eines sozialistischen Frankreichs „L'Armée nouvelle". Die Veröffentlichung der militärpolitischen Ideen Jaurès' führte zu erhitzten Debatten in der Zweiten Internationale und trug dem Autor darüber hinaus heftige Angriffe besonders der deutschen Sozialdemokratie ein. Mit seinem engagierten und wortgewaltigen Auftreten auf den Kongressen der Zweiten Internationale in Stuttgart 1907, Kopenhagen 1910 und in Basel 1912 avancierte Jaurès zur dominierenden Gestalt der Organisation und suchte in rastloser Tätigkeit die Arbeiterbewegung Europas theoretisch und organisatorisch als geeinte Kraft dem drohenden Krieg entgegenzusetzen. Als Parlamentsmitglied bemühte er sich noch im Juli 1914 auf die französische Regierung dergestalt einzuwirken, dass deren Politik eine Lokalisierung des schon begonnenen Krieges zwischen Österreich und Serbien möglich machen sollte. Gestützt auf den großen Wahlerfolg, den die SFIO errungen hatte und in Übereinstimmung mit den Beschlüssen einer Sondersitzung des Büros der Zweiten Internationale forderte Jaurès am 31. Juli 1914 die französische Regierung auf, den Frieden zu erhalten. Nur wenige Stunden später wurde Jaurès während eines Abendessens im Café du Croissant von dem Nationalisten und erklärten Befürworter des Krieges Raoul Villain durch zwei Pistolenschüsse ermordet.

Geeint wider das Kapital

Das letzte Jahrzehnt des 19. Jahrhunderts brachte der noch jungen französischen Republik einen erneuten Höhepunkt der Streikbewegung. Zwar hatte sowohl die Zahl der Arbeitskämpfe als auch die Zahl derer, die sich daran beteiligten, seit den 70er Jahren stetig zugenommen, doch nun vergrößerten sich die Dimensionen sprunghaft und die Radikalität der Auseinandersetzungen nahm spürbar zu.[1] Auch in Carmaux, der Stadt der Bergarbeiter und Glasbläser, verschärften sich die sozialen Gegensätze. Das wirtschaftliche Zentrum des Départements Tarn hatte seit der Gründung der Republik tief greifende Wandlungen erfahren. Mit der zunehmenden Industrialisierung veränderten sich die urbane Struktur und die Lebensumstände der Arbeiterschaft. Während die neu entstehenden Industrieviertel mit den Förderanlagen, den Kokereien und den hohen Schornsteinen der Glashütten der Stadt ein sichtbar anderes Gepräge gaben, blieb die sich verschlechternde Lebenslage der Arbeiterschaft und deren wachsende Differenzierung der Öffentlichkeit lange weitgehend verborgen.

Das wirtschaftliche und politische Geschehen in Carmaux wurde maßgeblich vom Marquis de Solages geprägt. Der Grubenbesitzer und Vertreter der Stadt im Parlament gab sich als wohlwollender Patriarch und hatte bei den Legislativwahlen 1885 seine Unterstützung dem begabten und rhetorisch gewandten Philosophieprofessor Jean Jaurès zuteil werden lassen. Unzweifelhaft beförderte dieser Rückhalt die Kandidatur des Mannes, der sich den Republikanern um Léon Gambetta und Jules Ferry nahe fühlte und sich für die Liste der Republikanischen Vereinigung zur Wahl stellte. Hatte das Patronat des Marquis 1885 dem jungen Jaurès die Mühen der Ebene erleichtert und dazu beigetragen, ihn als jüngsten Abgeordneten in die Nationalversammlung einziehen zu lassen, so war es 1893 eben diese Haltung als Patron, die Jaurès der Arbeiterklasse näher brachte.

Der erste Streik der Bergarbeiter von Carmaux, den diese 1869 zur Verbesserung ihrer Lebenslage geführt hatten, war nahezu in Vergessenheit geraten. Die Lebensverhältnisse besonders der Minenarbeiter hatten sich deutlich verschlechtert. Industrialisierung und Urbanisierung hatten ihnen die Möglichkeiten ge-

---

1 Vgl. Caron, F., Frankreich im Zeitalter des Imperialismus 1851–1918, Stuttgart 1991, S. 347ff.

nommen, ihre Selbstversorgung durch Kleintierzucht und Gartenbau zu verbessern. So litten sie unter den steigenden Lebenshaltungskosten in besonderem Maße, und das umso mehr, als das Patronat des Marquis sich mehr und mehr zu einem Diktat entwickelte. Das wurde sichtbar, als die inzwischen gewerkschaftlich organisierten Bergleute sich 1892 mit der Forderung nach Lohnerhöhung an Solages wandten, dieser das Ansinnen zurückwies und zudem den Gewerkschaftsführer Jean-Baptiste Calvaignac entließ. Der daraufhin ausbrechende und sich über Monate hinziehende Streik vereinte ökonomische und politische Zielstellungen, denn nun bestanden die Bergleute auf erhöhten Löhnen und forderten zudem die Wiedereinstellung Calvaignacs. Jaurès war ein aufmerksamer Beobachter der Entwicklungen in der südfranzösischen Stadt. Analysierend berichtete er in der *Dépêche de Toulouse* vom Fortgang des Streiks und nahm vehement Partei für die Forderungen der Bergarbeiter. Das langfristig wichtigste Ergebnis des Arbeitskampfes wurde vom Kabinett unter Alexandre Ribot 1893 in Gesetzesform gekleidet. Man fixierte die Möglichkeit einer freiwilligen Schlichtung bei künftigen Streiks und zog auf diese Weise die politischen Konsequenzen aus dem Ausstand in Carmaux.

Wie groß das Ansehen war, das der charismatische Jaurès mit seinem Engagement in der Auseinandersetzung zwischen den Minenarbeitern und dem Grubenbesitzer Solages gewonnen hatte, wurde wenige Monate nach dem Ende des Ausstandes deutlich. Die Arbeiterschaft der Minen von Carmaux trug ihm für die anstehenden Nachwahlen eine Parlamentskandidatur an. Jaurès akzeptierte die Offerte und versicherte, auf der Grundlage des Programms der französischen Arbeiterpartei zu wirken.

Den Führer des 1882 gegründeten *Parti Ouvrier Français*, Jules Guesde, hatte Jaurès im März 1892 in Toulouse kennen gelernt. Das Treffen im *Hôtel d'Espagne* offenbarte für beide die prinzipiellen Gemeinsamkeiten ihres politischen Wollens, verdeutlichte aber zugleich auch, dass zwischen den in Physis und Habitus so unterschiedlichen Männern erhebliche politische Differenzen bestanden. Für Guesde war der Kollektivismus die künftige Form des gesellschaftlichen Zusammenlebens. Da er im privaten Besitz der wichtigsten Produktionsmittel die Hauptursache für die sich verschlechternden Existenzbedingungen der Arbeiterklasse sah, galt es seiner Auffassung nach, diesen in Gemeinbesitz zu überführen.[2] Zur Erreichung dieses Ziels seien der mit allen Mitteln geführte Klassenkampf und

---

2   Vgl. Willard, C., Le mouvement ouvrier en France. Les Guesdistes 1893–1905, Paris 1965, S. 97ff.

die Revolution unverzichtbar. Jaurès hingegen, der 1892 gerade seine Promotion zu den Quellen des deutschen Sozialismus abgeschlossen und sich dazu ausgiebig mit den Werken von Hegel, Kant und Fichte befasst hatte, proklamierte die soziale Gerechtigkeit innerhalb der Demokratie als das Hauptanliegen seines politischen Wirkens, schloss jegliche Form der Gewalt als Mittel der Auseinandersetzung aus und orientierte auf das allgemeine Wahlrecht und die gewerkschaftliche Arbeit als die entscheidenden Mittel zur Transformation der Gesellschaft. 1893 überwogen jedoch noch die Gemeinsamkeiten in den Auffassungen der beiden Politiker, und Jaurès erhielt für seine Kandidatur auch die Unterstützung des *Parti Ouvrier Français*. Obwohl ihn nahe stehend, schloss sich der Philosoph aus Castres der Partei von Guesde nie an. Vielmehr begann im Januar 1893 für Jaurès mit dem Einzug in das Parlament eine Phase der politischen Neuorientierung. Seine Lebenserfahrung, die konkrete Kenntnis des Arbeitermilieus und seine bis dahin betriebenen wissenschaftlichen Studien hatten seine demokratische und sozialistische Haltung reifen lassen. In der Konsequenz des Streiks der Minenarbeiter von Carmaux begann Jaurès den politischen Kampf für die Umsetzung der gewonnenen Einsichten, und er führte ihn bis zu seiner Ermordung als Deputierter der Bergarbeiter und der Bauern der Stadt und des Großraumes von Carmaux.

Im Abgeordnetenhaus zeigte sich sehr bald, dass aus dem politischen Hinterbänkler der ersten Legislaturperiode eine Persönlichkeit geworden war, die, mit profundem Wissen und rhetorischer Gewandtheit ausgestattet, sich überaus aktiv an den parlamentarischen Debatten beteiligte und dabei auch die Auseinandersetzung mit den Großen der damaligen Politik nicht scheute. Männer wie Georges Clemenceau oder Aristide Briand zollten Jaurès als begabtem und von seinen Gegnern zunehmend gefürchtetem Redner ihre Hochachtung. Ebenso wie seine geschliffene Rhetorik und seine Impulsivität beeindruckte seine mannigfaltige Kompetenz. Die vierundzwanzig Diskussionsbeiträge und Reden, mit denen er allein im ersten Jahr seines Wiedereinzuges in die Kammer auftrat, unterstrichen das mit Nachdruck. So setzte sich Jaurès mit der Korruptionsaffäre um den Bau des Panamakanals auseinander, als deren Ausmaße noch nicht vollständig abzusehen waren.[3] Er ergriff aber ebenso das Wort anlässlich des vom Anarchisten Auguste Vaillant im Dezember 1893 verübten Bombenattentats in der Deputiertenkammer.

---

3   Vgl. Caron, F., Frankreich im Zeitalter des Imperialismus 1851–1918, a.a.O., S. 441ff.

Schon in dieser Frühphase seines politischen Wirkens trug das methodische Vorgehen Jaurès' zu dessen Überzeugungskraft bei. Der polemischen Auseinandersetzung mit der jeweils aktuellen Fragestellung, bei der auch die Zwischenrufe der politischen Gegnerschaft ihn nicht von seinem Konzept abzubringen vermochten, folgten die theoretisch vertiefende Analyse sowie die von Jaurès daraus gezogenen Schlussfolgerungen. Dessen am 21. November 1893 gehaltene Rede zum Verhältnis von Republik und Sozialismus bildete einen ersten rhetorischen und theoretischen Höhepunkt in seinem parlamentarischen Wirken.

In die Deputiertenkammer hatten mehr als 40 sozialistische Abgeordnete Einzug gehalten. Deren Vorstellungen über das politische Ziel ihrer Tätigkeit sowie über die einzuschlagenden Wege waren wegen der inhaltlichen und organisatorischen Differenziertheit der sozialistischen Bewegung im Frankreich des ausgehenden 19. Jahrhunderts äußerst unterschiedlich.

Die von Guesde geführten, marxistisch und doktrinär ausgerichteten Mitglieder und Sympathisanten des *Parti Ouvrier Français* waren bis zum Beginn der 90er Jahre eine Minderheit innerhalb der sozialistischen Bewegung gewesen. Sie lehnten jede Zusammenarbeit der Arbeiter mit anderen sozialen Klassen strikt ab und orientierten sich erst mit dem Beginn des neuen Jahrhunderts auf die parlamentarische und ohne Bündnisse geführte Auseinandersetzung zur Erringung der politischen Macht. Im Ergebnis der Wahl von 1893 konnten sie sechs Deputierte in die Kammer entsenden.

Zu den populärsten Gestalten des französischen Sozialismus gehörte Édouard Vaillant. Der ehemals aktive Kommunarde bemühte sich mit dem von ihm ins Leben gerufenen *Parti Socialiste Revolutionaire* um eine Synthese des vormarxistischen sozialistischen Denkens mit Elementen des Jacobinismus der Französischen Revolution sowie des Anarchismus. Da sich Letzteres in einer immer wieder laut geäußerten Ablehnung des Parlamentarismus als einer der demokratischen Grundlagen der Gesellschaft niederschlug, waren die Erfolge der von Vaillant dominierten Partei bei der Schaffung der politischen Einheit der Arbeiterschaft begrenzt.

Ebenso wie Vaillant hatte sich auch Paul Brousse vom Anarchismus eines Auguste Blanqui abgewandt. 1882 gründete er die Föderation der sozialistischen Arbeiter Frankreichs und arbeitete auf eine Allianz mit den Radikalen hin. Der Possibilismus seiner Partei, die vor allem den Pariser Handwerkern eng verbunden war, trug antimarxistische Züge und orientierte ausschließlich auf die parlamentarischen Möglichkeiten zur Gewinnung prägenden sozialen Einflusses. Hinter dieser Prämisse verbarg sich die Auffassung der Possibilisten, dass die nationale Entwicklung des Kapitalismus objektiv dazu führe, die großen Wirtschaftsunternehmen in Staatsbetriebe umzuwandeln.

Hatte sich der Possibilismus schon wegen der Guesdisten und des PSR von Vaillant nicht zur dominanten Gruppierung innerhalb der sozialistischen Bewegung entfalten können, so wurde sein Einfluss am Beginn der 90er Jahre durch die Abspaltung der Allemanisten zusätzlich geschwächt. Der Drucker Jean Allemane war wegen seiner Beteiligung an der Kommune zur Deportation verurteilt worden. Nach seiner Rückkehr von Neukaledonien gründete er 1890 die Revolutionäre Sozialistische Arbeiterpartei. Wie der PSR von Vaillant suchte auch Allemane eine Synthese der unterschiedlichen Wurzeln und Strömungen des Sozialismus herzustellen, wobei diese Positionierungen gleichermaßen von politischem Misstrauen gegenüber der Bourgeoisie als auch den Intellektuellen geprägt waren. Die vom POSR anvisierte enge Verbindung von Sozialismus und Gewerkschaften blieb zunächst ohne direkte politische Auswirkung, fand jedoch im Nachhinein Eingang in die Sozialismusvorstellungen Jaurès'.

Obwohl von den Guedisten bei den Wahlen protegiert, verband sich dieser nach seinem Wiedereinzug in das Parlament zunächst enger mit einer von Alexandre Millerand, dem späteren Präsidenten der Republik, und René-Raphael Viviani, dem späteren Ministerpräsidenten, geführten Gruppierung. Er trug maßgeblich zu Formierung der Gruppe bei und avancierte schließlich zum Wortführer dieser Fraktion, die unter der Bezeichnung Unabhängige Sozialisten wirksam wurde. Indem Jaurès – wie zeit seines Lebens – den eigenen Überzeugungen treu blieb, provozierte er mit seinem Auftreten in der Kammer zum einen den Widerstand derer, die der Auffassung waren, Republik und Demokratie seien durch den Sozialismus bedroht. Zum anderen sah sich Jaurès auch der Opposition jener Kräfte gegenüber, die ihr sozialistisches Ideal im Rahmen der Dritten Republik für nicht realisierbar hielten.

In der berühmt gewordenen Rede vom November 1893 setzte sich Jaurès mit der Politik der Regierung von Charles Dupuy auseinander. Er verband damit eine Grundsatzerklärung, die sowohl sein Demokratieverständnis als auch sein individuelles sozialistisches Bekenntnis dem anderer Sozialisten entgegenstellte. Es sei, so Jaurès, das Verdienst der Republikaner gewesen, die demokratische Staatsform in Frankreich geschaffen und sie unangreifbar und unzerstörbar gemacht zu haben. Im Verlauf dieses Prozesses sei jedoch ein nicht zu tolerierender Widerspruch zwischen der politischen und der ökonomischen Ordnung entstanden. „Und weil nur der Sozialismus in der Lage ist, den fundamentalen Widerspruch der gegenwärtigen Gesellschaft zu lösen, fordert er, dass die politische Republik zu einer sozialen führen muss ...",⁴ erklärte Jaurès und unterstrich nachdrücklich die von ihm vertretene Auffassung, dass der Sozialismus in der republikanischen Bewegung seinen Ursprung habe. In der durch die Wirtschaftsmechanismen der kapitalistischen Ordnung gespaltenen Gesellschaft sei die Arbeiterklasse nicht nur ein Opfer. Sie sei vielmehr auch die entscheidende Kraft für jegliche Transformation des sozialen Ganzen und befähigt, die demokratischen Grundwerte der Republik zu wahren und sie über soziale und politische Grenzen hinweg allen Bürgern zuteil werden zu lassen.

Der Parlamentarier Jaurès wurde bereits im Wahljahr zum unbestrittenen Wortführer der Unabhängigen Sozialisten. Diese Gruppierung in der Kammer war bemüht, eine Zusammenarbeit der verschiedenen Fraktionen des französischen Sozialismus auf den Weg zu bringen. Im Gegensatz zur Tätigkeit der meisten seiner Kollegen bekam das parlamentarische Wirken Jaurès' seine Komplettierung durch die mannigfaltigen Aktivitäten, die der Politiker entfaltete. In der Dialektik von theoretischer Reflexion, den Realitäten des Alltags und den Flügelkämpfen der Arbeiterbewegung bildete sich eine politische Positionierung heraus, die im ersten Jahrzehnt des 20. Jahrhunderts erheblichen Einfluss auf die französische und internationale Arbeiterbewegung haben sollte.

Vertrat Jaurès auf der einen Seite die Interessen der Arbeiterschaft innerhalb der Deputiertenkammer, so war er andererseits ein oft und gern gesehener Redner auf gewerkschaftlichen Manifestationen, bei lokalen politischen Debatten und natürlich bei Veranstaltungen im Rahmen der Wahlkämpfe. Auch politische Gegner vermochten sich nur schwer dem Charisma und der Wortgewalt des Abgeordneten Jaurès zu entziehen, der in einem der vielen von ihm für *La Dépêche* verfassten Artikel freimütig resümierte: „Ich liebe unsere Sprache und ich liebe es, sie zu sprechen".⁵ Diese Liebe zur französischen Sprache, aber auch zum Occitanischen des französischen Südwestens wurzelte im nationalen Stolz Jaurès' und der traditionellen Verbundenheit zu einer Region, deren kulturelle Werte von ihm hoch geachtet wurden. Auch aus diesem Grunde setzte er trotz der Verpflichtungen als Abgeordneter, denen Jaurès bis 1898 beim Kampf gegen die Todesstrafe oder für die Einführung eines demokratischen Wahlrechtes mit beispiellosem Engagement nachkam, seine 1887 begonnene Tätigkeit für die *Dépêche de Toulouse* fort. Die aus seiner Arbeit als zweiter Bürgermeister in Toulouse resul-

---

4 Jaurès, J., Œvres, hrsg. von V. M. Bonnafous, vol. 5, Paris 1935, S. 235ff.
5 La Dépêche, Paris, 27.9.1909.

tierende Beschäftigung mit den Problemen des Bildungswesens mündete in eine sich ausweitende Zusammenarbeit mit der Zeitschrift *Revue de l'enseignement primaire et primaire supérieur.*

Verantwortungsbewusstsein und Bodenständigkeit bewies Jaurès einmal mehr, als es 1895 in Carmaux erneut zu einem Streik kam. Auf den ersten Blick glich der Arbeitskampf der dortigen Glasbläser, der vom 31. Juli bis zum 22. November 1895 dauerte, dem der Minenarbeiter aus dem Jahre 1892. Der Direktor der Glashütten, Résséguier, hatte einen engagierten Gewerkschaftssekretär wegen dessen Aktivitäten entlassen. Nun forderten die Glasbläser seine Wiedereinstellung. Die Unnachgiebigkeit beider Seiten ließ die Auseinandersetzung zu einem symbolischen Kampf werden, der nur mit der Niederlage einer der kontrahierenden Seiten enden konnte. Für die Arbeiterschaft der Stadt und der Umgebung stand damit die Existenz ihrer gewerkschaftlichen Interessenvertretung auf dem Spiel. Jaurès, der dem Ruf der Streikenden nach Carmaux folgte, verband sein politisches Schicksal mit dem Ausgang des Arbeitskampfes. Sowohl bei der Organisation des Streiks als auch bei der Lösung des Konfliktes spielte der Politiker eine wichtige Rolle. Er erwies sich als Ratgeber und Stratege, als Propagandist und engagierter Vertreter der Interessen der Arbeiterschaft nicht nur von Carmaux.

In der Stadt hatte Jaurès auf Bitte der Streikenden zeitweise seinen Wohnsitz genommen. Durch die Verbindungen, die er als Abgeordneter auch weiterhin nach Paris unterhielt, und durch seine vielgestaltigen Beziehungen zu Politikern und Zeitungen verhinderte Jaurès nicht nur die Isolierung des Streiks. Mit Appellen an die sozialistischen Abgeordneten der Kammer, an Demokraten und Republikaner sowie an die internationale und regionale Presse trug er zur Mobilisierung der öffentlichen Meinung zugunsten der Glasbläser von Carmaux bei. Letztlich war es dem Initiativreichtum Jaurès zu verdanken, dass für die Lösung des Konfliktes eine Regelung gefunden wurde, die einerseits den Interessen der Arbeiterschaft gerecht wurde und andererseits deutlich werden ließ, wie mannigfaltig die Möglichkeiten der Organisation und des Kampfes der Arbeiterschaft um die Verwirklichung ihrer Interessen waren. Nach zähen Verhandlungen zwischen den Glasbläsern, den Gewerkschaften und den verschiedenen Gruppierungen der Sozialisten und nachdem Jaurès im Namen seiner Wahlklientel die rechtlichen Fragen mit der Administration geklärt hatte, entstand in Carmaux die erste von den Arbeitern genossenschaftlich geführte Glasbläserei. In Albi, der gleichfalls zum Wahlkreis von Jaurès gehörenden Stadt im Département Tarn, gründete man, diesem Beispiel folgend, wenige Monate später ein zweites Werk.

Die Streiks von Carmaux blieben nicht ohne weitreichende Auswirkungen. In ihrem Ergebnis bestätigte die Regierung nochmals die gesetzliche Grundlage für ein freiwilliges Schlichtungsverfahren zwischen Arbeitgebern und Arbeitnehmern, um künftig die Eskalation von Arbeitskämpfen zu vermeiden. Wenn auch von dieser Möglichkeit wenig Gebrauch gemacht wurde, so demonstrierte die Reaktion der Pariser Administration, dass die Arbeiterbewegung trotz organisatorischer Zersplitterung und unterschiedlicher politischer Ziele und Wege als soziale Bewegung an Gewicht gewonnen hatte.⁶

Den Sozialisten Jaurès bestätigten die Streiks von Carmaux in seinen grundlegenden Ansichten. Seine historische und sozialpolitische Analyse der Gesellschaft sowie seine historischen Studien hatten Jaurès zu der Überzeugung geführt, dass es die Besitzverhältnisse waren, die das Sein der Individuen bestimmten. Somit können neue – nach Jaurès Verständnis sozial gerechte und wirklich demokratische – gesellschaftliche Verhältnisse nur durch die Neuverteilung des Eigentums an Produktionsmitteln geschaffen werden. Der Akteur dieses grundlegenden Wandels der Besitzverhältnisse konnte nur die Arbeiterklasse sein. Das sich im Antagonismus zur Klasse der Kapitalisten befindliche Proletariat begriff Jaurès weitgehend undifferenziert als die Gesamtheit der Lohnarbeiter. Daraus folgerte er erstens, dass diese objektiv gegebene soziale Einheit auch als politische handeln müsse. Zweitens insistierte Jaurès – und erfuhr durch die Arbeitskämpfe von Carmaux dafür die Bestätigung – auch auf der Gemeinsamkeit des Kampfes von Gewerkschaften und politischen Parteien. Es waren seine Überzeugung von der Notwendigkeit des gemeinsamen und auf den Grundsätzen der Demokratie beruhenden Kampfes der Arbeiterklasse auf der einen und sein wachsendes Ansehen innerhalb der französischen Arbeiterschaft auf der anderen Seite, die besonders seitens der von den Marxisten dominierten internationalen Arbeiterbewegung eine zunehmende Kritik an den politischen Prämissen des Sozialisten bewirkten.⁷

Doch bevor die Auseinandersetzung um die von Jaurès eingenommenen Positionen insbesondere zu Mitteln und Methoden des Kampfes der Arbeiterklasse innerhalb der französischen Arbeiterbewegung und darüber hinaus auf internationaler Ebene kulminierten, sah sich der überzeugte Republikaner so wie die ge-

---

6 Vgl. Caron, F., Frankreich im Zeitalter des Imperialismus 1851–1918, a.a.O., S. 442ff.
7 Vgl. Hirsch, H., Jean Jaurès und August Bebel: Volkstribun und Arbeiterkaiser?, in: Die geteilte Utopie: Sozialisten in Frankreich und Deutschland. Biographische Vergleiche zur politischen Kultur, hrsg. von Marieluise Christadler, Opladen 1995, S. 25ff.

samte Öffentlichkeit mit jenen politischen Problemen konfrontiert, die sich aus der Verurteilung von Alfred Dreyfus ergaben. Dieser war 1894 der Spionage für das Deutsche Kaiserreich angeklagt, im Januar 1895 degradiert und zu lebenslänglicher Verbannung auf Cayenne verurteilt worden. Die Empörung Jaurès' auf den zu diesem Zeitpunkt offenkundigen Verrat an den nationalen Interessen seines Vaterlandes entsprang seinem tief verwurzelten Patriotismus. In der Kammer beklagte der Sozialist, „dass Dreyfus, obwohl einstimmig des Verrats überführt, nicht zum Tode verurteilt worden" sei.[8] Nachdem Zweifel an der Schuld von Dreyfus aufgetaucht waren, die durch die Untersuchungen des Oberst Marie-Georges Picquart Bestätigung erhielten, der Generalstab der Armee sich aber vehement gegen eine Revision des Prozesses stellte, interessierte sich die Öffentlichkeit mehr und mehr für die Hintergründe der Geschehnisse um den jüdischen Offizier. Aus dem Fall Dreyfus wurde eine politische Affäre.[9] Sie erschütterte die noch junge Republik in ihren Grundfesten und spaltete das Land zeitweise in zwei sich erbittert bekämpfende Lager.

Diese Affäre forderte auch von den Sozialisten eine Überprüfung ihres Verhältnisses zu Demokratie und Vaterland. Die Mehrheit von ihnen verhielt sich eingedenk der sich erst langsam klärenden Situation, aber mehr noch wegen der prinzipiellen Bedeutung der Positionierung zu Patriotismus, Demokratie und Antisemitismus abwartend. Jaurès war erst im Sommer 1898 von der Unschuld Dreyfus überzeugt, stellte sich dann aber mit der ihm eigenen Entschlossenheit an die Seite der Verteidiger des jüdischen Hauptmanns. Während Sozialisten wie Vaillant, der Führer des PSR, eine öffentliche Positionierung mit der Begründung ablehnten, es handele sich bei der Affäre lediglich um die Auseinandersetzung unterschiedlicher Fraktionen der Bourgeoisie, trug Jaurès seinen Teil zur Mobilisierung der Öffentlichkeit bei. Er scheute dabei auch nicht den Streit mit Guesde, nach dessen Verständnis das Auftreten von Jaurès für Dreyfus der Sache des Sozialismus abträglich sei.

Im September 1898 veröffentlichte Jaurès eine kritisch resümierende Zusammenfassung jener Artikel, die in der Zeitschrift *La petite République* bis dahin zur Dreyfus-Affäre erschienen waren. Überzeugt von Dreyfus' Unschuld, verteidigte er diesen und wies nach, dass es nach Jahren der Auseinandersetzung um weitaus

---

8   Zit. nach: Caron, F., Frankreich im Zeitalter des Imperialismus 1851–1918, a.a.O., S. 468.
9   Vgl. u.a. Bredin, J. D., L'Affaire, Paris 1983; Reinach, J., Histoire de l'affaire Dreyfus, 7 vol., Paris 1901–1911; Fuchs, E./Fuchs. G., „J'accuse". Zur Affäre Dreyfus, Mainz 1994; Duclert, V., Die Dreyfus-Affäre, Berlin 1994.

mehr ging als nur um Schuld oder Unschuld eines Hauptmanns der Armee. Mit Nachdruck betonte Jaurès, dass es gerade für die Sozialisten notwendig sei, sich für die Sache Dreyfus einzusetzen. Dies sei nicht schlechthin ein Gebot der Menschlichkeit. Vielmehr stünde der Kampf für Gerechtigkeit und Demokratie und gegen deren Bedrohung durch die Machenschaften des Generalstabes im historischen Erbe der französischen Revolution und diene damit direkt der Sache des Proletariats.[10]

Für den weiteren Werdegang Jaurès' und für die Weiterentwicklung seiner theoretischen und philosophischen Ansichten zeitigte die Dreyfus-Affäre weitreichende Folgen. Als er im innerlich zerrissenen Frankreich eindeutig Position bezog und sich mit Vehemenz auf der Seite der Dreyfusardes einsetzte, trug das bei den Legislativwahlen von 1898 zur Niederlage Jaurès' bei. Erst 1902 hielt er wieder Einzug in die Kammer. Jene Debatte, die die Sozialisten um die prinzipiellen Probleme führten, die sich hinter der Dreyfus-Affäre verbargen, verdeutlichte die extrem unterschiedliche Positionierung der von Guesde und Jaurès geführten Fraktionen. Sie beförderten das Zerwürfnis der beiden wichtigsten Köpfe des französischen Sozialismus dieser Zeit und wurden zum Katalysator der fortgesetzten Spaltung der Arbeiterklasse. Schließlich haben die aus der Affäre resultierenden Auseinandersetzungen in nicht unerheblichem Maße zur Ausformung des jaurèsschen Verständnisses von der sozialistischen Revolution beigetragen.

Vom Marxismus hatte der Franzose mit der Geschichtsauffassung und der Theorie vom Klassenkampf Grundlegendes übernommen. Bemühte er sich schon vor 1898 um die Verbindung dieser wichtigen Grundsätze des Marxismus mit den spezifischen Gegebenheiten seines Heimatlandes, so gewann diese gewollte Synthese, die ihm nicht wenige Kritiker und politische Gegner einbrachte, tiefere Züge. Jaurès bejahte eine allmähliche Evolution zum Sozialismus und betonte auch aus diesem Grunde die Werte der französischen Revolution und die Bedeutung von Demokratie und allgemeinem Wahlrecht. Die Originalität der Auffassungen von Jaurès lag – angeregt auch durch seine theoretischen Reflexionen zur Dreyfus-Affäre – in dem Versuch begründet, Patriotismus und Internationalismus für die Theorie und den politischen Kampf der Arbeiterklasse zu verbinden. Ein dem Franzosen zugeschriebenes Bonmot, nachdem ein wenig Internationalismus vom Vaterland entfremde, während viel Internationalismus dasselbe näher bringe, ist die verknappte Wiedergabe seines Ansinnens.

---

10 Vgl. Jaurès, J., Les Preuves, Paris 1898, S. 8ff.

Im Jahre 1896 nahm Jean Jaurès erstmals an einem Kongress der Zweiten Internationale teil. Während der mehrtägigen Beratungen des Internationalen Sozialistischen Arbeiter- und Gewerkschaftskongresses, zu denen sich Vertreter von Gewerkschaften und sozialistischen Arbeiterparteien in London trafen, machte Jaurès die persönliche Bekanntschaft der führenden Repräsentanten der europäischen Arbeiterbewegung. Die zahlreichen Reden und Debatten demonstrierten, dass jene Probleme, vor die sich die französische Arbeiterbewegung gestellt sah, allgemeiner Natur waren. Es galt vor allem, eine möglichst klare Bestimmung der Ziele und Methoden des Kampfes der Arbeiterklasse zu erreichen. Von der Überzeugung getragen, dass gerade in dieser Hinsicht der Anarchismus der Arbeiterbewegung erheblichen Schaden zufüge, beschloss man in London, die Vertreter anarchistischer Organisationen aus der Zweiten Internationale auszuschließen. Gemeinsam mit den französischen Marxisten votierte auch Jaurès für diesen Beschluss.

Kontrovers diskutierten die Kongressteilnehmer die Frage nach dem Verhältnis der Arbeiterparteien zu den bürgerlichen Regierungen, eine Fragestellung, die für die französische Arbeiterbewegung und für Jaurès selbst sehr bald zu einem aktuellen Problem werden sollte. Übereinstimmung herrschte in London dahingehend, dass die Einheit der Arbeiterbewegung national und international eine der wesentlichen Komponenten ihres Kampfes sein müsse. Die Hypothek der Zersplitterung der Kräfte im eigenen Land lastete schwer auf Jaurès, was ihn sehr bald zu einem jener Politiker werden ließ, die sich – der Aufforderung der Zweiten Internationale folgend – ganz in den Dienst der zu schaffenden Einheit der französischen Arbeiterbewegung stellten.

Auch unter dem Eindruck der Dreyfus-Affäre hatte Jaurès 1898 seine historischen Studien zur französischen Revolution begonnen. Doch selbst nach seinem zeitweiligen Ausscheiden aus der Kammer blieb dem Politiker nur wenig Raum, die umfangreichen Arbeiten voranzutreiben. Erst ab 1901 konnte das Werk Jaurès' unter dem Titel „Sozialistische Geschichte der französischen Revolution" erscheinen. Es waren vor allem zwei Probleme, die um die Jahrhundertwende seine ganze Aufmerksamkeit erforderten und ihm ein Höchstmaß an politischer und propagandistischer Arbeit abverlangten. Erstens stellte sich 1899 für die Arbeiterbewegung Frankreichs ganz unvermittelt die Frage, ob sich Sozialisten an bürgerlichen Regierungen beteiligen sollten, und zweitens arbeitete er intensiv darauf hin, die Arbeiterbewegung seines Heimatlandes organisatorisch zu einen.

1899 stellte der im Gefolge der Dreyfus-Affäre in das Amt des Ministerpräsidenten gelangte Pierre Waldeck-Rousseau ein Kabinett aus weitgehend unbekannten Politikern zusammen. Die vollzogene Öffnung zur politischen Mitte und nach Links verschaffte ihm in der Kammer die Unterstützung seiner auf die Sicherung der republikanischen Errungenschaften zielenden Politik durch die Mehrheit der Sozialisten und Radikalen sowie durch einen Teil der gemäßigten Republikaner. In das Amt des Ministers für Handel und Industrie hatte Waldeck-Rousseau jenen Alexandre Millerand berufen, der in der Gruppe der Unabhängigen Sozialisten bereits in der ersten Legislaturperiode Jaurès' eng mit diesem kooperiert hatte. Gestützt auf die Mehrheitsverhältnisse in der Kammer und mitgetragen von der Mehrzahl der Gewerkschaften, arbeitete Millerand nicht ohne Erfolg an der Verbesserung der sozialen Sicherung für die Arbeitnehmer. Nach Abstimmung mit Jaurès brachte er im Jahre 1899 ein weitreichendes Sozialgesetz zur Abstimmung. Er veränderte die Organisation der staatlichen Sozialpolitik und erließ 1899 ein Dekret, das bei vom Staat ausgeschriebenen Arbeiten Regelungen über Arbeitszeiten und Löhne beinhaltete. Doch nicht die reale Tätigkeit des Ministers, deren tatsächliche Wirksamkeit in einer Zeit unausgereifter parteipolitischer Bindungen und Organisationsformen sowie unter den Bedingungen des Zweikammersystems der Dritten Republik ohnehin eingeschränkt waren, erregte die Gemüter. Vielmehr wurde von nicht wenigen Vertretern der französischen und der internationalen Arbeiterbewegung das Prinzip der Regierungsbeteiligung durch politische Vertreter der Arbeiterklasse abgelehnt.

Auf nationaler Ebene verfestigten die Debatten um Millerand zunächst die Gräben zwischen den verschiedenen Parteien der Arbeiterklasse. Jaurès tolerierte die Regierungsbeteiligung Millerands nicht nur. Er sah sie vielmehr als eine Möglichkeit, mit demokratischen Mitteln für die Interessen der Arbeiterklasse zu agieren. Diese Haltung brachte ihm in Frankreich die erbitterte Gegnerschaft von Guesde ein. Seitens der internationalen Arbeiterbewegung schlug sie sich – befördert vor allem durch die Urteile der deutschen Sozialdemokraten – in einer ausgesprochen kritischen und auf Distanz bedachten Beurteilung Jaurès' als Reformist nieder, der mit seiner auf Ausgleich bedachten Politik die wirklichen Interessen der Arbeiter aus den Augen verloren habe. Keine Geringere als Rosa Luxemburg warf ihm Unfähigkeit vor, die „Demarkationslinie zwischen dem bürgerlichen und proletarischen Lager" einzuhalten.[11] Es bleibt das große Verdienst Jaurès', dass er in dieser auch für ihn persönlich komplizierten Situation

---

11 Luxemburg, R., Die sozialistische Krise in Frankreich, in: Gesammelte Werke, Bd. 1, Zweiter Halbband, Berlin 1979, S. 32.

energisch den Einigungsprozess der Arbeiterbewegung vorantrieb. Diesen zu befördern war das Ziel des ersten Einigungskongresses der sozialistischen Organisationen des Landes, der vom 3. bis 8. Dezember 1899 in Paris stattfand. Auf der Tagesordnung nahm die Debatte um Millerand großen Raum ein. Es gelang den Guesdisten, einen Antrag durchzubringen, in dem festgehalten wurde, dass das strategische Ziel der Arbeiterklasse, die Erringung der politischen Macht, den Eintritt in eine bürgerliche Regierung verbiete.[12] Damit war die von Jaurès vertretene Auffassung von der Mehrheit der in Paris versammelten Repräsentanten der Arbeiterbewegung offiziell zurückgewiesen worden. Die Vorbereitung auf eine Vereinigung der sozialistischen Organisationen Frankreichs unter der Ägide der Guesdisten wurde einem neu geschaffenen Generalkomitee überantwortet.

Als sich im Anschluss an den Pariser Kongress der Zweiten Internationale (23. bis 27. September 1900) die Vertreter der sozialistischen Organisationen Frankreichs zu ihrem zweiten Kongress trafen,[13] war es – dank der inzwischen von Jaurès geleisteten Arbeit, aber nicht minder ob seiner die Massen begeisternden rhetorischen Fähigkeiten – den guesdistischen Aktivisten nicht mehr möglich, ihre Position wie noch im Vorjahr zu behaupten. Als sie angesichts einer sich abzeichnenden Abstimmungsniederlage den Sitzungssaal verließen, bedeutete das für die organisatorische Einheit der Arbeiterbewegung einen Rückschlag. Diesen verstärkten die Guesdisten im Folgejahr, als sie sich mit der sozialistischen Partei Vaillants, der *Alliance communiste* und dem *Parti Ouvrier Socialiste Révolutionnaire* zum *Parti Socialiste de France* zusammenschlossen, den Klassenkampf als unabdingbares Prinzip auf ihre Fahnen schrieben und jeglichen Kompromiss mit dem bürgerlichen Staat ablehnten.[14]

Anfang des 20. Jahrhunderts schien es um die Herstellung einer einheitlichen Arbeiterpartei schlecht bestellt, denn unter dem maßgeblichen Einfluss von Jaurès hatte sich 1902 die Sozialistische Französische Partei gegründet. Bei ihrer Entstehung war die Partei in erster Linie eine Organisation von Mandatsträgern. Sie einte die Überzeugung, dass auch Kompromisse mit dem bürgerlichen Staat den Interessen der Arbeiterklasse dienlich sein konnten. Das 1902 in Tours angenommene Parteiprogramm, auf das sich die in dem PSF vereinigten *Socialistes*

---

12 Vgl. Organisations socialistes françaises. Congrès général tenu à Paris du 3 au 8 décembre 1899. Compte rendu sténographique officiel, Paris 1900.
13 Vgl. Organisations socialistes françaises. II Congrès général tenu à Paris du 28 au 30 septembre 1900. Compte rendu sténographique, Paris 1901.
14 Vgl. Parti Socialiste de France (Unité Socialiste Révolutionnaire). Ier Congrès nationale tenu à Commentry les 26, 27, et 28 septembre 1902, Compte rendu complet, Paris 1902.

indépendantes, die *Fédération des Travailleurs Socialistes* und die *Fédération Autonomes* verständigten, trug unverkennbar die Handschrift Jaurès', definierte die Partei als Akteur sozialer Veränderungen und Verteidiger der demokratischen Grundprinzipien der Republik, orientierte aber auch auf die notwendige Einheit der Arbeiterklasse in Organisation und politischem Kampf.[15]

Die Zweite Internationale maß der Entwicklung in Frankreich besondere Bedeutung bei, hatten doch die französischen Arbeiter in einer Vielzahl von gewerkschaftlichen und politischen Auseinandersetzungen reiche Erfahrungen gesammelt. Die Zahl der Lohnarbeiter war zudem im letzten Drittel des 19. Jahrhunderts deutlich gestiegen. Schwer wogen auch die Wahlergebnisse von 1902. Die sozialistischen Parteien hatten beachtliche Erfolge erzielt, wobei die Verteilung der errungenen Mandate signifikant war. Die durch Jaurès repräsentierte Sozialistische Französische Partei hatte mit 37 Sitzen deutlich über die Sozialistische Partei Frankreichs von Guesde, die 14 Mandate erhielt, gesiegt. So unterstrichen die Wahlergebnisse nochmals, dass der Persönlichkeit Jaurès' in der internationalen Arbeiterbewegung noch größere Beachtung beigemessen werden musste. Folgerichtig befasste sich der VI. Kongress der Zweiten Internationale, der im August 1904 in Amsterdam tagte, intensiv mit der Entwicklung der Arbeiterbewegung in Frankreich.

Die Delegation derer, die aus dem Hexagon in die Niederlande gekommen waren, bot in ihrer Vielfalt ein Spiegelbild des Entwicklungsstandes der französischen Arbeiterbewegung. Guesde und Vaillant waren ebenso präsent wie Allemane, Jaurès und Briand. Nach zum Teil erhitzt geführten Debatten, von denen das Rededuell zwischen Jaurès und August Bebel bald legendären Ruf erlangte, endete der Amsterdamer Kongress mit einem zwiespältigen Ergebnis. Zum einen verabschiedeten die Teilnehmer eine Entschließung, die darauf orientierte, in jedem Land eine vereinte sozialistische Partei zu gründen, die auf den Prinzipien der Zweiten Internationale basieren sollte.[16] Mit der Resolution über die „Einheit der Partei" erhielt die von Jaurès seit langem avisierte Einheit der französischen Arbeiterklasse den Rückhalt der Zweiten Internationale. Andererseits wurden dessen befürwortete Zusammenarbeit mit bürgerlichen Regierungen und die Allianz von Sozialisten und Radikalen strikt abgelehnt.

---

15 Vgl. Parti Socialiste Français. IV Congrès général à Tours du 2 au 4 mars 1902. Compte rendu sténographique officiel, Paris 1902.

Theoretisch fundiert und mit Leidenschaft hatte Jaurès seine Position verteidigt, für die Einheit der Arbeiterbewegung votiert und noch einmal seine Vorstellungen von den Methoden des Kampfes der Arbeiterklasse dargelegt. „Gewiß, auch ich bin für die Einheit, aber sie kann und darf nicht zu einer unterdrückenden Uniformität werden, das Recht der Minderheit muß gewahrt bleiben. Sein eignes Recht würde sich der Sozialismus nehmen, wenn er das Recht der Minderheit schmälern wollte ... Wir fordern ... die vollständige Umwandlung des Privateigentums in Kollektiveigentum, wir bekämpfen jede Form der Ausbeutung. Auch darin sind wir einig, daß alle Reformen nicht bloß ein Mittel sind, die augenblicklichen Leiden des Proletariats zu mildern, sondern daß sie auch dazu dienen, die Kampfestüchtigkeit des Proletariats für sein Endziel zu erhöhen ... Alle Reformen sind nur die Stufen, auf denen wir zum Ziel hinaufsteigen. Die Rettung der Republik, die Sicherung der politischen Freiheit, die Verweltlichung des Unterrichts, die Trennung von Staat und Kirche ... all das sind nur Mittel, das revolutionäre Endziel zu erreichen ...".[17] In Amsterdam wurde August Bebel, unterstützt von Rosa Luxemburg und Karl Kautsky, zum Wortführer jener Kräfte der Zweiten Internationale, die Jaurès des Reformismus bezichtigten. Und da es Bebel nicht minder geschickt verstand, mit dem Wort und den Delegierten umzugehen, blieb er im legendären Rededuell der beiden Brüder im Geiste Sieger. Der Kongress von Amsterdam verurteilte den von Jaurès eingeschlagenen Kurs.

Unbeeindruckt von dieser politischen Niederlage und über die tiefempfundene persönliche Enttäuschung hinweg, intensivierte Jaurès jedoch nach dem Kongress seinen Einsatz für die Einigung der Sozialisten. Als wichtiges Mittel, diesen Prozess propagandistisch zu befördern, nutzte er die von ihm gegründete Zeitung *L'Humanité*, deren erste Ausgabe bereits am 18. April 1904 erschienen war. Im Dezember 1904 nahm eine Kommission, gebildet aus Mitgliedern des PSF, des PSdF, des POSR und der *Fédérations Autonomes*, ihre vorbereitende Tätigkeit für den Einigungskongress auf. Dieser führte im April 1905 zur Gründung der SFIO. Dank seiner theoretischen und politischen Kompetenz und des Ansehens, das Jaurès nicht nur in der französischen Arbeiterschaft besaß – 1903 wählte man ihn zum Vizepräsidenten der Kammer – nahm der Sozialist innerhalb der neu gegründeten Partei eine herausragende Rolle ein. Er war der bekannteste Repräsentant der Sozialisten und behielt die Leitung der *L'Humanité* inne, die

---

16 Vgl. Internationaler Sozialisten-Kongreß zu Amsterdam 1904, Berlin 1904, S. 78.
17 Zit. nach: Ebd., S. 35f.

zum Zentralorgan der SFIO wurde. Programmatisch bekannte sich die Partei zu Klassenkampf und Revolution, ohne mögliche und notwendige Reformen innerhalb der bürgerlichen Gesellschaft völlig auszuschließen.[18] Doch der Balanceakt einer geeinten sozialistischen Arbeiterpartei, die, dem Gedankengut der Guesdisten maßgeblich verbunden, einerseits grundlegende Auffassungen der marxistischen Theorie vertrat, andererseits aber, geprägt durch die Persönlichkeit eines Jaurès, sich in wachsendem Maße eines aktivistischen Reformismus bediente, führte die junge Partei alsbald in eine Krise. Diese manifestierte sich nicht in der Zahl der Mitglieder, die bis zum Ausbruch des Ersten Weltkrieges ebenso kontinuierlich zunahm wie die politische Akzeptanz, die die Partei in der Bevölkerung fand. Aus diesem Grund gelang es der SFIO, die Anzahl ihrer in die Kammer gewählten Deputierten zwischen 1906 und 1914 mehr als zu verdoppeln. Ab 1907 zeigte sich jedoch, wie weit die unter der unangefochtenen Autorität von Jaurès stehende Partei von dem angestrebten Ziel einer einheitlich handelnden politischen Organisation noch entfernt war. Die SFIO splitterte sich in verschiedene Strömungen auf, die, proportional repräsentiert, in einer ständigen Verwaltungskommission zusammenarbeiteten. Diese gemeinsame Tätigkeit und die Autorität Jaurès' wahrten den Zusammenhalt der Partei und täuschten über eine innere Zerrissenheit hinweg, die das von Jaurès in Amsterdam postulierte Recht der Minderheiten zwar wahrte, die Durchsetzungskraft der sozialistischen Partei jedoch minderte.

Die besondere Aufmerksamkeit des Parteiführers galt dem Verhältnis zur *Confédération générale du travail*. Die 1895 entstandene Organisation verweigerte, enttäuscht vom Auftreten der Parteien der Dritten Republik, auch den Sozialisten ihre Unterstützung. Inspiriert von den Ideen des Philosophen Georges Sorel, verkündete die CGT in der 1906 geschaffenen *Chartre d'Amiens*, das wichtigste Mittel für die Realisierung der Interessen der Arbeiterschaft sei der Sturz des republikanischen Regimes durch die „direkte Aktion", d. h. den Generalstreik.[19] Jaurès, der darauf hinarbeitete, den gewerkschaftlichen Kampf in die Bestrebungen der Sozialisten zu integrieren, gelang es auf dem V. Kongress der SFIO 1908 in Toulouse, eine fragile Synthese der strategischen Vorstellungen von Gewerkschaft und Partei zustande zu bringen. Demnach blieb die Unabhängigkeit der Gewerkschaften erhalten. Die SFIO erkannte den Generalstreik und den

---

18 Vgl. Borella, F., Les partis politiques dans la France d'aujourd'hui, Paris 1990, S. 153ff.
19 Vgl. Shirer, W. L., Der Zusammenbruch Frankreichs. Aufstieg und Fall der Dritten Republik, München/Zürich 1978, S. 93ff.

revolutionären Aufstand unter bestimmten Bedingungen als Mittel des Kampfes für die Rechte der Arbeiter an. Gleichzeitig richtete man die Forderung an alle Mitglieder der Partei, einen so entscheidenden parlamentarischen Machtzuwachs zu erarbeiten, dass sich die Anwendung solcher Formen der Auseinandersetzung erübrigte.

Die Integration der revolutionären Strategievorstellungen der CGT in die Leitlinie seiner Partei konnte nur dank der Reputation eines Jaurès bewirkt werden. Er hatte seit seinem Wiedereinzug in die Kammer unermüdlich für eine einheitlich handelnde sozialistische Partei gearbeitet. Darüber hinaus hatten seine parlamentarischen und internationalistischen Aktivitäten sowohl das Ansehen des französischen Sozialismus als auch sein eigenes maßgeblich erhöht. Von der Tribüne des Parlaments und auf zahlreichen Demonstrationen im ganzen Land sprach sich Jaurès für die Trennung von Staat und Kirche aus, die 1905 dann auch gesetzlich verankert wurde. Er beteiligte sich an einer breiten Solidaritätsbewegung für die russische Revolution von 1905, unterwarf wiederholt die von Frankreich betriebene Kolonialpolitik einer prinzipiellen Kritik und opponierte leidenschaftlich gegen die Haltung der Regierung in der Marokkokrise von 1911.[20]

Auf nationaler Ebene war es die große Leistung Jaurès', die organisatorische Einheit der Sozialisten entscheidend vorangebracht zu haben. Nicht minder bedeutsam bleibt es, dass es ihm gelang, diese mühevoll errungene und zerbrechliche Einheit zu erhalten. Die Kompromisse, die er dazu einging, riefen, gleich welcher Art sie auch waren, Kritiker innerhalb und außerhalb der Partei auf den Plan.

Es war besonders sein Engagement für den Erhalt des Friedens, das Jaurès auf der Bühne der internationalen Politik hohes und bleibendes Ansehen verschaffte, ihn aber zugleich auch einer massiven Kritik aussetzte. In den Jahren nach der Gründung der SFIO wurde Jaurès zur Zentralfigur des antimilitaristischen Kampfes in Frankreich. Grundlage für seinen auch in dieser Sache rastlos geführten Einsatz bildete seine Überzeugung, die Hauptaufgabe der Arbeiterklasse bestehe darin, den heraufziehenden Krieg nicht zuzulassen. Beim Kampf des pazifistischen Internationalisten Jaurès flossen drei unterschiedliche Aspekte zusammen. Auf der Ebene der Diplomatie plädierte er für die Einrichtung international wirksamer Schiedsgerichte. Auf militärpolitischem Terrain trat er für die Schaffung einer von Grund auf neuen, demokratisch orientierten Armee ein. In seinem

---

20   Vgl. Bouche, D., Histoire de la colonisation française, Paris 1991, S. 62ff.

1911 erschienenen Werk *L'Armée nouvelle* verdeutlichte Jaurès dabei zugleich den engen Zusammenhang zwischen Internationalismus und Patriotismus, wenn er festhielt: „Die Stunde ist vorbei, da die Utopisten den Kommunismus für eine künstliche Blume hielten, die man nach Belieben in einem Klima, das ein Sektenoberhaupt ausgewählt hätte, zur Blüte bringen könnte. Es gibt kein Ikarien mehr. Der Sozialismus trennt sich nicht mehr vom Leben, er trennt sich nicht mehr von der Nation; er bedient sich des Vaterlandes selbst, um es umzubilden und zu vergrößern."[21] Und schließlich bewies Jaurès auch beim antimilitaristischen Kampf, wie sehr er es verstand, die Massen für den Erhalt des Friedens zu mobilisieren. Auf dem Kongress der Zweiten Internationale in Stuttgart 1907 und dem Außerordentlichen Kongress von Basel 1912 setzte der Franzose entscheidende Akzente für die Positionierung der internationalen Arbeiterschaft gegen den drohenden Krieg.

Mit einer solchen Haltung wurde Jaurès in einer Zeit chauvinistisch aufgeputschter Emotionen zum Feind all derer, die auf den Krieg hinarbeiteten. Einen Tag nach der Rückkehr von einer Friedenskundgebung in Brüssel, auf der er eine letzte Rede hielt, wurde Jaurès im Café du Croissant von dem Nationalisten Raoul Villain erschossen. Der Beisetzung und der 1924 erfolgten Umbettung ins Panthéon folgten Hunderttausende.

SCHRIFTEN VON JAURÈS

Œvres, hrsg. von V. M. Bonnafous, 9 vol., Paris 1931–1939
Les Preuves, Paris 1904
Études Socialistes, Paris 1902
Discours parlementaires, précédés d'une introduction de l'auteur sur le socialisme et le radicalisme, Paris 1904
L'armée nouvelle, Paris 1911
Reden und Schriften, Wien 1949
Sozialistische Studien, hrsg. von A. Südekum, Bonn-Bad Godesberg 1974
Die Ursprünge des Sozialismus in Deutschland, Frankfurt a. M. 1974
Le socialisme et le radicalisme en 1885. Pres. de M. Rebérioux, Paris 1980

---

21 Jaurès, J., L' Armée nouvelle, Paris 1911, S. 3.

LITERATUR ÜBER JAURÈS

Abosch, H., Jean Jaurès, München 1986
Auclair, M., La vie de Jaurès au la France avant 1914, Paris 1972
Brand, U., Jean Jaurès – Internationalist und Patriot, Göttingen/Frankfurt/Zürich 1973
Challaye, F., Jaurès, Paris 1936
Croix, A., Jaurès et ses détracteurs, St.-Ouen 1967
Gallo, M., Le grand Jaurès, Laffont 1985
Goldberg, H., Jean Jaurès, Paris 1970
Jackson, J. H., Jean Jaurès. Sein Leben und Werk, Hamburg 1949
Lefranc, G., Jaurès et le socialisme des intellectuels, Paris 1968
Levy, L. (Hrsg.), Jean Jaurès. Anthologie, Paris 1983
Lévy-Bruhl, L., Jean Jaurès, Paris 1924
Rabaut, J., Jean Jaurès, Paris 1981
Rapoport, Ch., Jaurès, l'homme, le penseur, le socialiste, Anthropos 1984
Soulé, L., La Vie de Jaurès, Paris 1927
Tétard, G., Essais sur Jean Jaurès, Colombes 1959
Vandervelde, É., Jaurès, Paris 1929
Zévaès, A., Jean Jaurès, Paris 1951

GESAMTDARSTELLUNGEN ZUR ZEIT

Becker, J.-J., Le carnet B. Les pouvoirs public et l'antimilitarisme avant la guerre de 1914, Paris 1973
Blänsdorf, A., Die Zweite Internationale und der Krieg. Die Diskussion über die internationale Zusammenarbeit der sozialistischen Parteien 1914–1917, Stuttgart 1979
Brummert, U. (Hrsg.), Jean Jaurès, Frankreich, Deutschland und die Zweite Internationale am Vorabend des Ersten Weltkrieges, Tübingen 1989
Brummert, U., L'universel et la particulier dans la pensée de Jean Jaurès, Tübingen 1990
Brunet, J.-P., Histoire du socialisme en France de 1871 à nos jours, Paris 1989
Duroselle, J.-B., La France et les Français 1900–1914, Paris 1972
Furet, F./Ozouf, J, Lire et écrire. L'alphabétisation des Français de Calvin à Jules Ferry, 2 Bde., Paris 1977
Guertin, M., La philosophie et la Paix de Jean Jaurès, Toulouse 1991
Kocka, L. (Hrsg.), Europäische Arbeiterbewegungen im 19. Jahrhundert, Göttingen 1983
Krumreich, G., Aufrüstung und Innenpolitik in Frankreich vor dem Ersten Weltkrieg. Die Einführung der dreijährigen Dienstpflicht 1913–1914, Wiesbaden 1980
Rebérioux, M. (Hrsg.), Jaurès et la Classe ouvrière, Paris 1981
Reclus, M., Grandeur de „la Troisième". De Gambetta à Poincaré, Paris 1948
Roux, Marquis de, Origines et fondation de la troisième République, Paris 1933
Willard, C., Le mouvement ouvrier en France. Les Guesdistes 1893–1905, Paris 1965

Georges Clemenceau (1841–1929)

IV.

GEORGES CLEMENCEAU
(1841–1929)

Georges Clemenceau wurde als zweites von sechs Kindern des Arztes Jean-Paul Clemenceau und dessen zweiter Ehefrau Emma, geborene Gauthereau, am 28. September 1841 in Mouilleron-en-Pareds, einem kleinen Marktflecken in der Vendée, geboren. Das politische Denken im Elternhaus war von den Idealen der Revolution von 1789, republikanischem Bürgersinn und antiklerikaler Weltsicht geprägt. Er studierte von 1858 bis 1861 Medizin in Nantes, dann in Paris, und promovierte 1865 zum Dr. med. Sein antibonapartistisches politisches Engagement während der Studienzeit brachte ihm 1862 zwei Monate Haft ein. 1865 reiste er zunächst nach London, wo er mit Herbert Spencer und Stuart Mill zusammentraf, und im September 1865 weiter in die USA. Er schrieb Amerikaberichte für verschiedene französische Zeitungen und war Lehrer an der höheren Mädchenschule in Stamford (Connecticut). Im Mai 1869 heiratete er Marie Plummer (drei Kinder: Michel, Madelaine, Thérèse; in den 90er Jahren wurde die Ehe geschieden). Nach seiner Rückkehr Ende 1869 hielt er sich kurzzeitig in der väterlichen Arztpraxis auf, um Anfang August 1870 nach Paris überzusiedeln. Er wurde am 5. September 1870 zum Bürgermeister des XVIII. Arrondissements und am 8. Februar 1871 in die Nationalversammlung in Bordeaux gewählt. Clemenceau stimmte gegen die Bedingungen des Präliminarfriedens mit Deutschland und schied am 27. März 1871 aus der Kammer aus. Im Juli 1871 erfolgte seine erneute Wahl zum Bürgermeister des XVIII. Arrondissements und gleichzeitig zum Mitglied des Stadtrates von Paris, dessen Präsident er 1875 wurde. Von 1876 bis

1893 war Clemenceau Kammerdeputierter und profilierte sich in dieser Zeit zum Führer der radikalen Fraktion des bürgerlichen Republikanismus. Er setzte sich energisch für eine Amnestie aller verurteilten Kommunarden und für ein Programm demokratischer und sozialer Forderungen ein. Als sein politisches Sprachrohr gründete er 1880 die Zeitung La Justice. Im Interesse einer Revanchepolitik gegenüber Deutschland kritisierte er die französische Kolonialpolitik. Seine parlamentarischen Attacken gegen die Liberalen brachten ihm den Ruf eines „Ministerstürzers" ein. Im Ergebnis der von seinen politischen Gegnern unterstellten Verwicklung in die Panamakanalaffäre verlor er 1893 sein Abgeordnetenmandat. In den folgenden Jahren der politischen Abstinenz leistete er eine umfangreiche journalistische und literarische Tätigkeit. Als Chefredakteur der Zeitung Aurore veröffentlichte er am 13. Januar 1898 Zolas Aufruf „J'accuse". Sein Engagement für die Revision des Dreyfus-Prozesses ermöglichte seine Rückkehr in die Politik. Im Jahre 1902 wählte ihn das Département Var zum Mitglied des Senats. Im Februar 1906 wurde er Innenminister in der Regierung Ferdinand Sarrien. Er setzte sich für die Trennung von Staat und Kirche ein und unterdrückte gewaltsam die Streikbewegung der Bergarbeiter des Pas-de-Calais. Im Oktober 1906 löste Clemenceau Sarrien als Ministerpräsident ab. Er blieb als „erster Polizist Frankreichs" bei seiner militanten Haltung gegenüber der Streikbewegung, förderte die Entente cordiale mit Großbritannien, die 1907 durch den Beitritt Russlands zur Triple-Entente wurde, und optierte im Interesse einer antideutschen Allianz für ein Übereinkommen in kolonialen Fragen mit Großbritannien. Nach seinem Sturz als Ministerpräsident am 20. Juli 1909 unternahm er Reisen nach Griechenland und Lateinamerika. 1911 erfolgte seine Wiederwahl als Senator. Als Politiker und Journalist kritisierte er heftig die Regierungspolitik gegenüber Deutschland, vor allem in der vom ihm 1913 gegründeten Zeitschrift L'Homme libre. Nach Beginn des Ersten Weltkrieges gehörte Clemenceau zu den Verfechtern der Union sacrée und griff in den ersten Kriegsjahren, ab Januar 1916 auch als Vorsitzender des Senatsausschusses für Heeresfragen, außerordentlich heftig die politische und militärische Führung Frankreichs an. In einer für das Land politisch und militärisch äußerst prekären Situation berief Präsident Raymond Poincaré den 76-jährigen Clemenceau am 16. November 1917 zum Ministerpräsidenten. Mit weitgehenden Vollmachten ausgestattet, ordnete er seine gesamte Politik einer umfassenden Kriegsmobilisierung unter, die die Niederschlagung der Antikriegs- und Streikbewegung im eigenen Land einschloss. Am 11. November 1918 wurde er als „Vater des Sieges" gefeiert und am 21. November 1918 zum Mitglied der Académie française gewählt. Als Präsident der Pariser Friedenskonferenz vertrat Clemenceau vehement die weitgesteckten Ziele Frankreichs gegenüber Deutschland und hinsichtlich der europäischen Nachkriegsordnung. Er präsidierte das Zeremoniell anlässlich der Unterzeichnung des Friedensvertrages von Versailles am 28. Juni 1919. Nach dem Scheitern seiner Kandidatur für das Amt des Staatspräsidenten reichte Clemenceau am 20. Januar 1920 seinen Rücktritt als Ministerpräsident ein und zog sich aus der Politik zurück. Er begab sich auf Reisen, verfasste politisch-historische Studien und kritisierte unverdrossen die seiner Meinung nach unfähige französische Nachkriegspolitik. Am 24. November 1929 starb Clemenceau im 89. Lebensjahr in Paris.

„Je fais la guerre"

Für die politische und militärische Führung Frankreichs spitzte sich die Lage im Herbst 1917 dramatisch zu. Die Frühjahrsoffensive der Alliierten war unter großen Verlusten gescheitert und konnte den versprochenen Durchbruch nicht erzwingen. Die Hoffnungen auf einen Überraschungsstoß, der die deutschen Truppen hinter die Maas und – wenn möglich – hinter den Rhein zurückwerfen sollte, erfüllten sich nicht. Als dann am 20. Mai 1917 die völlig erschöpften Regimenter wieder in die vorderen Linien zurückgetrieben werden sollten, brachen Meutereien in einem solchen Ausmaß aus, dass die französische Armee im Sommer 1917 fast einen Monat lang aktionsunfähig war.[1] Gleichzeitig wuchs auch im Hinterland die Antikriegsbewegung an, die die Führung der *Section Française de l'Internationale Ouvrière* im September 1917 zwang, die zu Beginn des Krieges proklamierte *Union sacrée* aufzukündigen. In der neu gebildeten Regierung Paul Painlevé saßen erstmalig seit Kriegsbeginn keine sozialistischen Minister. Zudem ließen die Oktoberereignisse in Russland den Zusammenbruch der Ostfront befürchten, was unweigerlich zu katastrophalen Auswirkungen auf die militärische Lage an der Westfront führen musste. In dieser äußerst prekären Situation berief Staatspräsident Poincaré am 16. November 1917 einen 76-Jährigen zum neuen Ministerpräsidenten: Georges Clemenceau.

Aber kaum jemand war verwundert, dass gerade diesem alten Mann zugetraut wurde, Frankreichs Geschicke doch noch zum Guten zu wenden, galt er doch als „Verkörperung des politischen Raubtiers"[2] und deshalb von der Presse mit dem Beinamen „Tiger"[3] versehen, als „Ministerstürzer" und politischer Feuerkopf, als Mann mit hohem intellektuellen Vermögen und – trotz seines Alters – von sensationeller Vitalität.

---

1   Shirer, W. L., Der Zusammenbruch Frankreichs. Aufstieg und Fall der Dritten Republik, München/Zürich 1970, S. 133. Siehe auch: Bach, A., Die militärischen Operationen der französischen Armee an der Westfront Mitte 1917 bis 1918, in: Kriegsende 1918. Ereignis, Wirkung, Nachwirkung, München 1999.
2   Schwarz, H.-P., Das Gesicht des Jahrhunderts. Monster, Retter und Mediokritäten, München 2001, S. 388.
3   Duroselle, J.-B., Clemenceau, Paris 1988, S. 388ff.

Begonnen hatte die politische Laufbahn des promovierten Arztes kurz nach der schmachvollen Kapitulation von Sedan und einen Tag nach der Ausrufung der Republik durch Léon Gambetta am 4. September 1870 als Bürgermeister des XVIII. Arrondissements in Paris. Militant und impulsiv verfocht er die Belange der jungen Republik und des bedrohten Vaterlandes. Als Abgeordneter der Nationalversammlung, die nach den Wahlen vom 8. Februar 1871 in Bordeaux ihre Arbeit aufnahm, stimmte Clemenceau gegen die Bestimmungen des Präliminarfriedens.

Clemenceau wurde in den folgenden Jahrzehnten geradezu zur Verkörperung eines Revanchegedankens, den er in allen Situationen seines politischen Lebens mit extremer Konsequenz verfocht. Bei der Bestimmung seiner Haltung zu jeder grundsätzlichen Frage der Politik Frankreichs – ob zum Deutschen Kaiserreich, zur französischen Kolonialpolitik oder zur eigenen Innenpolitik – stets galt für Clemenceau ein Axiom: das Primat der Rückgewinnung von Elsass-Lothringen. Am 27. März 1871 legte Clemenceau demonstrativ sein Mandat in der Nationalversammlung nieder.

Mit der Pariser Kommune war Clemenceau direkt konfrontiert, war es doch sein Stadtteil, wo sie ihr Vorspiel hatte, als die Kanonen der Nationalgarde von der aus Paris nach Versailles geflohenen Regierung Adolphe Thiers' in der Nacht zum 18. März geraubt werden sollten. Angesichts dieses Anschlags wurden zwei Generale von Nationalgardisten, die durch die Provokation bis zum äußersten gereizt waren, standrechtlich erschossen. In seiner Eigenschaft als Bürgermeister hatte Clemenceau versucht, das zu verhindern. Damit stand er sofort zwischen den Fronten. Den Kommunarden erschien er fortan als unzuverlässig, der Regierung Thiers aber als möglicher Verräter. Dabei sympathisierte Clemenceau zweifellos mit den republikanischen und kommunalen Bestrebungen der Kommune, und er warf Thiers vor, dieser hätte Paris misshandelt, das Elsass verraten und die Demokratie vergewaltigt. Aber er sah in ihr auch eine Revolte gegen und damit eine Gefahr für die Republik und versuchte deshalb vergebens, zwischen den beiden Fronten zu vermitteln.

In den folgenden Jahren, in denen die Dritte Republik ihre schwierigen Geburtswehen erlitt, stand Clemenceau, seit 1875 Präsident des Stadtrates von Paris, an der Seite Gambettas im Kampf um eine starke Republik und gegen die drohenden monarchistischen Restaurationsversuche. Und als 1875 die Fragestellung „Republik oder Monarchie" faktisch zugunsten der Republik entschieden war, wurde die demokratische Ausformung dieser Republik zur politischen Doktrin auch für Clemenceau, der 1876 in die Abgeordnetenkammer einzog.

Clemenceau avancierte rasch zum anerkannten Führer der radikalen Fraktion des bürgerlichen Republikanismus und seine im Januar 1880 erstmalig erschienene Zeitung *La Justice* war bald das zentrale Publikationsorgan radikaler Reformpläne. „Er ist ein hundertfünfzigprozentiger Parlamentarier in der jakobinischen Tradition – antiklerikal, antibourgeois, antiautoritär, antimilitaristisch, ein Feind des Großkapitals, natürlich auch nationalistisch."[4] Darüber hinaus galt Clemenceau längere Zeit auch „als der große Verteidiger der proletarischen Interessen und demokratischen Freiheitsrechte", als ein „Ritter ohne Furcht und Tadel gegen Elend und Not und den Egoismus der herrschenden Klasse".[5] Clemenceau verfocht sein radikales Programm mit Vehemenz und Militanz, stürzte Kabinette und Minister. Sein Einfluss im politischen Leben stieg, und viele sahen in ihm den „draufgängerischen Republikaner", den Oppositionsführer der radikalen Linken. Er erhärtete diesen Ruf mit seinem Widerstand gegen die Kolonialexpansion in den 80er Jahren. Nicht übersehen werden darf dabei aber, dass Clemenceau die Kolonialpolitik auch deshalb ablehnte, weil für ihn das Revanchestreben gegenüber Deutschland Vorrang hatte.

Clemenceau zeigte sich dabei als glänzender Redner, dessen Wirkung weniger von der Rhetorik als von der bestechenden Logik seiner Darlegungen ausging. Oft sollte die Kammer in den folgenden Jahrzehnten das gleiche Schauspiel erleben: Clemenceau, klein und unscheinbar von Figur – auffallend nur durch die funkelnden Augen unter buschigen Brauen in einem ovalen Gesicht und schon mit etwas gebeugter Haltung –, aber die Zuhörer faszinierend durch die schonungslose Konsequenz seiner Schlussfolgerungen. Fast immer sprach er frei und verstand es, durch sein entwickeltes Gespür für die Atmosphäre des Auditoriums eine nachhaltige suggestive Wirkung zu erreichen.

Plötzlich allerdings schien seine politische Karriere beendet. Seine Gegner nutzten den Panamaskandal, um sich am Führer der radikalen Opposition zu rächen. Clemenceau wurde Mitverantwortung unterstellt und es wurde eine öffentliche Meinungsmache gegen ihn entfacht, in deren Ergebnis er 1893 sein Abgeordnetenmandat verlor. Jetzt galt er als erledigter Politiker, ruinierter Mann und entehrter Franzose.

Obwohl – wie wir aus seinen Memoiren wissen – bitter enttäuscht und zeitweilig deprimiert, wechselte er schnell die Kampfarena. *En avant!* überschrieb

---

4 Schwarz, H.-P., Das Gesicht des Jahrhunderts ..., a.a.O., S. 390.
5 Ziebura, G., Léon Blum. Theorie und Praxis einer sozialistischen Politik, Bd. I: 1872 bis 1934, Berlin 1963, S. 40f.

Clemenceau schon am 3. Oktober 1893 programmatisch den ersten von etwa 1500 Zeitungsartikeln, die aus seiner Feder in den nächsten Jahren in verschiedenen Zeitungen und Zeitschriften erschienen. Die Auswahl seiner Themen konnte vielseitiger kaum sein: Geschichte, Politik, Soziologie, Philosophie, Kunst, Naturwissenschaften, Geographie und Völkerkunde. Clemenceau verdichtete seine umfangreichen Studien und Abhandlungen auch zu Büchern. Seine Bildung und Weltsicht erweiterte und vertiefte sich in den Jahren der erzwungenen „Atempause" in bemerkenswerter Weise. Überhaupt war Clemenceau ein Mann mit hoher Intelligenz und großer Interessenvielfalt. Er besuchte überaus eifrig Theater, Ausstellungen und Restaurants, war mit vielen Künstlern befreundet, zeigte sich amourösen Abenteuern nicht abgeneigt und ging keinem Duell aus dem Wege.

Als die Dreyfus-Affäre Frankreich erschütterte, das Land dicht vor einem Bürgerkrieg stand, die politischen Leidenschaften in jeder Familie, in jedem Département, im ganzen Lande tobten, begann der politische Wiederaufstieg Clemenceaus. Wider besseren Wissens hatten der Generalstab und sein geheimdienstliches „Zweites Büro" im Jahre 1894 einen militärischen Schauprozess inszeniert und Hauptmann Alfred Dreyfus der prodeutschen Spionage angeklagt, für schuldig erklärt, degradiert und lebenslänglich auf die Teufelsinsel vor Französisch-Guayana verbannt. Wie viele Franzosen durchschaute auch Clemenceau nicht gleich das gefährliche Zusammenspiel von Konservatismus, Klerikalismus und Antisemitismus, das im Juden Dreyfus ein Antisymbol statuieren wollte – einen Popanz, um dem sich immer deutlicher abzeichnenden Demokratisierungsprozess im Lande entgegenzuwirken. Vor allem durch den Einfluss des Vizepräsidenten des Senats, Auguste Scheurer-Kestner, reihte sich Clemenceau in die Front derer ein, die die Forderung nach einer Revision des Verfahrens erhoben. Er veröffentlichte in der von ihm geführten Zeitung *Aurore* am 13. Januar 1898 Émile Zolas offenen Brief *J'accuse* und in der folgenden Zeit selbst mehr als 800 Artikel zur Dreyfus-Affäre. Clemenceau, der mehrfach tätlich angegriffen wurde, verteidigte unerschrocken Zola vor den Schranken des Gerichts. Seine Haltung in der Dreyfus-Affäre hob sein Ansehen und steigerte seinen Einfluss.

Mit den Jahren vollzogen sich in der öffentlichen Meinung Frankreichs Prozesse, die ein Revisionsverfahren erzwangen, in dessen Folge Dreyfus rehabilitiert werden musste. Die radikalen Republikaner gelangten in den Besitz der Regierungsgewalt, und den von ihnen beherrschten Kabinetten Pierre Waldeck-Rousseau und Émile Combes gelang es, durch betonten Antiklerikalismus und intensivierte Reformen die in ihren Fundamenten erschütterte bürgerlich-republikanische Ordnung zu stabilisieren. Und Clemenceau kehrte in dieser Zeit in das politische Leben zurück. Im Jahre 1902 wurde er in den Senat gewählt, im Frühjahr 1906 – nun schon 65-jährig – übernahm er erstmalig ein Ministeramt und noch im Sommer des gleichen Jahres das des Regierungschefs.

Nun endlich an der Macht, unterlag Clemenceau einer Metamorphose, die keineswegs ungewöhnlich für Politiker seiner politischen Herkunft war und ist, die sich aber bei ihm in besonders drastischer Weise vollzog. Aus dem militanten Oppositionsführer, dem durchaus auch maßlosen Kritiker der Regierungspolitik, wurde der genauso militante Verfechter von Ordnung und Staatsautorität, dessen umfangreiches Reformprogramm von einst jetzt den Sachzwängen dieses Frontwechsels weichen musste. Er machte daraus auch keinen Hehl und erklärte dem Generalsekretär der *Confédération générale du travail* unumwunden: „Sie befinden sich auf der einen Seite der Barrikade und ich auf der anderen ... Ihre Methode ist die Unordnung, meine Pflicht ist es, die Ordnung zu gewährleisten ... Möge jeder von uns auf seine Weise handeln."[6] Und den Sozialistenführer Jean Jaurès, mit dem er sich in der Kammer heftige Rededuelle lieferte, forderte er auf: „Haben Sie den Mut zu sagen, ob Sie die Ordnung schützen wollen, ja oder nein. Ich erwarte Ihre Antwort ...!"[7] Den sozialen Erschütterungen im Lande begegnete er mit dem Einsatz der Armee wie beispielsweise 1906 gegen die Bergarbeiter des Pas-de-Calais, 1907 gegen die Weinbauern im Süden des Landes oder 1908 gegen die Erdarbeiter von Paris. Während die bürgerlichen Kräfte diesen Wandel zum radikalen Konservativen immer noch misstrauisch betrachteten, war der Bruch mit den Linken vollständig, für die er zum *premier flic de France* geworden war. Es haben wohl alle diejenigen nicht Unrecht, die ihn – selbst auf den Höhepunkten seiner politischen Karriere – eher für einen gefürchteten und gehassten Menschen hielten als für einen populären oder gar geliebten.

Auf außenpolitischem Gebiet vollzog sich Clemenceaus Wandel fast noch schneller als in der Innenpolitik. Vom distanzierten Kritiker mauserte er sich zu einem aktiven Förderer der *Entente cordial* zwischen Frankreich und Großbritannien, die 1907 durch den Beitritt Russlands zur *Triple-Entente* wurde. Mit dem Dreierbündnis erfüllte sich Clemenceau gewissermaßen sein politisches Hauptanliegen: Der antideutsche Revanchismus fand organisierte Formen und gewann auf diese Weise potenzielle Schlagkraft. Er „vergaß" nun auch seine Attacken gegen die französischen Kolonialambitionen in Marokko. Noch zwei Jahre zuvor

---

6   Zit. nach: Julliard, J., Clemenceau – briseur des grèves, Paris 1965, S. 23.
7   Zit. nach: Sauliere, P., Clemenceau, Paris 1979, S. 150f.

hatte der „Tiger" im Parlament in empörtem Ton die Frage gestellt: „Welches Recht hat Frankreich, Polizeifunktionen in Marokko zu übernehmen?"[8] Jetzt, selbst an der Macht, setzte er ohne Zögern die Bemühungen um die Errichtung eines französischen Protektorats in Marokko fort. Er schickte wie seine Vorgänger Kriegsschiffe vor dessen Küste und okkupierte ganze Provinzen des unabhängigen Landes.

Auch nach dem Sturz seiner Regierung im Jahre 1909 ließ den nunmehr 67-Jährigen der Revanchegedanke nicht eine Minute los. Er verstand sich in den folgenden Jahren, in denen sich die Konturen eines kommenden Weltkrieges immer drohender abzeichneten, als „Sammler nationaler Energien". Total beherrschte ihn dieses Thema, ob als Senator, Journalist oder als Redner. In der von ihm 1913 gegründeten Zeitschrift *L'Homme libre* griff er jeden an, der auch nur im entferntesten prodeutscher Laxheit geziehen werden konnte, und alles, was Frankreichs Kampf und Sieg im Wege stehen konnte. „Leben oder sterben", überschrieb Clemenceau einen seiner ersten Artikel. Und als der Krieg begann, artikulierte er in Wort und Schrift seinen unbedingten Siegeswillen. Mit wachsender Erbitterung bekämpfte er die „Unentschlossenheit" der rasch wechselnden Kabinette, nannte den Staatspräsidenten Poincaré, dessen Wahl er 1913 zu verhindern versucht hatte, einen „Schwächling" und forderte schonungslose Abrechnung mit allen „Defaitisten". In dunklen Farben malte er immer wieder die politische Szene: „Wohin ich schaue, ich sehe keine Rettung. Ich sehe ein bestürztes, fassungsloses Parlament, eine närrische Presse, eine außer Rand und Band gekommene öffentliche Meinung ... Und überall Worte ... Schade, daß man damit nicht siegen kann!"[9] Der militante Greis wusste, was er wollte: „Die Macht kann man nicht ablehnen. Aber ich laufe ihr nicht nach ... Die Macht, die man mir anbieten wird ... wird die wahrhafte Macht sein."[10] Und als Poincaré ihn widerwillig zum Ministerpräsidenten berufen musste, schrieb Winston Churchill, der als britischer Marineminister in diesen stürmischen Tagen oft in Paris weilte und somit persönlich die Ereignisse in Frankreich verfolgen konnte, in seiner Studie über Clemenceau: „In dieser Stunde, da jede erdenkliche andere Kombination versucht worden war, berief man den grimmigen alten Mann auf einen Posten, der faktisch die Diktatur über Frankreich bedeutete."[11] Und der damalige britische Premiermini-

---

8 Zit. nach: Erlanger, Ph., Clemenceau, Paris 1968, S. 345.
9 Zit. nach: Clemenceau spricht. Unterhaltungen mit seinem Sekretär Jean Martet, Berlin 1930, S. 20.
10 Zit. nach: Ebd.
11 Churchill, W., Große Zeitgenossen, Amsterdam 1938, S. 369.

ster David Lloyd George notierte in seinen Memoiren: „Nur ein einziger war noch übrig, und man konnte ohne Übertreibung sagen, daß niemand ihn wünschte. Poincaré, der Staatspräsident, verabscheute ihn. Jeden bedeutenderen Politiker Frankreichs hatte er vor den Kopf gestoßen und keinen sich geneigt gemacht. Keine Partei oder Gruppe stand hinter ihm."[12] In nur 24 Stunden, einem „Rekord an Schnelligkeit", präsentierte Clemenceau die Kabinettsliste. Er selbst übernahm neben dem Amt des Ministerpräsidenten das Kriegsministerium. Neben ihm verblassten alle übrigen Minister, aber durchweg waren sie ihm ergebene und sachkundige Politiker.[13]

Am 20. November 1917 stellte Clemenceau der Abgeordnetenkammer seine Regierung vor. Das Haus war überfüllt; es herrschte eine spannungsgeladene Atmosphäre. Atemlos folgten die Abgeordneten der Regierungserklärung. Zuckerkrank, gebeugt, mit dichtem weißen Hängeschnurrbart und wie immer in grauen Handschuhen, hastete er von der einen Seite der Rednertribüne zur anderen. Churchill, der die Szene als Augenzeuge miterlebt hatte, hielt für sich fest: „Ohne eine Notiz, ohne ein Buch, ohne ein Stichwort auf einem Fetzen Papier bellte er seine scharfen, kurz abgehackten Sätze heraus ..."[14] Mag diese Schilderung auch übertrieben sein – Clemenceau hatte seine Regierungserklärung schriftlich ausgearbeitet – so lässt sie doch ahnen, wie nachhaltig der Hochbetagte das Auditorium faszinierte.

Ohne Umschweife und in brutaler Offenheit kennzeichnete er die komplizierte Lage. Das Land müsse erkennen, daß es verteidigt werde. Jeder, der sich am Sieg „vergehe", komme vor ein Kriegsgericht, denn es könne nicht zugelassen werden, dass die Armee zwischen zwei Feuer gerate. Nichts anderes sei von Wichtigkeit als der zu führende Krieg und der zu erringende Sieg.[15] Die große Mehrheit der Abgeordneten sprach dem Kabinett Clemenceau das Vertrauen aus.

Clemenceaus Drohungen blieben keine leeren Worte. Während des Krieges ging der „Tiger" – nach seinen eigenen Worten – „über alles hinweg". Ohne zu zögern bekämpfte er die Antikriegs- und Streikbewegung und auch die „Defaitisten" im bourgeoisen Lager. Dabei machte er auch nicht vor ehemaligen Ministern halt. Joseph Caillaux fand sich im Gefängnis genauso wieder wie der langjährige Innenminister Louis Malvy für fünf Jahre in der Verbannung – wegen

---

12 Lloyd George, D., Mein Anteil am Weltkrieg. Kriegsmemoiren, Bd. III, Berlin 1936, S. 159.
13 Vgl. Duroselle, J.-B., Clemenceau, a.a.O., S. 632ff.
14 Churchill, W., Große Zeitgenossen, a.a.O., S. 369.
15 Vgl. Ribadeau-Dumas, R., Une certaine idée de la France. Clemenceau, Valence 1979, S. 187ff.

„Verletzung und Verrat seiner Amtspflicht". Noch kurz vor seinem Tode erklärte der „Tiger", er sei „zu milde gewesen ... viel zu milde".[16]

Trotz dieser Grausamkeiten oder gerade deshalb sei in diesen Tagen ein „Ruck durch ganz Frankreich" gegangen, hätte sich eine „mysteriöse Verbindung" zwischen dem „Alten" und den 34 Millionen Franzosen vollzogen, seien alle Anzeichen von Unzufriedenheit quasi durch „die bezaubernde Kraft eines einzigen Mannes" wie weggeblasen gewesen. Der „Tiger" behauptete später sogar, alle „Meuterer" hätten nur auf eine Gelegenheit gewartet, um wieder „in Reih und Glied zu treten. Allgemein muß man sagen, daß alles ohne Gewaltmaßnahmen beigelegt werden konnte, wenn man nur 'Vorwärts!' kommandierte."[17] Fand Frankreich nun wirklich – wie Philippe Erlanger schrieb – zum „Klima vom August 1914"[18] zurück, und erzielte Clemenceau – wie Jacques Chastenet in seiner Geschichte der Dritten Republik schreibt – „einen kompletten innenpolitischen Erfolg?"[19]

Die Frage ist sicherlich so absolut nicht mit Ja zu beantworten und wenn man es tut, dann muss hinzugefügt werden, dass Clemenceau faktisch eine Diktatur ausübte, „die nur formal den Respekt vor den parlamentarischen Institutionen wahrte" und der „alle Möglichkeiten der innenpolitischen Kontrolle, Überwachung und Repression" zur Verfügung standen.[20]. Allerdings erhofften sich viele Franzosen von der Autorität und von der Entschlossenheit Clemenceaus eine schnelle Beendigung des Krieges, würde er doch endlich dem leidigen Wirrwarr der bisherigen Regierungspolitik ein Ende setzen. Clemenceau, dieser Greis von fast achtzig Jahren, gefürchtet bei Freund und Feind, vermochte mit seinem unbedingten Siegeswillen in dieser für Frankreich existenziellen Phase Gegensätze zu überdecken und die patriotische Vaterlandsverteidigung zur ultima ratio französischen Handelns zu machen. Und nicht zuletzt erhielten die in ihn gesetzten Erwartungen durch das Eintreffen erster amerikanischer Truppenkontingente in Frankreich zusätzliche Nahrung.

Jede Maßnahme seiner Regierung verstand Clemenceau als Mittel zu einem einzigen Zweck: Sieg, um welchen Preis auch immer, bedingungsloser Sieg über den deutschen Rivalen. Im März 1918 beantwortete er die Frage nach dem Inhalt

---

16 Zit. nach: Martet, J., Der Tiger. Weitere Unterhaltungen Clemenceau's mit seinem Sekretär Jean Martet, Berlin 1930, S. 22.
17 Clemenceau, G., Größe und Tragik eines Sieges, Stuttgart 1930, S. 84.
18 Erlanger, Ph., Clemenceau, a.a.O., S. 492.
19 Chastenet, J., Histoire de la Troisième République, IV, Paris 1955, S. 306.
20 Rémond, R., Frankreich im 20. Jahrhundert. Erster Teil 1918–1958, Stuttgart 1994, S. 50.

seiner Innen- und Außenpolitik lapidar mit den Worten: *Je fais la guerre*.[21] Churchill vermerkte, dass Clemenceau nach allen Seiten Schrecken ausstrahlte, dass „aber niemand so viel Grund" habe „das zu beklagen, wie die Deutschen".[22] General Erich Ludendorff charakterisierte diese für die Mittelmächte spürbar veränderte Situation in seinen „Kriegserinnerungen" mit den Worten: „Im November wurde Clemenceau Ministerpräsident. Er war der stärkste Mann Frankreichs ... Clemenceau wußte genau, was er wollte ... Die feindliche Kriegführung gewann gewaltig an Kraft."[23]

Der „Tiger" bereitete sich geradezu fieberhaft auf die bevorstehende Auseinandersetzung vor. In der Hauptstadt Paris überschlugen sich in diesen Tagen die Gerüchte: von der zu erwartenden deutschen Offensive, von extrem weitreichenden Kruppgeschützen, von Evakuierungsplänen usw. Der Ministerpräsident kam nächtelang nicht zum Schlafen. „In den Stunden der höchsten Gefahr muß man überall zugleich sein, Tag und Nacht unterwegs, an der Front, im Ministerrat, auf der Parlamentstribüne, bei den Abschnittskommandanten; immerzu muß man die schwerwiegendsten, unmittelbar ausführbaren Entscheidungen treffen, während die Verbündeten, die Rivalen geblieben und als solche über uns und über sich selbst irgendwie beunruhigt sind, auf halbem Wege zwischen Defensive und Offensive stehen bleiben, während die Berufsparlamentarier erklären, daß man es leicht hätte besser machen können ..."[24] Mit einer für sein hohes Alter erstaunlichen Energie griff der „Tiger" ein, wo immer einzugreifen war.

Im Kriegsministerium, in der Rue St.-Dominique, setzte er ein autoritäres Führungsregime durch. Die Zahl der Mitglieder des Kriegskomitees wurde herabgesetzt und ihnen jede Mitsprache bei der Leitung militärischer Operationen strikt untersagt. Clemenceau zentralisierte die Verantwortung aller staatlichen und militärischen Dienststellen und drängte auf effektive Arbeitsmethoden. So gab er Anweisung, jede Angelegenheit – es sei denn, sie erfordere langfristige Untersuchungen – innerhalb von drei Tagen zu erledigen. Am Rande sei vermerkt, dass er selbst allerdings jeden wichtigen Brief 24 Stunden liegen ließ, da er seine eigene Impulsivität kannte. Der „Tiger" verjüngte das militärische Führungskorps und ließ die Kriegsproduktion auf ein bisher nicht erreichtes Höchstmaß steigern. Seinem Befehl entsprechend, mussten im Dezember 1917

---

21 Vgl. Ribadeau-Dumas, R., Une certaine idée de la France, a.a.O., S. 191.
22 Churchill, W., Große Zeitgenossen, a.a.O., S. 372.
23 Ludendorff, E., Meine Kriegserinnerungen 1914–1918, Berlin 1919, S. 410.
24 Clemenceau, G., Größe und Tragik eines Sieges, a.a.O., S. 134.

alle Divisionskommandeure, Brigadegenerale oder Obristen, die ein bestimmtes Alter überschritten hatten und den hohen Strapazen des Krieges nicht mehr entsprachen, eine Aufgabe in der Etappe übernehmen.

Das autoritäre Vorgehen Clemenceaus stieß sowohl in der Abgeordnetenkammer als auch an anderen Stellen auf Widerstand, nicht zuletzt beim kaum minder autoritären Präsidenten der Republik Poincaré, der sich übergangen fühlte und von allen Entscheidungen ausgeschlossen sah. Poincaré wandte sich deshalb ständig schriftlich an seinen Ministerpräsidenten, den die präsidialen Briefe – nach seinen eigenen Worten – geradezu „rasend" machten.[25]

Von den Verbündeten Frankreichs forderte Clemenceau eine *confiance absolue*. Die bisherige Zusammenarbeit sei völlig unzureichend. Für eine erfolgreiche Kriegführung genüge – und damit hatte Clemenceau natürlich Recht – der bisher vereinbarte Plan der gegenseitigen Kontakte ebenso wenig wie beispielsweise das System der gegenseitigen Nachrichtenübermittlung. Die größte Schwäche in der Kriegführung der Alliierten bestand nach seiner Auffassung im Fehlen eines gemeinsamen Oberkommandos. Dieser Umstand erschwere insbesondere den koordinierten Einsatz aller verfügbaren Reserven. Angesichts der mit Sicherheit zu erwartenden deutschen Offensive wurde die Forderung nach einem solchen gemeinsamen Oberkommando zum Dreh- und Angelpunkt aller Bemühungen des Ministerpräsidenten. Um in dieser leidigen Frage weiter voranzukommen, bedurfte es allerdings erst gewisser Erfolge der mit zahlenmäßiger Überlegenheit vorgetragenen deutschen Frühjahrsoffensive.

Am 8. März 1918 bombardierten deutsche Kriegsflugzeuge Paris. Noch am gleichen Tage bekräftigte Clemenceau in der Abgeordnetenkammer seinen absoluten Siegeswillen: „Ich setze den Krieg fort. Und ich werde dabei bleiben bis zur letzten Viertelstunde, denn die letzte Viertelstunde wird die unsere sein."[26] Noch einmal drohte er allen „Defaitisten" und fragte – zu den Sozialisten gewandt –, ob etwa jemand geneigt sei, gegen die Kriegskredite zu stimmen.

Die deutsche Frühjahrsoffensive begann in den Morgenstunden des 21. März. Nach einer intensiven Artillerievorbereitung, bei der auch Gasgranaten eingesetzt worden waren, gingen drei Armeen zum Angriff in Richtung Amiens über. Ihr Auftrag lautete, doch noch den „Siegfrieden" zu erzwingen. Unter Ausnutzung des Überraschungsmoments und auch infolge des Fehlens eines gemeinsamen

---

25 Vgl. ebd., S. 490.
26 Zit. nach: Erlanger, Ph., Clemenceau, a.a.O., S. 504.

Oberkommandos bei den Alliierten gelang den deutschen Truppen ein Durchbruch durch die Frontlinie in einer Breite von 80 und bis zu einer Tiefe von 20 Kilometern. Die britische 5. Armee wurde nahezu vernichtet. Mit pausenlosen Angriffen versuchte die deutsche Heeresleitung die entstandene Bresche zu vergrößern. Für die alliierten Truppen entstand eine alarmierende Situation.

In Paris nahmen Angst und Besorgnis zu. Am 23. März begannen die „dicken Berthas", die deutschen „Wunderwaffen", ihr Bombardement auf die französische Hauptstadt. Es handelte sich dabei um drei von der Firma Krupp entwickelte Ferngeschütze größten Kalibers. In Paris brach Panik aus, als mit unheimlicher Regelmäßigkeit die aus 120 Kilometer Entfernung abgefeuerten und in 40 Kilometer Höhe fliegenden Granaten einschlugen. Zumeist trafen sie die wehrlose Bevölkerung. Insgesamt erreichten Paris 320 Granaten; sie riefen in allen Stadtteilen Zerstörungen und Verluste hervor. Clemenceau gab Anweisung, die Verlegung der Regierung nach Tours vorzubereiten und die Bestände der Banque de France sowie der wichtigsten Staatsarchive sicherzustellen. Vor allem aber nahm er den gefährlichen Durchbruch der deutschen Truppen zum Anlass, um bei den Alliierten Frankreichs doch noch die Bildung eines Vereinigten Oberkommandos unter Leitung des französischen Generals Ferdinand Foch zu erzwingen.

Am 26. März 1918 einigten sich die Alliierten dann endlich in Doullens, einem kleinen Flecken zwischen den beiden Hauptquartieren, nach einer kurzen Beratung. General Philippe Pétain hatte die militärische Lage noch einmal erläutert; in unmittelbarer Nähe war schon der Gefechtslärm der Front zu hören. Angesichts solcher Umstände mussten die Rivalitäten zeitweilig zurücktreten, und General Foch wurde zum Oberbefehlshaber berufen. Allerdings vermochte Clemenceau auch in Doullens noch nicht die völlige Einheit der Befehlsführung über die alliierten Truppen zu erreichen. General Foch wurde lediglich ermächtigt, das Zusammenwirken der Alliierten „zu regeln", während er die kommandierenden Generale nur „bitten konnte", ihm die notwendige Unterstützung zu gewähren. Erst nach weiteren Auseinandersetzungen erhielt der General am 3. April die „strategische Leitung" und während der Flandernschlacht – am 14. April – dann endlich den ersehnten Titel eines „Oberbefehlshabers der alliierten Armeen in Frankreich". Die Vereinigten Staaten von Amerika schlossen sich dieser Regelung an.

Dieser längst überfällige Beschluss verstärkte spürbar die Kooperation zwischen den britischen und den französischen Truppen, war jedoch nur eine Ursache für die Einstellung der deutschen Offensive im April 1918. Diese war seitens der deutschen Heeresleitung von vornherein ein Vabanquespiel gewesen, der aussichtslose Versuch, unter Missachtung des realen militärischen Kräfteverhältnisses doch noch eine Kriegsentscheidung zu erzwingen.

Die französischen und auch die britischen Truppen waren durch die Anfang April begonnene Flandernschlacht nicht weniger zermürbt als die deutschen. Clemenceau begab sich am 1. April wieder an die Front; diesmal hätte es ihn fast das Leben gekostet, als er bei Rouvrel ins gegnerische Trommelfeuer geriet. Überall zeigte sich ihm ein desolater Zustand der Truppen. Äußerst dringlich wurde die Zuführung neuer Reserven. Deshalb drängte der „Tiger" verstärkt auf den Einsatz amerikanischer Truppen und auf die beschleunigte Lieferung von Kriegsmaterial aus den USA. Bis zum Juli 1918 waren bereits über eine Million amerikanische Soldaten in Frankreich eingetroffen. Wegen mangelnder Kriegserfahrung wurden sie jedoch nicht an den Brennpunkten eingesetzt.

Auf den Sitzungen des Interalliierten Obersten Kriegsrates in Abbeville am 2. Mai und in Versailles am 1. Juni drängte der „Tiger" auf einen sofortigen Einsatz amerikanischer Infanterie- und Maschinengewehrabteilungen. Er zog in dieser Sache auch alle diplomatischen Register und ließ den französischen Botschafter in Washington regelmäßig im Weißen Haus vorstellig werden. Angesichts der notwendigen Eile sei es erforderlich, die „praktische Ausbildung der amerikanischen Truppen im Feuer abzuschließen, bevor eigene amerikanische Stäbe gebildet werden".[27] Alle Bemühungen blieben jedoch ergebnislos.

Wie üblich reagierte Clemenceau mit wachsender Heftigkeit, begründet auch durch eine erneute Zuspitzung der Kriegsereignisse. Trotz des Fehlschlages der bisherigen Frühjahrsoffensive ließ die deutsche Heeresführung ihre Truppen am 27. Mai erneut zum Angriff übergehen. Diesmal verlagerte sie den Schwerpunkt des Kampfes in die Champagne. Dadurch sollten die Alliierten gezwungen werden, ihre Reserven von der britischen Front abzuziehen. Der Angriff traf die Franzosen völlig überraschend; General Foch hatte ihn in Flandern erwartet. Die deutsche Vorhut überschritt den schon im Jahre 1917 erbittert umkämpften Chemin des Dames, die von der französischen Generalität für uneinnehmbar gehaltene wichtigste Landesbefestigungslinie. Der deutsche Vorstoß erfolgte über die Aisne und trieb einen 60 Kilometer tiefen Keil in die französischen Stellungen. Am 1. Juni erreichten deutsche Angriffstruppen das Weichbild von Château Thierry. Bis Paris waren es von dort nur noch 80 Kilometer.

Erneut lag die Hauptstadt im Feuer der kruppschen Ferngeschütze. Es herrschte hellste Aufregung. Von den Höhen des Montmartre konnte man das Blitzen

---

27 Clemenceau, G., Größe und Tragik eines Sieges, a.a.O., S. 49.

der Artillerie beobachten. Die Regierung traf Vorbereitungen zur Verlegung wichtiger Munitions- und Flugzeugfabriken. Clemenceau befand sich nahezu ununterbrochen an der Front. Die unübersehbaren Anfangserfolge der erneuten deutschen Offensive ließen den alliierten Oberbefehlshaber General Foch sogar befürchten, Clemenceau würde ihn vor ein Kriegsgericht stellen. Und in der Tat, in vielen französischen Heeresstäben herrschte eine „jämmerliche Fassungslosigkeit".

Der „Tiger" rechtfertigte auch in dieser komplizierten Situation das in ihn gesetzte Vertrauen. Sein Glaube an einen Endsieg der Alliierten war unerschütterlich. So erklärte er Churchill, er würde – falls erforderlich – in Paris oder auch hinter Paris kämpfen. „Er wollte auf dem Sicherheitsventil sitzen bleiben, bis er gewann oder bis seine ganze Welt in die Luft flog."[28] Die Frage nach einer möglichen Kapitulation Frankreichs existierte für ihn überhaupt nicht.

Übermüdet und erschöpft von der Front zurückgekehrt, sprach er am 4. Juni vor der Abgeordnetenkammer. Förmlich in der Luft lag die Frage nach einer Absetzung, wenn nicht gar einer Bestrafung der Generale Pétain und Foch. Wie würde Clemenceau sich verhalten, dessen militante Rigorosität inzwischen von Freund und Feind gefürchtet wurde? Sein Auftreten hinterließ Eindruck. „Ich muß gestehen", schrieb Rolland, „das Bild dieses alten Mannes erschüttert mich – obwohl er ein Ideal verkörpert, das dem meinen entgegengesetzt ist. Er trägt auf seinen Schultern das schreckliche Gewicht der schwersten Prüfung, die seit Jahrhunderten über Frankreich gekommen ist."[29] Der „Tiger" stand auf der Tribüne wie ein „Fels in der Brandung".

Mit erschreckender Offenheit kennzeichnete Clemenceau vor den Abgeordneten die entstandene Lage. „Ich habe Ihnen von Anfang an gesagt, daß wir gemeinsam durch schwere und harte Augenblicke und grausame Stunden gehen würden ... Die Ermattung ist gekommen, eine gewaltige in der englischen Armee, begleitet von unglaublichen Verlusten, furchterregend und gefährlich in der französischen Armee ... Die Männer haben einer gegen fünf gekämpft ...". In die atemberaubende Stille hinein fügte er mit gedämpfter Stimme hinzu: „Wir werden nicht kapitulieren."[30] Clemenceau zögerte keinen Augenblick, sich vor die militärische Führungsspitze zu stellen. „Es hat sich, wie meine kurze und endgültige Unter-

---

28 Churchill, W., Große Zeitgenossen, a.a.O., S. 373.
29 Rolland, R., Das Gewissen Europas. Tagebuch der Kriegsjahre 1914–1919, Bd. III, Berlin 1974, S. 495.
30 Zit. nach: Ebd., S. 494f.

suchung ergibt, nichts ereignet, das uns berechtigt, gegen irgendjemanden vorzugehen."[31] Er selbst habe gesehen, wie der Kopf des Generals Foch vor Müdigkeit auf den Kartentisch gesunken sei. „Verjagen Sie mich von der Rednertribüne, wenn Sie das von mir verlangen, denn ich gebe mich dazu nicht her."[32] Mit 377 gegen 110 Stimmen sprachen die Abgeordneten dem „Tiger" erneut ihr Vertrauen aus. Vor Beginn der Kammersitzung hatte man auf den Wandelgängen schon hinter vorgehaltener Hand von einem möglichen Kabinett Briand gesprochen. Clemenceau bewahrte mit seinem Auftreten General Foch vor einer denkbaren Abberufung und ernannte ihn Anfang August 1918 sogar zum Marschall von Frankreich. Durch diese demonstrative Beförderung sollte auch Fochs Autorität als alliierter Oberbefehlshaber erhöht werden. Es ist verständlich, dass der „Tiger" später durch die „Undankbarkeit" des Marschalls empfindlich getroffen wurde.

Rastlos entfaltete Clemenceau seine Aktivitäten weiter. Zwar hatte er sich vor die Generale Foch und Pétain gestellt, aber umso unnachgiebiger war er beim „Absägen des dürren Holzes", bei der Ablösung unfähiger Kommandeure. Am 11. Juni konnten vier französische Divisionen einen ersten erfolgreichen Gegenschlag führen. Die deutschen Truppen mussten wenige Tage danach ihren Angriff einstellen; die unmittelbare Gefahr war gebannt. Allmählich gewannen die alliierten Streitkräfte die strategische Initiative zurück. In der Nacht vom 17. zum 18. Juli 1918 begann der Angriff französischer Truppen in den Wäldern von Villers-Cotterêts. Am 8. August – nach General Erich Ludendorff der „schwarze Tag" des deutschen Heeres – brachte ein massiver Angriff alliierter Divisionen die Front ins Wanken. Die unvermeidliche Niederlage Deutschlands begann sich abzuzeichnen. Clemenceau unternahm alles, damit die Frontlinie an keiner Stelle zurückwich, damit „das Land den Sieg fühle". Der nun 77-Jährige näherte sich der Verwirklichung jener Wünsche und Träume, die ihn seit 1871 niemals verlassen hatten.

Am 4. Oktober 1918 bat die deutsche Regierung den amerikanischen Präsidenten Woodrow Wilson um Waffenstillstandsverhandlungen auf der Grundlage seines 14-Punkte-Programms. Über dieses Programm gab es unter den Alliierten scharfe Auseinandersetzungen, ehe es akzeptiert wurde. Daraufhin setzte Wilson die deutsche Regierung davon in Kenntnis, dass Marschall Foch ermächtigt sei, die Bedingungen des Waffenstillstandes zu überreichen.

---

31 Zit. nach: Clemenceau spricht …, a.a.O., S. 241.
32 Clemenceau, G., Größe und Tragik eines Sieges, a.a.O., S. 37.

Die spürbare Schwächung des deutschen Rivalen galt dem „Tiger" nach wie vor als unabdingbar. In wachsendem Maße zeigte er sich irritiert darüber, dass Wilson – offenbar durch den Gang der Ereignisse – innerhalb der Entente jene Sprecherrolle zufiel, für die – nach seiner Meinung – eigentlich nur er in Frage kam. In diesem Sinne vorbeugend, stellte Clemenceau am 18. Oktober 1918 vor der Abgeordnetenkammer fest: „Wir haben für unser Recht gekämpft. Wir verlangen unser Recht ganz und ungeschmälert, mit allen notwendigen Garantien gegen einen erneuten Angriff …".[33] Für ihn waren die „Deutschen" prinzipiell nicht belehrbar, auch nicht durch einen „aufsehenerregenden militärischen Triumph". Deshalb hielt Clemenceau eine immerwährende Kontrolle des Rivalen für erforderlich, um dessen „Revanche" endgültig auszuschließen.

In der Nacht vom 6. zum 7. November 1918 ging im Hauptquartier des Marschalls Foch ein Funkspruch des deutschen Oberkommandos ein. Er enthielt die Namen von Verhandlungsbevollmächtigten und fragte nach dem Ort eines möglichen Zusammentreffens. Aus der Antwort des alliierten Oberkommandierenden sprach unverhüllt die Pose des Siegers: „Wenn die deutschen Bevollmächtigten mit dem Marschall Foch wegen des Waffenstillstandes zusammentreffen wollen, mögen sie sich bei den französischen Vorposten auf der Straße Chimay-Fourmies – La Capelle-Guise einfinden. Befehle sind gegeben, sie zu empfangen und an den für die Zusammenkunft bestimmten Ort zu geleiten."[34] Foch ließ seinen Befehlszug auf das für schwere Eisenbahngeschütze gebaute Nebengleis von Rethondes im Wald von Compiègne fahren. Ein daneben befindliches zweites Gleis war für die deutschen Unterhändler bestimmt. Diese trafen wegen totaler Verstopfung der Straßen hinter den deutschen Linien erst am 8. November um 7 Uhr morgens ein. Marschall Foch prüfte die Beglaubigungsschreiben demonstrativ frostig und mit sichtbarer Genugtuung. Er eröffnete die Verhandlungen erst, nachdem die deutsche Delegation eine förmliche Bitte um Waffenstillstand vorgetragen hatte. General Maxime Weygand verlas die Bedingungen, eine Diskussion wurde nicht zugelassen. Die deutschen Unterhändler erhielten 72 Stunden Bedenkzeit. Danach nahm der alliierte Oberbefehlshaber die Änderungswünsche der deutschen Delegation entgegen. Nach telefonischer Rücksprache mit dem „Tiger" erkläre er sich zu geringfügigen Zugeständnissen bereit. Auf nachdrückliches Drängen des Vorsitzenden der deutschen Waffenstillstandskommission, Matthias Erzberger, beließen die Alliierten den Deutschen Waffen zur Aufrecht-

---
33 Zit. nach: Erlanger, Ph., Clemenceau, a.a.O., S. 537.
34 Marschall Foch, Meine Kriegserinnerungen 1914–1918, Leipzig 1931, S. 455.

erhaltung der „inneren Ordnung" und verzichteten angesichts der revolutionären Ereignisse in Russland auf eine sofortige Räumung der von deutschen Truppen besetzten Ostgebiete.

Am 11. November 1918 versammelten sich um 2.15 Uhr die Unterhändler wieder im Salonwagen des Marschalls Foch. Gegen 5 Uhr setzten sie ihre Unterschriften unter das Waffenstillstandsabkommen. Alle Truppen erhielten folgenden Funkspruch: „Entlang der ganzen Front werden die Feindseligkeiten am 11. November um 11.00 Uhr westeuropäischer Zeit eingestellt." Um 7 Uhr begab sich Marschall Foch nach Paris, wo er Ministerpräsident Clemenceau die Urkunde mit den Worten überreichte: „Mein Werk ist getan, das Ihrige beginnt."[35]

Es war geschafft: Der deutsche Konkurrent hatte den Krieg verloren. Er musste binnen 15 Tagen seine Truppen aus den besetzten Gebieten abziehen und einen Teil seiner Waffen abliefern. Der Tag des Sieges war da. Paris, ganz Frankreich, geriet „außer Rand und Band". Freudig feierte die Bevölkerung auf allen Straßen das Kriegsende. Die Morgenzeitungen verkündeten den Triumph in großen Schlagzeilen.

Nach einer kurzen Sitzung des Ministerrats begab sich Clemenceau in die Abgeordnetenkammer. Sie war bis auf den letzten Platz gefüllt und umlagert von einer riesigen Menschenmenge. „Ich werde Ihnen jetzt den Text der Waffenstillstandsbedingungen mitteilen, der heute morgen um 5 Uhr ... unterzeichnet worden ist."[36] Frenetischer Beifall begleitete die Worte des greisen Ministerpräsidenten: „Die Deutschen liefern aus ...", „die Deutschen räumen ...", „Deutschland muss ...", „die Verbündeten besetzen ..."

Dies war die große Stunde des „Tigers" – nun schon ein sehr alter Mann, in feierlicher Kleidung und angetan mit seinen unentbehrlichen grauen Handschuhen, der das Manuskript nur noch in zitternden Händen halten konnte, während er von allen Seiten umarmt und beglückwünscht wurde. Nicht nur die Abgeordneten, auch viele andere Franzosen feierten Clemenceau ehrlichen Herzens als Retter Frankreichs im Namen von Freiheit und Menschlichkeit.

Ohne Zweifel war dieser Tag ein persönlicher Triumph für den „Tiger". Es gehört wohl zu den erstaunlichsten Seiten dieses nahezu 80-jährigen Greises, wie er seine ganze Persönlichkeit für den Sieg über den deutschen Rivalen eingesetzt hatte. Seine zahlreichen Aufgaben meisterte er mit höchster Fassungs- und Entschlusskraft. Stets begann sein langer Arbeitstag zwischen 5 und 6 Uhr. Nach

---

35 Zit. nach: Hart, L., Foch. Ein Feldherr der Entente, Berlin o. J., S. 308.
36 Zit. nach: Clemenceau spricht ..., a.a.O., S. 61.

einer Gymnastik, auf die Clemenceau selten verzichtete, verrichtete er körperliche und geistige Schwerstarbeit: im Ministerrat, im Kriegsministerium, in der Kammer, im Senat, in seinem Büro, im Hinterland, an der Front. Seine ungebrochene Leistungskraft setzte jedermann in Erstaunen. Er regierte keineswegs vom Schreibtisch aus, sondern unterzog sich den gefährlichen Strapazen unablässiger Frontbesuche. In seinem einfachen Überzieher, den Filzhut in die Stirn gedrückt, einen Stock in der Hand, ohne Aufwand und das sonst übliche Zeremoniell, informierte er sich an Ort und Stelle über das militärische Geschehen. Er sprach mit Offizieren und Soldaten, besuchte Stabsquartiere und Lazarette.

Die „Verdienste um das Vaterland", die Kammer und Senat dem „Vater des Sieges" am 11. November feierlich bescheinigten, galten einem republikanischen Nationalisten, dessen berühmtes *Jusqu'au bout!* vor allem dem Revanchegedanken entsprang. Zur selben Stunde, als Clemenceau am 11. November 1918 gefeiert wurde, befahl Marschall Pétain seinen Soldaten, bis an den Rhein vorzurücken, um „den Frieden besser diktieren zu können".[37] In den Augen Clemenceaus galt der errungene Sieg nicht nur als erfolgreiche Revanche für 1871, sondern als willkommene Möglichkeit, nunmehr den Spieß umzudrehen. Unverzüglich wandte sich der „Tiger" deshalb der nächsten Aufgabe zu: das Erreichte zu festigen und den Frieden „zu bauen". Das war – nach seiner Meinung – schwieriger als den Sieg zu erringen.[38]

Weit über tausend Delegierte aus 27 Ländern versammelten sich im Januar 1919 in Paris. In ihrem Tross befand sich eine große Zahl von Mitarbeitern und Journalisten. Die französische Hauptstadt stand ganz im Banne dieses mächtigen Spektakels, dieser so genannten Friedenskonferenz. Auf der vorbereitenden Zusammenkunft der fünf alliierten Hauptmächte am 12. Januar 1919 gab es bereits les *premières batailles*. Es ging um die Wahl der Verhandlungssprache. Mit dem Hinweis darauf, „was Frankreich durchgemacht habe", plädierte Clemenceau für die französische Sprache, ohne jedoch die gleichberechtigte Zulassung der englischen verhindern zu können. Verdrossen sah der „Tiger" darin einen schlechten Anfang „für einen Bund der Nationen".[39] Noch schwieriger gestaltete sich die Organisation der Verhandlungen. Clemenceau trat nachdrücklich für eine bevorzugte Rolle der fünf kriegführenden Hauptmächte – USA, Großbritannien,

---

37 Daudet, L., Clemenceau. Ein kämpferisches Leben, Berlin 1939, S. 281.
38 Siehe Monnerville, G., Clemenceau, Paris 1968, S. 634.
39 Zit. nach: Nowak, K. F., Versailles, Berlin 1927, S. 43. Siehe generell: Versailles 1919: Ziele-Wirkung-Wahrnehmung, hrsg. von Gerd Krumeich in Zusammenarbeit mit Silke Fehlemann, Essen 2001.

Frankreich, Italien und Japan – ein. Faktisch hätte das den Ausschluss der übrigen 22 auf der Konferenz vertretenen Länder von der Entscheidungsfindung bedeutet. „Ich bin stets der Ansicht gewesen, man wäre übereingekommen, daß die fünf Großmächte sich in wichtigen Fragen ihre Meinung bilden, bevor sie die Sitzungssäle der Konferenz betreten. Für den Fall eines neuen Krieges würde Deutschland seine gesamte Heeresmacht weder auf Cuba noch auf Honduras, sondern auf Frankreich werfen; es würde immer Frankreich sein."[40] Im Ergebnis längerer Beratungen einigte man sich darauf, alle wesentlichen Fragen einem „Rat der Zehn" zu unterbreiten. Er sollte sich aus den Regierungschefs und den Außenministern der fünf Großmächte zusammensetzen und schrumpfte schließlich – da Japan sich bewusst aus der Regelung europäischer Angelegenheiten heraushielt – auf die so genannten „Großen Vier" zusammen. In letzter Instanz konzentrierte sich alles auf erbitterte Kontroversen zwischen dem amerikanischen Präsidenten Wilson, dem britischen Premier Lloyd George und Clemenceau. Den „Rest" erledigten Expertenkommissionen auf ungezählten Sitzungen.

Am 18. Januar 1919 wurde die Friedenskonferenz im Spiegelsaal des Schlosses von Versailles eröffnet, also am gleichen Ort, an dem 48 Jahre zuvor das Deutsche Kaiserreich proklamiert worden war. Die Eröffnungsrede hielt Staatspräsident Poincaré. Er forderte die Zerstückelung Deutschlands, das sein „Dasein in Unehre beendet" hätte. Das Plenum der Konferenz wählte Clemenceau zu ihrem Präsidenten.

Der „Tiger" führte die Verhandlungen auf der Konferenz mit rücksichtsloser Härte. Er befand sich scheinbar auf dem Höhepunkt seiner Popularität. Taktisch geschickt lavierend, nutzte er zugleich seine jahrzehntelangen politischen Erfahrungen, machte Zugeständnisse, wich zurück und wählte bewusst vieldeutige Formulierungen. Clemenceau ließ keinen Zweifel daran, wie er sich einen Frieden vorstellte: „Der Krieg wird, nachdem er offiziell beendet ist, in anderen, so genannten friedlichen Formen fortgesetzt."[41] Er „sah seine Aufgabe bei den Friedensgesprächen darin, dafür zu sorgen, daß Deutschland auf Dauer geschwächt blieb oder – falls sich das nicht erreichen ließ – ihm mindestens für eine Generation eine Koalition der Alliierten entgegenzustellen".[42] Dem Sieg im Krieg musste ein Siegfrieden folgen.

---

40 Zit. nach: Nowak, K. F., Versailles, a.a.O., S. 45.
41 Clemenceau, G., Größe und Tragik eines Sieges, a.a.O., S. 133.
42 Shirer, W. L., Der Zusammenbruch Frankreichs …, a.a.O., S. 148.

Aber die französischen Vorstellungen von diesem Frieden gerieten schon vor Beginn der offiziellen Verhandlungen in ernste Bedrängnis. Zweimal musste der Waffenstillstand verlängert werden, weil die alliierten Mächte sich nicht einigen konnten. In der Presse jener Tage häuften sich Meldungen über heftige Zusammenstöße bei den internen Beratungen. Und tatsächlich gab es ein Fiasko nach dem anderen, war ununterbrochen einer der „Großen" verärgert und drohte mit dem Verlassen der Konferenz. Weder der amerikanische Präsident noch der britische Premier waren an einer einschneidenden Schwächung Deutschlands interessiert. Sie befürchteten eine Hegemonie Frankreichs auf dem europäischen Kontinent und dass „Deutschland sich dem Bolschewismus zuwenden ... könnte ... Geht Deutschland zu den Spartakisten über, so ist es unvermeidlich, daß es seinen Anteil in die Waagschale der russischen Bolschewisten wirft. Ist dies einmal geschehen, so wird ganz Osteuropa in den Wirbelsturm der Bolschewistenrevolution hineingerissen ...".[43] Und Wilsons Projekt des Völkerbundes ging Clemenceau sichtbar auf die Nerven. Er sah in dessen Vorschlägen nur eine überflüssige Ablenkung von der Fixierung konkreter Friedensbedingungen, als eine „völlige Verkennung der politischen Erfahrungen".[44] Jede Diskussion darüber sei unnützes Palaver und lenke lediglich von den Hauptaufgaben ab. Zum ersten schweren Zusammenstoß zwischen Clemenceau und Wilson kam es am 17. Februar. Der französische Ministerpräsident wollte die fällige dritte Verlängerung des Waffenstillstandes mit Deutschland nutzen, um die Friedensbedingungen faktisch vorab zu fixieren. Nur Soldaten könnten die Deutschen niederhalten, erklärte der „Tiger" seinen Gegenspielern.[45] Als diese sich widersetzten, tobte Clemenceau, musste dann aber – wie so oft während der Verhandlungen – vor dem „Block der Angelsachsen" zurückweichen.

Letztlich einigte man sich definitiv darüber, den Völkerbund als integrierten Bestandteil des Friedensvertrages anzuerkennen. Seine Satzung wurde unter persönlicher Leitung Wilsons erarbeitet. Im gleichen Augenblick forderte die französische Delegation die Schaffung einer alliierten Armee unter Kontrolle des Völkerbundes. Als sich gegen diesen Antrag Widerstand regte, plädierte sie dafür, wenigstens einen alliierten Militärstab zu schaffen, um Deutschland überwachen zu können. Nach endlosen Debatten musste Clemenceau jedoch den Rückzug antreten. Am 14. Februar 1919 einigte sich die Konferenz prinzipiell auf die Satzun-

---

43 Zit. nach: Nowak, K. F., Versailles, a.a.O., S. 149f
44 Clemenceau, G., Größe und Tragik eines Sieges, a.a.O., S. 127.
45 Vgl. Nowak, K. F., Versailles, a.a.O., S. 84.

gen des Völkerbundes. Damit hatte Präsident Wilson seinen Lieblingsgedanken verwirklicht; nun konnte die Beratung der eigentlichen Friedensbedingungen beginnen. Der „Tiger" atmete auf.

Am Tage darauf verließ der amerikanische Präsident unter dem donnernden Salut der Küstenbatterien von Brest französischen Boden. Wilson beabsichtigte nicht zuletzt, mit dem außenpolitischen Erfolg der Völkerbundsgründung seine angeschlagene Position in der Heimat zu stabilisieren. Lloyd George widmete sich Regierungsgeschäften in London, Orlando begab sich zur Berichterstattung nach Rom – und Clemenceau wurde das Opfer eines Attentats.

Nur von einer Ordonnanz begleitet, war er am Morgen des 19. Februar im Auto in das Kriegsministerium gefahren. Bei der Einfahrt in den Boulevard Delessert feuerte der Anarchist Eugène Cottin mehrere Pistolenschüsse auf Clemenceau ab. Eine Kugel traf diesen in den Rücken und blieb in der Nähe der Lunge stecken, ohne wichtige Organe zu verletzen. Dennoch erwiesen sich die Verletzungen für den fast 80-Jährigen als nicht unproblematisch. Die Kugel konnte operativ nicht entfernt werden und quälte ihn bis an sein Lebensende, indem sie einen ständigen Hustenreiz verursachte.

Das Attentat auf Clemenceau rief im In- und Ausland großes Aufsehen hervor. Zahlreiche Abgeordnete kamen in die Rue Franklin, um dem „Alten" ihre Sympathie zu bekunden. Aber auch andere Stimmen waren in diesem Chor zu hören. Schon seit geraumer Zeit formierte sich eine Opposition, die die Meinung vertrat, Clemenceau habe seine Aufgabe erfüllt. Jetzt ermüde er die öffentliche Meinung, sei zu einem Hemmschuh für die Gestaltung eines normalen Nachkriegsfrankreich geworden, ja zu einem Hindernis, das es zu beseitigen gelte. Bereits während der Friedensverhandlungen attackierten diese Kräfte „ohne Unterlass die Regierung".[46] Anzeichen einer wachsenden Opposition ließen sich folglich nicht übersehen. Für den Augenblick jedoch war die Position Clemenceaus noch nicht ernsthaft in Frage gestellt. Bereits acht Tage nach dem Attentat führte er wieder die Geschäfte der Friedenskonferenz.

Inzwischen gingen während der Friedensverhandlungen die heftigen Debatten über die Grenzen Deutschlands, die Höhe der Reparationen und die Verteilung der Kolonien weiter. Clemenceau versuchte, „da er allein war, den Gang der Ereignisse ... ganz nach seinem Kopf" zu beeinflussen. Er beschloss, „rücksichtslos jetzt alles zu wagen, was zur Rettung seines Friedens nötig war"[47], zumal

---

46 Sauliere, P., Clemenceau, a.a.O., S. 214.
47 Nowak, K. F., Versailles, a.a.O., S. 102.

Präsident Wilson, der Mitte März nach Paris zurückgekehrt war, seine innenpolitische Position nicht hatte festigen können. Die notwendige Zweidrittelmehrheit im amerikanischen Senat für eine Annahme der Satzungen des Völkerbundes war dem Präsidenten keinesfalls sicher.

Noch wochenlang dauerte das Tauziehen an. Wie nicht anders zu erwarten war, stieß Clemenceau mit seinen Vorstellungen bezüglich der Rhein-Ruhr-Frage auf den kategorischen Widerstand des amerikanischen Präsidenten und des britischen Premiers. Clemenceau musste lavieren und sich in bestimmten Fragen zurückziehen, da Maximalforderungen offensichtlich nicht durchzusetzen waren. Diese Entwicklung brachte den „Tiger" verstärkt in das innenpolitische Kreuzfeuer derer, die – angeführt von Marschall Foch und Staatspräsident Poincaré – ohne Rücksicht auf das reale Kräfteverhältnis auf diesen Maximalforderungen beharrten. Vor allem Foch schrieb ein Memorandum nach dem anderen und blieb starrsinnig bei seinem Grundsatz, wenn die französische Armee nicht am Rhein stehe, sei der Sieg verspielt. Er brüskierte seinen Ministerpräsidenten mit der Weigerung, die befohlenen Vorkehrungen für die Reise der deutschen Delegation zur Entgegennahme der Friedensbedingungen zu treffen. Marschall Foch wollte auf diese Weise sein erneutes Auftreten vor dem französischen Kabinett erzwingen, um Einwände gegen den Vertragstext vortragen zu können. Natürlich rief die Befehlsverweigerung großes Aufsehen unter den Alliierten hervor und stärkte keineswegs die Verhandlungsposition Clemenceaus.

Ganz sicher wäre der Gedanke absurd, Clemenceau eines geringeren Nationalismus, einer größeren Nachgiebigkeit oder mangelnder Entschlossenheit zu zeihen. Er selbst bekannte in „Größe und Tragik eines Sieges", sich „bis zum Schlusse für die von Marschall Foch als beste angesehene strategische Grenze eingesetzt" zu haben und „bis zur äußersten Grenze des Möglichen gegangen" zu sein.[48] Nur halfen ihm weder Wunschdenken noch rein theoretische Argumentationen. An der Spitze der aktiven Politik stand er im Schnittpunkt der Rivalitäten und durfte sich keiner Täuschung über die unausbleiblichen Schwierigkeiten hingeben. Hinsichtlich der Rheingrenze stand Clemenceau faktisch vor einem Dilemma. Den Widerstand der USA und Großbritanniens konnte er nicht brechen, und ein Festhalten an den Maximalforderungen musste zur Isolierung Frankreichs führen. Je weniger man den deutschen Rivalen entscheidend schwächen konnte, umso notwendiger erschien es Clemenceau, die eigene Position durch

---

48 Ebd., S. 175.

Bündnisse zu sichern. „In Wahrheit stand bei den Verhandlungen über die Rheingrenze nur eins auf dem Spiel, die Auflösung der Bündnisse, und das, ich sage es ganz offen, habe ich nicht gewollt."[49] Diese politischen Realitäten zwangen ihn zwar nicht zur Kapitulation, wohl aber zum Kompromiss.

Zu Beginn der Verhandlungen erhob Clemenceau die klare Forderung nach einer strategischen Rheingrenze für Frankreich und der Bildung eines – ähnlich dem „polnischen Puffer im Osten" – autonomen Staates am linken Rheinufer, der aber nur im äußersten Notfall dem Völkerbund unterstellt werden sollte. Sofort wandten Wilson und Lloyd George ein, sie wollten kein neues „Elsaß-Lothringen schaffen".[50] Gewissermaßen als Ersatz boten sie dem französischen Ministerpräsidenten eine amerikanisch-britische Garantie für die bestehende Grenze Frankreichs im Falle eines unprovozierten deutschen Angriffs an. Das traf eine empfindliche Stelle der französischen Argumentation, die gerade die angeblich notwendige Grenzsicherung vorschob, um die eigene antideutsche Sicherheitspolitik zu begründen. Notgedrungen erklärte sich Clemenceau einverstanden, jedoch nicht ohne an sein Einverständnis weitere Forderungen zu binden. Er schlug vor, das Saargebiet an Frankreich zu übergeben und das linke Rheinufer für die Dauer von 30 Jahren einer interalliierten Kontrolle zu unterstellen. Clemenceau spekulierte darauf, dass die Deutschen die ihnen auferlegten Verpflichtungen nicht erfüllen würden und dass – unter diesem Vorwand – dann die Anwesenheit französischer Besatzungstruppen in den linksrheinischen Gebieten für lange Zeit andauern könne. Als Clemenceaus Vorschläge nicht akzeptiert wurden, drohte er mit seinem Rücktritt und Präsident Wilson daraufhin mit seiner Rückkehr in die USA. Auf Betreiben der französischen Regierung berichtete die Presse des Landes laufend – tendenziös und erpresserisch – über die Unstimmigkeiten zwischen den Alliierten. Der gleichzeitig ausgetragene Streit über die Aufteilung der deutschen Kolonien und über die Höhe der zu zahlenden Reparationen verlief nicht weniger heftig.

Der französische Ministerpräsident tat nun den nächsten Schritt. Clemenceau schlug vor, das Saargebiet dem Völkerbund zu unterstellen und Frankreich für 15 Jahre als Treuhänder einzusetzen. Mit der Ablehnung auch dieses Vorschlages durch Wilson geriet die Konferenz in ihre kritischste Phase. Wieder drohte der „Tiger" mit seinem Rücktritt und dem Verlassen der Konferenz. Die französische Öffentlichkeit reagierte zunehmend gereizt, und die Opposition gegen Clemen-

---

49 Clemenceau, G., Größe und Tragik eines Sieges, a.a.O., S. 179.
50 Monnerville, G., Clemenceau, a.a.O., S. 647.

ceau verstärkte sich. Am 7. April erteilte der amerikanische Präsident den Auftrag, sein Schiff – die „George Washington" – in Richtung Europa auslaufen zu lassen. Der offene Bruch schien unvermeidlich.

Psychologisch geschickt entschied Clemenceau sich dann aber doch für ein Zugeständnis an Wilson. Er erklärte sein Einverständnis, die Monroedoktrin in die Völkerbundsatzungen aufzunehmen. Ein solcher Schritt kam Wilson, der erkrankt war und auf die innenpolitische Szene Rücksicht nehmen musste, sehr entgegen. Außerdem war natürlich keiner der „Großen Vier" daran interessiert, die Weltöffentlichkeit durch einen Abbruch der Friedensverhandlungen offen zu brüskieren. Mit dem Angebot Clemenceaus waren die Grundlagen für einen Kompromiss gegeben. Wilson erklärte sich bereit, die Saargruben für 15 Jahre an Frankreich und die Verwaltung des Saargebietes an den Völkerbund zu übertragen. Nach Ablauf dieses Zeitraumes sollte eine Volksabstimmung über das weitere Schicksal des Saarlandes entscheiden. Für den Fall eines möglichen Votums für Deutschland erhielten die deutschen Konzerne das Rückkaufrecht auf die saarländischen Kohlegruben.

Ebenfalls beschlossen wurde eine alliierte Besetzung der linksrheinischen Gebiete Deutschlands. Im Falle der Einhaltung auferlegter Verpflichtungen durch Deutschland sollten die Besatzungstruppen zonenweise – nach fünf, zehn und fünfzehn Jahren – zurückgezogen werden. Ferner wurde eine 50 Kilometer breite entmilitarisierte Zone östlich des Rheins geschaffen, die allerdings unter deutscher Souveränität verblieb. Über die Höhe der von Deutschland zu zahlenden Reparationen konnte man sich nicht einigen. Hocherfreut über den erzielten Kompromiss veranlasste Clemenceau die französische Presse, ihre Ausfälle gegen den amerikanischen Präsidenten einzustellen. Am 22. April schloss sich auch Lloyd George den Vereinbarungen an.

Am 25. April 1919 prüfte der französische Ministerrat den Text des Vertragsentwurfs. Clemenceau verteidigte die vorgeschlagene Lösung sowohl gegen den Widerstand Marschall Fochs als auch gegen das ablehnende Schweigen des Staatspräsidenten Poincaré. Hauptsächlich führte er zwei Argumente ins Feld: die amerikanisch-britischen Garantieerklärungen für Frankreichs Grenze und seine Hoffnung auf eine beliebige Verlängerung der Besetzung des Rheinlandes. Direkt an Poincaré gewandt, sagte er: „Herr Präsident, Sie sind viel jünger als ich. In fünfzehn Jahren werde ich nicht mehr bei Ihnen sein. In fünfzehn Jahren werden die Deutschen nicht alle Bedingungen des Vertrages ausgeführt haben. Und in fünfzehn Jahren, wenn Sie mir die Ehre antun, mein Grab zu besuchen, so weiß ich, Sie werden zu mir sagen können: Wir sind am Rhein und wir werden am

Rhein bleiben".[51] Die Euphorie über das endlich Erreichte und der Zwang, sich gegen den Vorwurf, er habe den Sieg verspielt, verteidigen zu müssen, mögen Clemenceau zu solcher Illusion getrieben haben.

Im Augenblick kostete der „Tiger" jedoch seinen Triumph aus. Befehlsgemäß erschien die deutsche Delegation am 7. Mai zur Entgegennahme der Friedensbedingungen. Der Spiegelsaal Ludwigs XIV. glich einem szenisch abgestuften Amphitheater. Im ersten Rang saß Clemenceau zwischen Wilson und Lloyd George. Ganz im Gefühl, am Höhepunkt seines politischen Wirkens zu sein, sprach Clemenceau die Eröffnungsworte: „Es ist weder die Zeit noch der Ort für überflüssige Worte ... Die Stunde der schweren Abrechnung ist gekommen." Und um jedem Missverständnis vorzubeugen, fügte er hinzu, eine mündliche Erörterung über den Vertrag werde nicht stattfinden.[52] Als sich der deutsche Außenminister Ulrich Graf Brockdorff-Rantzau zur Erwiderung meldete, wies ihn Clemenceau brüsk mit der Feststellung zurück, seine – des französischen Ministerpräsidenten – Rede müsse zuerst übersetzt werden. Später, nach den Worten des deutschen Delegationsleiters, wurde die Sitzung sofort geschlossen.

In den bis zur Unterzeichnung des Friedensvertrages verbleibenden Tagen blieb Clemenceau „starr und unerbittlich". Er lehnte jede mündliche Verhandlung ab und gestattete der deutschen Delegation lediglich schriftliche Rückfragen, die aber keine substanziellen Probleme betreffen durften. „Die Vertreter der alliierten und assoziierten Mächte können keinerlei Diskussion über ihr Recht zulassen, die Grundbedingungen des Friedens in der Gestalt aufrechtzuerhalten, wie sie festgesetzt worden sind."[53] Der Präsident der Friedenskonferenz ließ nur wenige Änderungen am Vertragsentwurf zu und lehnte die deutschen Gegenvorschläge vom 29. Mai nahezu durchweg ab. In der von ihm formulierten alliierten Antwortnote vom 16. Juni hieß es: „Deutschland verkennt die Position, in der es sich heute befindet." Sieben Tage, ursprünglich sogar nur fünf, gab Clemenceau der deutschen Regierung ultimativ Zeit, um den Vertrag in der vorliegenden Form „anzunehmen oder abzulehnen". Sollte zum gesetzten Termin keine Antwort vorliegen, würde man den Waffenstillstand als beendet betrachten. Entsprechende militärische Maßnahmen seien bereits eingeleitet. In einer letzten Note protestierte die deutsche Regierung gegen die Formulierung, Deutschland treffe die alleinige Kriegsschuld. Auch dieser Protest verfiel der Ablehnung. Am 28. Juni 1919 unterzeich-

---

51 Zit. nach: Richter, W., Frankreich. Von Gambetta zu Clemenceau, Erlenbach-Zürich 1946, S. 452.
52 Zit. nach: Erlanger, Ph., Clemenceau, a.a.O., S. 587.
53 Zit. nach: Nowak, K. F., Versailles, a.a.O., S. 272.

neten der neue deutsche Außenminister Hermann Müller und der Justizminister Johannes Bell den Friedensvertrag. Endlich fühlte sich Clemenceau am Ziel. Damit nicht der geringste Zweifel an der aus der Sicht Clemenceaus eindeutigen Verantwortung Deutschlands für den Ausbruch des Krieges aufkam, ließ er theatralisch fünf *gueules cassées*, im Krieg schwer gesichtsverletzte französische Soldaten, hinter dem Tisch Aufstellung nehmen, an dem der Vertrag unterzeichnet wurde.[54]

Trotzdem mehrten sich die Vorwürfe gegenüber Clemenceau, er hätte bei den Verhandlungen mehr erreichen können und müssen. Extreme Chauvinisten begannen immer lautstärker aus dem *Père de la victoire* einen *Perte de la victoire* zu machen. Umso verbissener verteidigte der „Tiger" in den Ratifizierungsdebatten der Abgeordnetenkammer zum Friedensvertrag seinen Kompromiss. Angesichts der eingetretenen Umstände hatte er sich auf harten Widerstand eingestellt. Geradezu beschwörend verwies er auf die amerikanisch-britische Garantieerklärung und auch darauf, dass die Unterzeichnung eines Vertrages die eine Sache sei, seine konsequente Durchführung aber eine ganz andere.[55]

Schließlich ratifizierte die französische Kammer am 3. Oktober 1919 den Friedensvertrag mit 372 Stimmen bei 53 Gegenstimmen und 72 Stimmenthaltungen. Der Senat schloss sich dem Votum an. Trotzdem fielen die Kritiken an Clemenceau – „wie Hagel".[56] Dabei muss betont werden, dass die politischen Standpunkte Clemenceaus und seiner Kritiker sich kaum unterschieden. Und zweifellos trifft sein Biograph Erlanger mit der Feststellung ins Schwarze, der „Tiger" hätte zweifellos zu eben diesen Kritikern gehört – wenn er nicht selbst an der Macht gewesen wäre.[57] Hinzu kam, dass nicht wenige Politiker der „Kriegsdiktatur" Clemenceaus müde waren und nun wieder selbst an die Macht drängten.

Die Niederlage Clemenceaus bei den Präsidentschaftswahlen im Frühjahr 1920, so überraschend sie für viele Menschen auch war, lag durchaus in der Logik des Geschehens. Die Amtszeit Poincarés lief ab, und Clemenceau hatte kein Geheimnis daraus gemacht, dass er selbst sich für den einzig möglichen Nachfolger im Amt des Staatsoberhauptes hielt. Er sah darin einen verdienten und krönenden Abschluss seiner politischen Laufbahn. Seine Wahl schien ganz sicher zu sein, „alle Welt sprach davon, daß der ‚Tiger' der nächste Präsident der Republik

---

54 Vgl. Audoin-Rouzeau, S., Die Delegation der „gueules cassées" in Versailles am 28. Juni 1919, in: Versailles 1919: Ziele-Wirkung-Wahrnehmung, a.a.O., S. 281ff.
55 Siehe Monnerville, G., Clemenceau, a.a.O., S. 662ff.
56 Erlanger, Ph., Clemenceau, a.a.O., S. 599.
57 Ebd., S. 580.

sein würde".⁵⁸ Offiziell kandidierte der „Tiger" nicht. Vielmehr gab er vor, von nichts zu wissen, und bereitete für jeden sichtbar seinen Rücktritt vor. Nicht einmal seinen Sitz als Senator wollte er sich bewahren. Es gibt keinen Zweifel, dass darin „Herausforderung und Koketterie"⁵⁹ lagen; der Olympier wollte gebeten werden. Er war der Meinung, „für einen solchen Posten dürfe man überhaupt nicht selbst seine Kandidatur aufstellen. Das müsse von außen kommen, nicht von mir selbst." Anfang Januar 1920 erklärte er dann, „wenn meine Freunde für mich stimmen wollten, würde ich sanfter Gewalt weichen … Geben Sie mir Kredit für zwei Jahre. Ich habe den Krieg gewonnen. Es gilt den Frieden zu gewinnen."⁶⁰

Die Anti-Clemenceau-Front verfügte jedoch bereits über zu großen Einfluss. Bei der üblichen Vorabstimmung im Senat am 16. Januar gaben 408 Abgeordnete ihre Stimme dem Gegenkandidaten Paul Deschanel, während nur 389 für Clemenceau votierten. „Das ist das Ende", resümierte dieser lakonisch. Dem Präsidenten der Kammer teilte er mit, seine Freunde seien von nun an nicht mehr autorisiert, ihn als Kandidaten aufzustellen. Sollte das trotzdem geschehen und er gewählt werden, würde er ein „auf diese Weise zustande gebrachtes Mandat" ablehnen.⁶¹

Die erlittene Kränkung saß tief. „Die Leute brauchten einen, der ihnen ihre Ruhe ließ. Ich hätte keine acht Tage gewartet, da hätte man mich schon zu spüren gekriegt."⁶² Und sicher war der Zorn Clemenceaus insofern verständlich, als man ihm in der Person des gefügigen Deschanel eine – wie Churchill schrieb – „liebenswürdige Null"⁶³ vorzog, die bald darauf in Geistesverwirrung aus der Eisenbahn stürzte und von ihrem hohen Amt abgelöst werden musste.

Die spektakuläre Niederlage Clemenceaus rief ein vielfältiges Echo hervor. Diesmal seien es die Franzosen, die Jeanne d'Arc verbrannt hätten, sagte Lloyd George.⁶⁴ Und später warf Charles de Gaulle in seinen Kriegsmemoiren der Dritten Republik vor, sie habe den Geist Clemenceaus verleugnet, die Größe Frankreichs verworfen und dieses in die alte Unordnung zurückgestoßen.⁶⁵ Nur ein gutes Jahr nach dem Waffenstillstand und wenige Monate nach Abschluss des

---

58 Sauliere, P., Clemenceau, a.a.O., S. 222.
59 Erlanger, Ph., Clemenceau, a.a.O., S. 610.
60 Zit. nach: Clemenceau spricht …, a.a.O., S. 388f.
61 Zit. nach Duroselle, J.-B., Clemenceau, a.a.O., S. 856.
62 Zit. nach: Clemenceau spricht …, a.a.O., S. 391.
63 Churchill, W., Große Zeitgenossen, a.a.O., S. 374.
64 Siehe Erlanger, Ph., Clemenceau, a.a.O., S. 615.
65 Siehe de Gaulle, Ch. de, Mémoires de guerre. L'Appel 1940–1942, Paris 1954, S. 7.

Friedensvertrages nahm Clemenceau – maßlos enttäuscht – endgültig Abschied von der politischen Macht. Am 17. Januar 1920 wählten die Abgeordneten und Senatoren Deschanel mit 734 Stimmen zum Präsidenten der Republik. Clemenceau, obwohl offiziell nicht nominiert, erhielt 53 Stimmen. Der „Tiger" hatte Paris am Wahltag demonstrativ verlassen. Er reichte seinen Rücktritt als Ministerpräsident ein. Den Hinweis, der neue Staatspräsident würde bei ihm zu einem Besuch erscheinen, quittierte Clemenceau mit den Worten: „Sagen Sie diesem Herrn, dass ich nicht da bin."[66] Am 20. Januar stattete er den Diplomaten der alliierten Verbündeten eine Visite ab, besuchte danach seinen alten Freund Claude Monet in Giverny und – ging auf Reisen. Das „undankbare" Frankreich war ihm gründlich verleidet; er brauchte Distanz, Ablenkung und neue Eindrücke.

Seine letzten Lebensjahre verbrachte Clemenceau entweder in der Vendée oder in seiner Pariser Wohnung, auf Reisen und beim Schreiben von Büchern, zunehmend gemieden von vielen ehemaligen Parteigängern. Aber den wenigen Vertrauten, die Clemenceau besuchten, bot sich ein nicht erwartetes Bild. Sie erlebten einen geistig frischen und äußerst beweglichen alten Herrn und zeigten sich immer wieder beeindruckt von dessen vielfältigen Interessen, von seiner ungebrochenen Vitalität. Vor allem aber verlor er das für ihn Wichtigste nicht aus den Augen: die Politik und die Politiker Frankreichs.

Die Ursachen für die Labilität in der ökonomischen, politischen und sozialen Entwicklung Frankreichs suchte er einzig und allein in der „Unfähigkeit" der Politiker, in deren notorischem Unvermögen, „Versailles" durchzusetzen. Immer, wenn eine Gesprächsrunde bei Clemenceau die Nachkriegsentwicklung Frankreichs berührte, vermochten seine Besucher den weiteren Gang des Gesprächs vorauszusehen: „Seit 8 Jahren bin ich von der Regierung zurückgetreten. Seit 8 Jahren verbringen Briand und Poincaré ihre Zeit damit, sich um den grünen Tisch zu setzen und mit unseren Feinden und unseren Verbündeten von gestern ganze Haufen von kleinen Friedensverträgen zu fabrizieren. Jedesmal, wenn man sich vom grünen Tisch erhebt, merkt man, daß sie nichts erlangt haben, nicht das Schwarze unterm Nagel! Im Gegenteil, sie haben immer etwas aufgegeben ... Was Millerand aufgegeben hat, das geht auf keine Kuhhaut! Ich habe den Friedensvertrag gemacht, ich allein ... Und ich frage mich, mit wem ich mich hätte beraten sollen? Mit diesen Briand, Poincaré, Millerand vielleicht? Die seit drei Jahren Krieg führten und ihn nicht zu Ende bringen konnten ... Der Wert eines Vertrages liegt nur in seiner Anwendung. Man hätte konsequent bleiben müssen.

---

66 Zit. nach: Sauliere, P., Clemenceau, a.a.O., S. 224.

Aber was hat man getan? Reden hat man gehalten, ungezählte Reden! ... Der Friedensvertrag ist nicht berühmt; ich bin durchaus bereit, es anzuerkennen. Aber der Krieg? War der etwa berühmt? ... Und doch ist Frankreich wieder lebendig aus diesem Abgrund herausgekommen ... Deutschland ist niedergeschmettert."[67] Nicht selten wählte Clemenceau seine Bezeichnung für ihn missliebige Politiker aus dem Tierreich.

In der Nacht vom 23. zum 24. November 1929 starb Clemenceau im 89. Lebensjahr. Sein Leben war ungewöhnlich und widersprüchlich; er war eine Persönlichkeit von unverwechselbarer Originalität, voller Kraft, Dynamik und Leidenschaft. Er gehörte nicht nur zu den bedeutendsten Politikern seiner Zeit, sondern auch zu den gebildetsten. „Das macht ihn ebenso einmalig wie sein gefürchtetes politisches Temperament oder der Ruhm, im kritischen Jahr 1918 die Dritte Republik gerettet zu haben, gefolgt von der zweifelhaften Reputation, einer der Größen zu sein, die 1919 einen dauerhaften Frieden verspielten."[68] Bereits im März 1920 zeigte sich auf drastische Weise die Brüchigkeit der Nachkriegsordnung. Der Senat in Washington weigerte sich, den Versailler Vertrag zu ratifizieren. Das war ein harter Schlag für Frankreich und für Clemenceau, da hiermit der amerikanisch-französische und auch der an die amerikanische Zustimmung gebundene englisch-französische Beistandsvertrag hinfällig wurden und so die entscheidende Säule aus dem Vertragswerk herausfiel. Fast resignierend klang Clemenceaus Feststellung im April 1925: „In zehn Jahren werden wir wieder Krieg haben."[69]

---

67 Zit. nach: Clemenceau spricht ..., a.a.O., S. 190f.
68 Schwarz, H.-P., Das Gesicht des Jahrhunderts ..., a.a.O., S. 397.
69 Zit. nach: Der Tiger ..., a.a.O., S. 87.

SCHRIFTEN VON CLEMENCEAU

La Mêlée sociale, Paris 1895
Le Grand Pan, Paris 1896
Au pied du Sinaï, Paris 1898
L'Iniquité, Paris 1899
Vers la réparation, Paris 1899
Au fil des jours, Paris 1900
Contre la justice, Paris 1900
Des juges, Paris 1900
Justice militaire, Paris 1900
Injustice militaire, Paris 1902
Aux embuscades de la vie, Paris 1903
La honte, Paris 1903
L'enseignement dans le droit républicain, Paris 1904
La France devant l'Allemagne, Paris 1916
Le Ministère de la victoire, Paris 1918
Demosthene, Paris 1926
Au Soir de la pensée, 2 Bde., Paris 1927
Claude Monet. Les nymphéas, Paris 1928
Grandeurs et misères d'une victoire, Paris 1930; deutsch: Größe und Tragik eines Sieges, Stuttgart 1930
Pour la Patrie 1914–1918, Paris 1934

LITERATUR ÜBER CLEMENCEAU

Adam, G., The Tiger, London 1930
Churchill, W., Große Zeitgenossen, Amsterdam 1938
Dallas, G., At the heart of a tiger: Clemenceau and his world, 1841–1929, London 1993
Daudet, L., Clemenceau. Ein kämpferisches Leben, Berlin 1939
Duroselle, J.-B., Clemenceau, Paris 1988 (ausführliche Bibliographie)
Ellis, J. D., The early life of Georges Clemenceau, 1841–1893, Lawrence 1980
Erlanger, Ph., Clemenceau, Paris 1968
Fuchs, G./Henseke, H., Georges Clemenceau. Eine politische Biographie, Berlin 1983
Guichard, J.-P., Appel au perè: de Clemenceau à de Gaulle, Paris 1992
Guiral, P., Clemenceau et son temps, Paris 1994
Guy-Grand, G., Clemenceau ou L'home de guerre, Paris 1930
Holt, E., The Tiger. The life of Georges Clemenceau 1841–1929, London 1976
Jackson, J. H., Clemenceau and the Third Republic, Westport 1979
Julliard, J., Clemenceau – briseur des grèves, Paris 1965
Lecomte, G., Clemenceau, Paris 1918
Mailloux, A., Georges Clemenceau, Paris 1918
Martet, J., Clemenceau spricht. Unterhaltungen mit seinem Sekretär Jean Martet, Berlin 1930
Martet, J., Der Tiger. Weitere Unterhaltungen Clemenceaus mit seinem Sekretär J. Martet, Berlin 1930
Miquel, P., Clemenceau, le père de la victoire, Paris 1999
Monnerville, G., Clemenceau, Paris 1968
Ribadeau-Dumas, R., Une certaine idée de la France. Clemenceau, Valence 1979
Sauliére, P., Clemenceau, Paris 1979
Schlange-Schöningen, H., Führer und Völker, Berlin 1931

Scize, P., Georges Clemenceau, Lyon 1944
Wormser, G. M., La République de Clemenceau, Paris 1961
Wormser, G. M., Clemenceau vu de près, Paris 1979
Zévaès, A., Clemenceau, Paris 1949

GESAMTDARSTELLUNGEN ZUR ZEIT

Chatelle, A., La paix manquée? Les pourparlers de 1917, Paris 1936
Ferro, M., Der Große Krieg 1914–1918, Frankfurt/M. 1988
Becker, J.-J., Les Français dans la Grande Guerre, Paris 1980
Histoire militaire de la France. Sous la diection de Guy Pedroncini, Bd. 3: De 1871 à 1940, Paris 1992
Keiger, J. F. V., France and the Origins of the First Wold War, London 1983
King, J. C., Foch versus Clemenceau, Cambridge 1960
Krüger, P., Versailles. Deutsche Außenpolitik zwischen Revisionismus und Friedenssicherung, München 1993
Miquel, P., La Paix de Versailles et l'opinon publique française, Paris 1972
Nowak, K. F., Versailles, Berlin 1927
Pedroncini, G., Pétain, général en chef, 1917–1918, Paris 1975
Pingaud, P., Histoire diplomatique de la France pendant la grande guerre, 3 vol., Paris 1938/40
Renouvin, P., La crise européenne et la première guerre mondiale (1904–1918), Paris 1969
Richter, W., Frankreich. Von Gambetta zu Clemenceau, Erlenbach-Zürich 1946
Rößler, H., Die Folgen von Versailles 1919–1924, Göttingen 1961
Quellen zum Friedensschluss von Versailles, hrsg. von Klaus Schwabe unter Mitarbeit v. Tilman Stieve u. Albert Diegmann, Darmstadt 1997

Aristide Briand (1862–1932)

V.

ARISTIDE BRIAND
(1862–1932)

Aristide Briand wurde am 28. März 1862 in Nantes als Sohn des Gastwirtes Pierre Briand und dessen Ehefrau Magdaleine geboren. Der in sehr einfachen Verhältnissen aufwachsende Briand besuchte nach dem Umzug der Familie nach St.-Nazaire die dortige höhere Bürgerschule, dann das Gymnasium in Nantes. Nach einem Jurastudium in Paris wurde er 1886 Rechtsanwalt in St.-Nazaire. Hier setzte er seine während des Studiums begonnene politische und journalistische Betätigung verstärkt fort, wurde 1888 in den Stadtrat gewählt und kandidierte 1889 erfolglos für die Kammer. Er verstand sich als „unabhängiger revolutionärer Sozialist", war vor allem als Redner und politischer Agitator für die Arbeiterbewegung tätig und propagierte den Generalstreik als eine legale, friedliche und erfolgreiche Form der Revolution. Im Jahr 1893 verlegte er seinen Wohnsitz nach Paris und war als Redakteur und später als Leiter der antiklerikalen Zeitung Lanterne tätig. Er trat als glänzender Redner auf einer Vielzahl von Gewerkschaftstreffen und sozialistischen Versammlungen auf und zählte zum Führungskreis der Sozialisten. Briand gehörte zu den Sozialisten, die sich für Alfred Dreyfus einsetzten, und er stimmte auf dem sozialistischen Kongress 1899 für den Eintritt des Sozialisten Alexandre Millerand in die bürgerliche Regierung Pierre Waldeck-Rousseau. Der Kongress bildete ein Generalkomitee unter Leitung von Briand, das die Einigung der verschiedenen sozialistischen Strömungen beschleunigen sollte. Nach dem Scheitern dieser Bemühungen wurde er Generalsekretär dem von Jean Jaurès geführten Parti Socialiste Français. 1902 wurde Briand im vierten

Anlauf als Abgeordneter der Kammer gewählt, der er bis zu seinem Tod angehörte. Als Berichterstatter des Kammerausschusses, der die Modalitäten zur Trennung von Kirche und Staat vorbereitete, war er maßgeblich am Zustandekommen des Gesetzes 1905 beteiligt. 1906 wurde Briand Kulturminister in der bürgerlichen Regierung Sarrien und verließ aus diesem Anlass die SFIO. Briand entwickelte sich zu einem der führenden Politiker der Dritten Republik. Er war 11mal Ministerpräsident, 23mal Minister, davon 17mal Außenminister. Als Regierungschef unterdrückte er den Generalstreik der Eisenbahner im Oktober 1910 und trug vom Oktober 1915 bis März 1917 entscheidende Verantwortung bei der Formulierung der Kriegsziele und der Kriegsführung. Nach seinem Rücktritt neigte er allerdings angesichts des Scheiterns der alliierten Frühjahrsoffensive im April 1917 zu einem Verständigungsfrieden mit Deutschland, entging nur knapp einem Prozess und bekleidete bis 1921 kein Regierungsamt. Nach dem Ersten Weltkrieg gab Briand der Politik seines Landes entscheidende Impulse. Er stand für eine Absage an die Politik des Alles oder Nichts in Realisierung des Versailler Vertrages, für die Sicherung der französischen Interessen nicht durch eine einseitige Anwendung von Gewalt gegenüber Deutschland, sondern durch eine möglichst im Bündnis mit Großbritannien vorangebrachte und von beiden Staaten geführte europäische Zusammenarbeit sowie eine Art kollektives Sicherheitssystem, in das Deutschland eingebunden werden sollte. Von April 1925 bis Januar 1932 war Briand ununterbrochen Außenminister, wurde zur dominierenden Persönlichkeit des Völkerbundes, genoss höchstes Ansehen und trug ohne Zweifel auch wesentlich zum Prestigegewinn der Organisation in dieser Zeit bei. Briand war einer der Initiatoren des Locarnovertrages (16. Oktober 1925), mit dem Deutschland als Mitglied des Völkerbundes in den Kreis der führenden Mächte zurückkehrte und Frankreichs Ostgrenze garantierte. Im Jahre 1926 erhielt Briand zusammen mit Gustav Stresemann den Friedensnobelpreis. Der nach ihm und dem USA-Außenminister Frank B. Kellogg benannte Briand-Kellogg-Pakt (27. August 1928), dem fast alle Staaten der Welt beitraten, beinhaltete die Ächtung des Krieges als Mittel nationaler Politik. Er schlug dem Völkerbund (1929/30) eine Art föderativer Verbindung der europäischen Staaten vor. Briand scheiterte bei den Präsidentschaftswahlen im Mai 1931 mit seiner Kandidatur. Er starb am 7. März 1932 in Paris.

„Der Apostel des Friedens"

Nach schwierigen Verhandlungen unterzeichneten am 16. Oktober 1925 in Locarno am Lago Maggiore die Vertreter Belgiens, Deutschlands, Frankreichs, Großbritanniens und Italiens ein Vertragspaket, das nach Auffassung seiner Schöpfer den Grundstein für den Übergang von den Kriegsjahren zu einer Epoche des europäischen Friedens legen sollte. „Auf der Piazza vor dem Rathaus von Locarno feiern die begeisterten Tessiner die Verständigungspolitiker mit brausendem Beifall, überall prangen Transparente mit dem Wort ‚Pace', die Glocken von Madonna del Sasso läuten, am Ufer des Sees steigen die Raketen eines großartigen Friedensfeuerwerkes auf, die Friedensstifter auf schmalem Balkon genießen die historische Stunde, und das in großen Rudeln umherschweifende internationale Pressekorps berichtet, daß von nun an ein neuer Geist in Europa herrschen wird – ‚der Geist von Locarno'."[1]

Zu denen, die sich an diesem Oktoberabend für ihr Friedenswerk feiern ließen, gehörte in besonderer Weise der französische Außenminister Aristide Briand. Der 63-jährige studierte Rechtsanwalt zählte zwar bereits vor Locarno zu den führenden Politikern der Dritten Republik, erreichte aber mit dem Zustandekommen dieses Vertrages die bemerkenswerteste Phase seiner politischen Karriere.

Begonnen hatte diese selbst für die Verhältnisse der Dritten Republik ungewöhnliche politische Laufbahn im April 1902 mit seiner Wahl zum Abgeordneten der Kammer. Der aus einfachen Verhältnissen stammende Briand hatte sich zuvor bereits im lokalen Rahmen seines Wohnortes St.-Nazaire politisch einen Namen gemacht.

Der junge Rechtsanwalt musste sich dabei den Problemen der in den 80er Jahren in Bewegung geratenen politischen und sozialen Verhältnisse stellen. Immer offensichtlicher wurde, dass sich die progressive Stoßkraft der die Dritte Republik politisch repräsentierenden liberalen Republikaner abschwächte. An der Macht befindlich, galt ihr Hauptaugenmerk der Verteidigung und dem Ausbau ihrer Positionen, weniger einer weiteren demokratischen Ausgestaltung der Republik. Wie selbstverständlich besetzten sie die von den Monarchisten geräumten Stellen und begannen, den Staat als ihre Pfründe zu betrachten. Die im Interesse

---

1 Schwarz, H.-P., Das Gesicht des Jahrhunderts. Monster, Retter und Mediokritäten, Berlin 1998, S. 412.

des Großbürgertums verfolgte Wirtschafts- und Sozialpolitik ignorierte weitgehend deren Konsequenzen für das Kleinbürgertum, die Bauern und die Arbeiter.

Es waren der Opportunismus und die Ignoranz der Liberalen, die wesentlich zur Formierung einer radikalen Fraktion unter den bürgerlichen Republikanern beitrugen. Deren anerkannter Führer, Georges Clemenceau, hatte schon 1876 die Notwendigkeit einer weiteren demokratischen Ausformung der Republik angekündigt. Unter dem Druck der Radikalen sahen sich die regierenden Liberalen in den Jahren nach 1880 – wenn auch nur widerwillig – zu einigen Reformen gezwungen: Einführung des obligatorischen Grundschulunterrichts, Erweiterung der Presse- und Versammlungsfreiheit, Legalisierung der Gewerkschaften, Einführung der Bürgermeisterwahl in allen Gemeinden des Landes (außer Paris), Generalamnestie für die Kommunarden und Einschränkung der Frauen- und Kinderarbeit. Alles in allem waren das zwar wichtige und notwendige Maßnahmen, dennoch blieben sie Flickwerk, weil sie die aufgeworfenen politischen und sozialen Grundfragen der Gesellschaft ungelöst ließen. Die Liberalen gerieten so immer mehr zwischen zwei Stühle. Rechts von ihnen drängten Konservative, Monarchisten und Kleriker an die Macht, links erstarkten die radikalen Republikaner und die Sozialisten. Letzteres war insofern nicht verwunderlich, als die sozialen Schattenseiten der kapitalistischen Entwicklung unübersehbar geworden waren. Eine Gruppe Sozialisten unter Führung von Jules Guesde und Paul Lafargue hatte zwar 1882 in Marseille den *Parti Ouvrier Français* gegründet, aber in den kommenden Jahren führten erbitterte strategische und taktische Kontroversen zwischen Marxisten (Guesde), Possibilisten (Paul Brousse), Anarchisten (Jean Allemanne) und so genannten Unabhängigen (Jean Jaurès) zu mehrfachen Spaltungen in der Partei. Aber auch wenn innerhalb der Sozialisten in diesen Jahren der Kampf zwischen den Anhängern einer revolutionären Ablösung der bürgerlichen Gesellschaft und den Befürwortern ihrer Veränderung durch Reformen noch nicht entschieden war, gewann die Arbeiterbewegung deutlich an politischem Boden. In den Wahlen des Jahres 1893 zogen fast ein halbes Hundert Vertreter der Arbeiterparteien ins Parlament ein.

Briand betrat die politische Bühne als radikaler Revolutionär. Vor allem in seinen Artikeln für die Lokalzeitung *La Démocratie de l'Ouest* gab er sich als „Gegner des bestehenden parlamentarischen Systems und Künder der kommenden Revolution gegen das Unrecht der Gesellschaft"[2] sowie als scharfer Antiklerika-

---

2   Siebert, F., Aristide Briand 1862–1932. Ein Staatsmann zwischen Frankreich und Europa, Erlenbach-Zürich und Stuttgart 1973, S. 26.

ler zu erkennen. Aber auch als Anwalt verbreitete sich sein Ruf als Verteidiger einfacher Leute. Bei den Gemeindewahlen 1888 wurde er in das Stadtparlament von St.-Nazaire gewählt und 1889 kandidierte er – allerdings erfolglos – als *candidat républicain radical révisioniste* für die Kammer in Paris.

Mit der Übersiedlung zu Beginn des Jahres 1893 in die Hauptstadt – auch verursacht durch eine Affäre Briands mit einer verheirateten Frau, die seine politischen Gegner weidlich ausnutzten – vergrößerte sich der Aktionsradius des politischen Aufsteigers. Briand war zunächst als Mitarbeiter, später als Chefredakteur der scharf antiklerikalen Zeitung *Lanterne* tätig. Aber viel wichtiger als diese journalistische Arbeit war für seinen weiteren politischen Aufstieg sein Auftreten – sich nunmehr als Sozialist verstehend – auf unzähligen Gewerkschaftsversammlungen und sozialistischen Veranstaltungen.

Wie schon in den letzten Jahren in St.-Naizaire stand im Mittelpunkt seiner politischen Agitation die These vom Generalstreik als entscheidendes Mittel der revolutionären Befreiung der Arbeiter.[3] Aber im Unterschied zur marxistischen Lehre war der Generalstreik für Briand gewaltloser Widerstand gegen die Willkür der Herrschenden. Nicht der Kampf auf den Barrikaden bringe die Lösung der Arbeiterfrage, sondern die legale Gewalt, indem die Werktätigen einfach aufhörten zu produzieren.[4] Es kann als sicher gelten, dass Briand, der diese Auffassung unter anderem auf dem Nationalkongress der *Fédération des syndicats ouvriers* im Oktober 1892 in Marseille vortrug – der Gewerkschaftskongress nahm sogar die von ihm eingebrachte Entschließung zum Generalstreik an –, selbst um die Utopie seiner Vorstellung von einem allgemeinen Streik aller Arbeiter wusste. Man kann auch Siebert zustimmen, der zu dem Schluss kommt, dass sich in dieser Idee vom Generalstreik Briands „Sozialismus" erschöpfte, sie mehr Taktik eines Praktikers der Politik, eines Opportunisten war, „der hier ein Erfolg versprechendes Mittel sah, mit dem die organisierten Arbeiter bei günstiger Gelegenheit vielleicht nur zu drohen brauchten".[5] Insofern hatten Briands Kritiker nicht ganz Unrecht, wenn sie ihm vorwarfen, mit seinen Ideen die Arbeiter vor „unbesonnenen" Aktionen abhalten zu wollen. Auf dem Kongress des *Parti Ouvrier Français*, ebenfalls im Oktober 1892 in Marseille, auf dem Briand wiederum für seine Version vom Generalstreik um Zustimmung warb, widersprach ihm Guesde mit dem Hinweis, noch keine Partei sei legal an die Macht gekommen.

---

3 Vgl. Briand, A., La Grève générale et la révolution, Paris 1900.
4 Vgl. z. B. Baumont, M., Aristide Briand. Diplomat und Idealist, Göttingen 1966, S. 11.
5 Siebert, F., Aristide Briand …, a.a.O., S. 30f.

Briand war nunmehr in den Führungskreisen der Sozialisten kein Unbekannter mehr, woran auch sein Scheitern bei den für die Sozialisten sonst so erfolgreichen Kammerwahlen von 1893 als Kandidat des Pariser Arbeiterviertels La Villette nichts änderte. Als Chefredakteur der *Lanterne* hatte er persönliche Kontakte zu fast allen führenden Sozialisten, die häufig – wie Jaurès und Millerand – auch zu den Autoren seiner Zeitung gehörten. Auf dem Gewerkschaftskongress in Nantes im September 1894 setzte er in der umstrittenen Frage des Generalstreiks seine Auffassung mit großer Mehrheit durch. „Ich fordere von Ihnen den Generalstreik als Parole, aber ich verlange nicht seine sofortige Anwendung ..."[6] Auch die 1895 gegründete *Confédération générale du travail* identifizierte sich mit den Vorstellungen Briands. In den nächsten Jahren profilierte sich Briand – wie viele andere Politiker – durch sein Verhalten in der Dreyfus-Affäre.

Die Auseinandersetzungen um Rechtmäßigkeit oder Unrechtmäßigkeit der Verurteilung des jüdischen Hauptmanns Alfred Dreyfus wurden im Namen von Patriotismus, Kirche und Armee einerseits, Gerechtigkeit, Wahrheit, Republikanismus und Demokratie andererseits geführt und spalteten die französische Nation in zwei Lager. Alles war, wie Léon Blum feststellte, auf eine Frage hinausgelaufen: Man war Dreyfusanhänger oder man war es nicht.[7] Die Antwort auf diese Frage schied die Geister – ob in der Politik, in Institutionen oder in privaten Verbänden; Familienbande rissen, Freundschaften zerbrachen. Die Rechte erhoffte sich nach ihrem politischen Einbruch im Gefolge der Boulangerkrise[8] und der Parlamentswahlen von 1893 neuen Auftrieb, und vor allem die klerikalen und monarchistischen Kräfte im Bündnis mit der Armeeführung sahen eine neue Chance, ihre Positionen in der Republik zu verteidigen, auszubauen und verlorene Privilegien zurückzugewinnen. Die in sich sehr zersplitterte Linke hatte sich zunächst nicht in die Auseinandersetzungen eingemischt. Unter der Losung, die Dreyfus-Affäre würde als ein Streit innerhalb verschiedener Fraktionen der Bourgeoisie die Interessen der Arbeiter nicht tangieren, lehnten einige Sozialistenführer ein Engagement für Dreyfus ab. Es war Jaurès, der durch sein Eintreten auf

---

6   Zit. nach: Margueritte, V., Aristide Briand, Berlin 1932, S. 75.
7   Blum, L., Souvenirs sur l'Affaire, Paris 1981, S. 34.
8   Der 1886 zum Kriegsminister ernannte General Georges Boulanger galt als die Personifizierung eines Revanchekrieges gegen Deutschland. Nach seiner Ablösung als Minister 1887 wurde der populäre General zur Galionsfigur einer sehr heterogen zusammengesetzten Bewegung, die die Auflösung des Parlaments und ein neue Verfassung forderte. Nach den triumphalen Wahlerfolgen Boulangers Anfang 1889 erreichte der Boulangismus seinen Höhepunkt und die Dritte Republik stand unmittelbar vor einem Staatsstreich, vor dem der General allerdings zurückschreckte, schließlich ins Ausland floh und durch Selbstmord endete.

Seiten der Dreyfusbewegung eine solche passive Position bekämpfte. Ursprünglich auch gegen ein politisches Eingreifen für Dreyfus plädierend, bezog Jaurès nach dem Aufruf Émile Zolas vom 13. Januar 1898 eindeutige Position als Dreyfusard. Mit seiner couragierten Verteidigung Zolas während der Parlamentsdebatte und des Prozesses leitete Jaurès dann jene Wende ein, die die Linke im Laufe des Jahres 1898 in die Dreyfusbewegung einreihte. Mit Guesde gehörte überdies neben Jaurès ein weiterer prominenter Führer der sozialistischen Bewegung zu den Dreyfusards. Bereits Ende Februar forderten 500 Teilnehmer einer sozialistischen Versammlung in einer Resolution eine sozialistische Aktion zur Verteidigung von Dreyfus und Zola. „Die sozialistische Partei ist verpflichtet, unter allen Umständen die Grundsätze der Gerechtigkeit und der Freiheit zu verteidigen ... Der Antisemitismus ist eine neue Form der Reaktion."[9]

Briand, der sich zunächst ebenfalls abwartend verhalten hatte, stellte sich nach Zolas *J'accuse* uneingeschränkt an die Seite von Jaurès. Er gehörte maßgeblich zu jenen, die in dem im Oktober 1898 von allen sozialistischen Gruppierungen gebildeten *Comité de Vigilance* die Aktionen für Dreyfus organisierten und koordinierten. Darüber hinaus engagierte er sich als Redner auf Versammlungen und als Autor des *Journal de Peuple*. In der aufgeheizten Atmosphäre dieser Monate kandidierte Briand ein weiteres Mal erfolglos bei den Kammerwahlen im Mai 1898.

Im politischen Kräfteverhältnis der Dritten Republik traten – auch in Auswirkung der Dreyfus-Affäre – gravierende Veränderungen ein. Schon 1899, als in Reaktion auf die Kassation des Urteils gegen Dreyfus die Gefahr eines rechten Putsches gegen die Republik real erschien, bildeten die republikanischen Kräfte einschließlich der Sozialisten das Kabinett der nationalen Konzentration unter Waldeck-Rousseau. Die radikalen Republikaner konnten in den folgenden Jahren ihre Position ausbauen und formten zusammen mit den weiter erstarkenden Sozialisten einen Block der Linken, der dann bei den Wahlen 1902 eine starke Mehrheit erhielt. Die Autorität des republikanischen Staates war wiederhergestellt, und damit waren die den Antidreyfusismus verkörpernden politischen Kräfte zurückgedrängt und beachtlich geschwächt.

Die Bildung des Kabinetts Waldeck-Rousseau, in dem mit Millerand, der für ein Zusammengehen der Sozialisten mit den radikalsozialistischen Republikanern eintrat, erstmals ein sozialistischer Abgeordneter ein Ministeramt übernahm, stellte die sozialistische Bewegung vor eine Zerreißprobe. An der Frage, ob ein

---

9   Herzog, W., Der Kampf einer Republik. Die Affäre Dreyfus, Zürich o. J., S. 691f.

Sozialist Mitglied einer bürgerlichen Regierung werden könne, in der zudem mit General Gaston de Galliffet als Kriegsminister einer an der blutigen Niederschlagung der Pariser Kommune von 1871 maßgeblich Beteiligten saß, schieden sich die Geister. Auch in dieser innerparteilichen Auseinandersetzung schlug sich Briand auf die Seite von Jaurès.

Auf dem sozialistischen Kongress in Paris im Dezember 1899 stritt er mit Jaurès in Frontstellung zu Guesde mit Vehemenz für einen solchen Regierungseintritt. Man müsse sich mit den vielfältigen Realitäten des öffentlichen Lebens abfinden, wenn man Resultate erzielen wolle.[10] Die Beteiligung an der Regierung nütze den Arbeitern und dem Allgemeinwohl der Republik. Zum wiederholten Mal warb er auch für seine Vorstellungen zum Generalstreik als friedliche, legale Revolution: „Denn wie die Dinge heute liegen, wovon hängt schließlich der Erfolg einer Revolution ab? … Sie hängt, genau wie der Erfolg eines modernen Krieges, von dem Problem der Mobilisation ab. Wenn heute eine Revolution ausbräche, in der alten Weise, das heißt zuerst in Paris und dann nacheinander in jeder der Städte, wo wir Freunde haben, wo unsere Ideen durchgedrungen sind, hätte die Bourgeoisie, dank ihrer leicht mobilisierbaren Armee, dank den Transportmitteln, über die sie verfügt, die größten Chancen, unsere Revolteversuche einen nach dem andern, in der Reihenfolge, in der sie aufflammen würden, zu ersticken … Daß die Kommune besiegt worden ist, lag hauptsächlich daran, daß sie auf Paris beschränkt war. Bei einem Generalstreik ist ein solcher Übelstand nicht zu befürchten. Die Schlacht würde an allen Punkten des Kampfgebietes fast gleichzeitig entbrennen …"[11] Seine in diesem Zusammenhang gemachte Bemerkung, beim möglichen Einsatz der Armee gegen die Streikenden könnten die Gewehre losgehen, aber nicht in die befohlene Richtung[12], war kein Aufruf zur Gehorsamsverweigerung, wie es ihm seine politischen Gegner bis an sein Lebensende unterstellten, sondern Ausdruck der Wunschvorstellung, mit dem Volk und der Republik verbundene Soldaten würden gegen streikende Arbeiter nicht schießen.

Nach teilweise hitzigen Debatten lehnte die Mehrheit der Delegierten die Regierungsbeteiligung ab. In einer zweiten angenommenen Entschließung wiederum wurde anerkannt, dass außergewöhnliche Umstände diese doch notwendig machen könnten. Dieser Kompromiss war gewissermaßen die Grundlage für das

---

10 Aubert, A., Briand, sa vie politique. L'orateur-l'homme-son œuvre, Paris 1928, S. 34.
11 Zit. nach: Margueritte, V., Aristide Briand, a.a.O., S. 81.
12 Ebd., S. 82.

neu gebildete Generalkomitee unter Leitung von Briand, das die Einigung der verschiedenen sozialistischen Strömungen beschleunigen sollte. Besonders erfolgreich war dessen Arbeit allerdings nicht. Den folgenden Kongress 1900 verließen die Guesdisten nach erbitterten Auseinandersetzungen, bildeten unter anderem mit den Blanquisten 1901 den *Parti Socialiste de France*, und im folgenden Jahr schlossen sich die Anhänger von Jaurès mit den Possibilisten in dem *Parti Socialiste Français* zusammen, dessen Generalsekretär Briand wurde.

Die im Gefolge der Dreyfus-Affäre eingetretenen Veränderungen im politischen Kräfteverhältnis fanden bei den Kammerwahlen 1902 eine weitere Bestätigung. Der Block der Linken – radikale Republikaner und Sozialisten – erhielt eine starke Mehrheit. Zu den 48 sozialistischen Abgeordneten gehörte – nach vier vergeblichen Versuchen – der inzwischen 40-jährige Briand, der in St.-Etienne kandidiert hatte. Er verdiente sich seine ersten Meriten, als er von Ministerpräsident Émile Combes beauftragt wurde, den durch die Erschießung eines Arbeiters zu eskaladieren drohenden Generalstreik der Bergarbeiter im Oktober 1902 friedlich beizulegen, was ihm auch gelang. In den Auseinandersetzungen um die Trennung von Kirche und Staat gewann Briand weiter an Ansehen und politischem Profil. Schon die Regierung Waldeck-Rousseau hatte die katholischen Kongregationen einer staatlichen Aufsicht unterstellt, sein Nachfolger Combes löste die klerikalen Orden auf und enteignete Klöster, und der ihm im Amt folgende Maurice Rouvier verfügte schließlich die Trennung von Kirche und Staat. Als Berichterstatter des vom Parlament beauftragten Ausschusses, der die Modalitäten dieser Trennung vorbereiten sollte, vertrat der vormals betont Antiklerikale nun den „religiösen Frieden", der der Trennung folgen sollte. „Der Entwurf, den man Ihnen vorlegen wird, soll es dem Staat ermöglichen, sich aus seinen Bindungen ohne Gewalt, fast ohne Bruch zu lösen; dem Lande wird daraus keinerlei Unruhe erwachsen, und dank der konfessionellen Neutralität des Staates werden am Tage nach der Trennung alle Glaubensgemeinschaften in derselben Freiheit wirken können, die sie vorher genossen haben."[13] Das Zustandekommen dieses Gesetzes und sein Inkrafttreten am 11. Dezember 1905 waren zweifellos in beachtlichem Maße das Verdienst Briands.

Schon Rouvier hatte bei der Bildung seines Kabinetts im Januar 1905 Briand das Unterrichts- und Kultusministerium angetragen. Aber seine sozialistischen Parteifreunde um Jaurès rieten ihm ab. Denen steckten noch die Kontroversen um

---

13 Zit. nach Baumont, M., Aristide Briand ..., a.a.O., S. 16. Siehe auch Aubert, A., Briand ..., a.a.O., S. 59ff.

den Eintritt Millerands in die Regierung in den Gliedern und sie fürchteten außerdem, dass eine erneute Zustimmung die Einigung der sozialistischen Bewegung behindern könne. Zudem akzeptierte Jaurès die Amsterdamer Beschlüsse des Kongresses der Zweiten Internationale von Mitte August 1904, in denen jeglicher Reformismus, Revisionismus und Ministerialismus – übrigens auch die Vorstellungen Briands vom Generalstreik – abgelehnt wurden. Die Sozialisten kündigten demzufolge ihre Mitarbeit im Linksblock auf, um die vom Amsterdamer Kongress geforderte Fusion der beiden sozialistischen Parteien nicht zu gefährden, die im April 1905 mit der Bildung der SFIO Wirklichkeit wurde. Zwar beteiligte sich Briand an den vorbereitenden Verhandlungen, aber diese Entwicklung war ihm ganz einfach deshalb zuwider, weil sie seine politische Bewegungsfreiheit einschränkte. Als Ferdinand Sarrien am 14. März 1906 nach dem Sturz Rouviers sein Kabinett bildete, zögerte Briand deshalb nicht, das ihm angebotene Unterrichts- und Kulturministerium anzunehmen und seinen Austritt aus der SFIO zu erklären. Deren Nationalrat kam ihm zuvor, indem er erklärte, mit seinen Eintritt in eine bürgerliche Regierung habe sich Briand selbst aus der Partei ausgeschlossen.

Die diesem ersten Ministeramt folgende und bis zu seinem Lebensende anhaltende politische Karriere Briands war selbst für die Verhältnisse der Dritten Republik mit ihren schnell wechselnden Kabinetten außerordentlich bemerkenswert. Der vielfache Ministerpräsident und Minister, der ab 1902 bis zu seinem Tode auch Abgeordneter der Kammer war, gehörte zu jenen Politikern, die sich in den wechselnden politischen Gegebenheiten und Kräfteverhältnissen hervorragend zurechtfanden, untereinander austauschbar waren und deshalb immer wieder auf die politische Bühne zurückkehrten. „Wer reüssieren will, muß sich opportunistisch anpassen und sollte es vermeiden, jemals absolute Positionen zu beziehen. Man überlebt nur mittels einer unendlichen Abfolge von Kompromissen. Unbestrittener Großmeister dieses Spiels ist Aristide Briand ... Es gibt keine Regierungskombination, in der er sich nicht einzufügen wüßte."[14]

Briand nur auf einen karrieresüchtigen Opportunisten reduzieren zu wollen, wäre sicherlich ungerecht und zu einseitig. Zeitgenossen und Biographen schildern ihn als einen Politiker mit großer Anpassungsfähigkeit. „Die Notwendigkeiten des Lebens lassen die Dogmen zerbrechen."[15] Die Politik war für ihn „nicht eine mit festen Größen operierende Wissenschaft, keine technische Angelegen-

---

14 Schwarz, H.-P., Das Gesicht des Jahrhunderts ..., a.a.O., S. 416f.
15 Zit. nach: Siebert, F., Aristide Briand ..., a.a.O., S. 49.

heit für Spezialisten und Ressortmenschen, sondern eine Kunst, beruhend auf den genannten Eigenschaften, die ihn auszeichneten: Intuition, Instinkt, Witterung, Kombination, zu gewinnen nicht aus Akten und Büchern, auch nicht durch eine bürokratische Laufbahn, sondern aus den Erfahrungen des Lebens, in der Arena des parteipolitische Enge sprengenden Wirkens und Ringens".[16] In diesem Sinne war es für Briand – dem vormals glühenden Verfechter des Generalstreiks – kein Problem, im Oktober 1910 als Ministerpräsident den Generalstreik der Eisenbahner drastisch zu beenden. Er erklärte ihn zu einer militärischen und wirtschaftlichen Gefahr für das Vaterland, ließ alle wehrpflichtigen Eisenbahner einberufen, die wichtigsten Streikführer festnehmen und drohte allen anderen bei Nichtwiederaufnahme der Arbeit mit der sofortigen Entlassung. Vor der Kammer, in der ihn seine ehemaligen sozialistischen Parteifreunde einen Renegaten und Verräter nannten, erklärte Briand, er hätte auch – wenn es nötig gewesen wäre – zu illegalen, sprich gewaltsamen Mitteln gegriffen. Er verleugne nichts aus seiner Vergangenheit, soll Briand einmal zu Jaurès gesagt haben, „aber ich passe mich an".[17]

Zu dieser Anpassungsfähigkeit Briands kam seine ausgeprägte Fähigkeit, Gegensätze auszugleichen, Kompromisse selbst in schwierigsten Situationen zu finden, auf die Argumente anderer einzugehen, zu taktieren und zu versöhnen. „Auf den ersten Blick vermag er eine Situation zu erfassen. Er verfügt über ein ausgeprägtes Taktgefühl; seine Worte treffen ohne zu verletzen. Wenn ein Argument nicht standhält, ein Plan fehlschlägt, so versteift er sich nicht darauf: er hat ein anderes Argument, einen anderen Plan zur Hand. Er kann sich gedulden, macht Umwege, um sein Ziel zu erreichen. Er setzt seine Ansichten auseinander, nimmt auch hier und da eine List zu Hilfe. Er verbeißt sich nicht blindwütend in ein Hindernis; er baut es ab oder er umgeht es. Das ist seine Art." Und das sei kein Zeichen der Schwäche, sondern „ein geschickter Segler müsse auch lavieren können, wenn er zwischen die Klippen gerät".[18] Für das daraus resultierende politische Handeln prägt er im Oktober 1909 als Ministerpräsident den Begriff *apaisement* und meinte damit eine Versöhnung und Befriedung möglichst aller Franzosen im Interesse der Republik und der Demokratie, worauf ihm Jaurès prompt vorwarf, eine Einigung Frankreichs in vorwiegend konservativem Sinne unter Führung eines ehemaligen Sozialisten wäre eine Paradoxie.[19]

---

16 Ebd.
17 Baumont, M., Aristide Briand ..., a.a.O., S. 29f.
18 Ebd., S. 31.
19 Siehe Siebert, F., Aristide Briand ..., a.a.O., S. 98.

Viel Wert legte Briand auf das persönliche Gespräch. Möglichst bei einem guten Essen faszinierte er seine Partner – ob Freund oder Feind – mit seinem Vermögen, ihnen das Gefühl zu geben, auf sie eingegangen zu sein, sie zu verstehen, ihnen Recht gegeben zu haben. Selbst Raymond Poincaré, der mit Briand wahrlich nicht freundschaftlich verbunden war, bewunderte „seinen Scharfblick, sein Feingefühl, seinen etwas katzenhaften Charme ... Bei keinem Menschen hatte ich eine gleiche Gabe des Bestrickens gesehen, wie bei ihm."[20]

Unbestritten ist, dass Briands Wirkung als Politiker insbesondere auf seiner Fähigkeit beruhte, jedes Auditorium durch seine Redekunst zu fesseln und zu beeinflussen. Mit traumwandlerischer Sicherheit vermochte er es, sich auf die Stimmungslage seiner Zuhörer einzustellen. „Er ist wie ein Zauberer, der mit seinen Worten auf der Klaviatur der ihm dargebotenen Empfindungen nach Belieben zu spielen vermag, um sie anzustacheln oder zu beruhigen, um zu begeistern und zu überzeugen."[21] Meist ging er ohne größere Aufzeichnungen an das Rednerpult, sich ganz auf seine Inspiration verlassend, denn alles „hängt von der Stimmung des Augenblicks ab."[22] Schon als junger Anwalt oder als Redner auf den Arbeiterversammlungen hatte er „die Musikalität seiner ungewöhnlichen Stimme"[23], die er je nach Situation zu modulieren verstand, wirkungsvoll eingesetzt. Diese durch Gestik und Mimik verstärkte Ausstrahlungskraft verschleierte allerdings teilweise die Dürftigkeit des Inhalts und auch der Rhetorik seiner Reden, so die ausgesprochen einfache Wortwahl und die Mängel und Ungenauigkeiten in der sachlichen Substanz. Seine Zuhörer wurden mehr verführt als durch Argumente überzeugt; man musste Briand hören und nicht lesen.

Überhaupt verließ sich Briand wohl mehr auf Intuition als auf Wissen und exakte Vorbereitung. Seine Hauptlektüre sollen Kriminalromane und Reisebeschreibungen gewesen sein, und seine Unwissenheit bezüglich historischer oder geographischer Gegebenheiten war sprichwörtlich. Seiner Arbeitswut waren enge Grenzen gesetzt, sie bezog sich mehr auf Meditieren, Parlieren und das Geben von Anweisungen als auf das Studium von Akten. Briand war ein Mann, „der hinsichtlich seiner intellektuellen Bildung und Interessen gewissermaßen über den geistigen Horizont des kleinbürgerlichen Provinzlers" nicht hinauskam, dessen geistige Fähigkeiten es ihm aber erlaubten, „gleichsam die Stufe des soliden

---

20 Poincaré, R., Memoiren. Die Vorgeschichte des Weltkrieges 1912–1913, Dresden 1928, S. 310.
21 Baumont, M., Aristide Briand ..., a.a.O., S. 36.
22 Ludwig, E., Führer Europas, Amsterdam 1934, S. 99.
23 Siebert, F., Aristide Briand ..., a.a.O., S. 57.

Sachwissens überspringend, zum ‚Verständnis' der Dinge und Menschen zu gelangen".[24]

Das alles ermöglichte es ihm, sich eben in nahezu jede politische Koalition einzufügen. Bis zum Ausbruch des Ersten Weltkrieges war er bereits dreimal Ministerpräsident und gleichzeitig oder in anderen Regierungen Kultur-, Justiz- und Innenminister, wobei er stets klug genug war, sich mit Anstand zurückzuziehen, wenn die Umstände gegen ihn waren. Und er überlebte auch schwerste politische Niederlagen wie die im Gefolge der dubiosen Affäre Lancken.

Als Ministerpräsident von Oktober 1915 bis März 1917 trug Briand entscheidende Verantwortung bei der Formulierung der Kriegsziele und der Kriegsführung. Seine Erklärung vor beiden Kammern am 3. November 1915 konnte patriotischer nicht sein. „Männer aller Parteien haben ihre trennenden Meinungsverschiedenheiten vergessen und sind sich nahegekommen; sie kennen nur noch eine einzige Sorge: die Landesverteidigung, und nur noch ein Ziel: den Sieg ... Soldaten und Offiziere wetteifern in gegenseitigem Vertrauen an Mut und entfalten im Schützengraben und auf dem Schlachtfeld die besten Eigenschaften unserer Nation. Täglich fügt ihr Kampfgeist dem Ruhmeskranze Frankreichs neuen Ruhm hinzu ... Wir haben den festen Willen zu siegen; wir werden siegen ..."[25] Nach seinem Rücktritt neigte er allerdings angesichts des Scheiterns der alliierten Frühjahrsoffensive im April 1917, die nach seinen Vorstellungen den Sieg hätte bringen sollen, zu einem Verständigungsfrieden mit Deutschland. Briand plante ein Treffen mit dem deutschen Diplomaten Oscar von der Lancken-Wakenitz im September 1917 in der Schweiz, um über die Modalitäten eines Kompromissfriedens zu verhandeln.[26] Auch wenn das Treffen wegen der ablehnenden Haltung der Regierung Alexandre Ribot und des Präsidenten Poincaré nicht zustande kam, warfen ihm insbesondere die politischen Kräfte um Clemenceau vor, in einer für das Land katastrophalen Situation mit dem Feind verhandelt zu haben, während er darauf beharrte, dass die Regierung eine Chance zum Frieden verpasst habe. Als Clemenceau im November 1917 Ministerpräsident wurde und sofort begann, mit den „Defaitisten" und „Verrätern" im eigenen Lager aufzuräumen, entging Briand nur knapp einem Prozess, und der „Tiger" drängte ihn für Jahre in das politische Abseits.

---

24 Ebd., S.53.
25 Zit. nach: Grothe, G., Briand, Berlin 1948, S. 49.
26 Siehe u.a. Margueritte, V., Aristide Briand, a.a.O., S. 211ff; Siebert, F., Aristide Briand ..., a.a.O., S. 194ff.

So war es nicht verwunderlich, dass Clemenceau seinen Widersacher trotz Fürsprache von verschiedenen Seiten auch von den Friedensverhandlungen ausschloss. Briand hielt sich in der Wertung der Verhandlungsergebnisse in der Öffentlichkeit zurück und stimmte in der Ratifizierungsdebatte am 3. Oktober 1919 für den Vertrag. „Die Stunde ist ernst; der Frieden ist noch nicht hergestellt; die Situation bleibt bedrohlich. Die Verträge werden uns nur das geben, was Frankreich aus ihnen herauszuholen versteht ... Ich liebe mein Land zu sehr, um in einem solchen Augenblick einen anderen Gedanken zu haben als den, ihm bestens zu dienen."[27] Briand beglich seine Rechnung mit Clemenceau im Januar 1920, als die nach Ablauf der Amtszeit Poincarés fällige Neuwahl des Präsidenten der Republik anstand. Clemenceau hatte kein Geheimnis daraus gemacht, dass er sich für den einzig möglichen Nachfolger im Amt des Präsidenten der Französischen Republik hielt. Der „Vater des Sieges" sah darin einen verdienten und krönenden Abschluss seiner politischen Laufbahn. Briand organisierte hinter den Kulissen der offiziellen Debatte den Widerstand gegen Clemenceau und verhinderte so maßgeblich dessen Wahl zum Staatspräsidenten.[28]

Dessen ungeachtet stand nunmehr die Umsetzung des Vertragswerkes an, und das hieß in erster Linie die Bestimmung des Kurses gegenüber dem besiegten Deutschland. Dabei zeichneten sich sehr schnell zwei Richtungen ab.[29] Für die eine blieb Deutschland für immer eine kriegerische Nation und der Feind Frankreichs, was eine Aussöhnung zwischen beiden Ländern unmöglich machen und eine militärische Überlegenheit Frankreichs erfordern würde. Deutschland müsse – so schon Clemenceaus Stoßrichtung während der Verhandlungen in Paris – auf Dauer geschwächt werden oder – wenn das nicht erreichbar sei – sollte ihm mindestens für eine Generation eine Koalition der Alliierten entgegengestellt werden.[30] Die strikte und vollständige Umsetzung des Versailler Vertrages, vor allem die Eintreibung der Reparationen, war damit ehernes Gesetz. Für die zweite Richtung garantierte nur die Aussöhnung mit Deutschland die Sicherheit Frankreichs. Sie trat für die generelle Ächtung des Krieges als Mittel der Politik und für den Völkerbund als internationales Schiedsgericht ein, zumal die erste Variante angesichts des realen internationalen Kräfteverhältnisses in wachsendem Maße die Gefahr einer Isolation Frankreichs in sich barg. Die Verwirklichung der zwei

---

27 Zit. nach: Aubert, A., Briand ..., a.a.O., S. 128.
28 Vgl. Duroselle, J.-B., Clemenceau, Paris 1988, S. 850ff.
29 Rémond, R., Frankreich im 20. Jahrhundert. Erster Teil 1918–1958, Stuttgart 1994, S. 91ff.
30 Shirer, W. L., Der Zusammenbruch Frankreichs. Aufstieg und Fall der Dritten Republik, München/Zürich 1970, S. 148.

entscheidenden Ziele der französischen Politik – die Sicherheit des Landes und die Zahlung der Reparationen durch Deutschland – sollten nicht gegen, sondern mit Europa, und das hieß letztlich mit Deutschland angestrebt werden.[31] Die Debatten darüber spalteten Frankreichs Öffentlichkeit und auch die Politik bis in die 30er Jahre in zwei Lager[32], wobei die Übergänge lange fließend blieben.

Es war nicht verwunderlich, dass die im November 1919 noch im Siegestaumel gewählte Regierung Millerand, die den rechten *Bloc national* repräsentierte, einer Politik der harten Hand gegenüber Deutschland das Wort redete. Der wieder zur Macht strebende Briand empfahl sich der nationalistischen Mehrheit der Kammer im April 1920, indem er den Friedensvertrag kritisierte und die unbedingte Absicherung der Ergebnisse des Sieges forderte. Als Millerand im September 1920 zum Präsidenten der Republik gewählt wurde – der an Stelle von Clemenceau gewählte Paul Deschanel war in Geistesverwirrung aus der Eisenbahn gestürzt und musste von seinem hohen Amt abgelöst werden – war der Weg frei: im Januar 1921 wurde Aristide Briand Regierungschef und gleichzeitig Außenminister.

In seiner Regierungserklärung forderte er unverändert die uneingeschränkte Realisierung des Friedensvertrages: „Wir haben einen Friedensvertrag; wir haben noch nicht den wirklichen Frieden, der allein solid und dauerhaft ist; den Frieden der Gerechtigkeit und der Moral, der die wesentlichen Rechte Frankreichs und seine Sicherheit gewährleistet. Wir erlangen diese Sicherheit nur, wenn Deutschland entwaffnet ist."[33] Frankreich verlange nur, was man ihm schulde und es habe die Macht, die Respektierung der eingegangenen Verpflichtungen zu erzwingen. Aber Frankreich sei friedlich und erwarte nichts Unmögliches. Als die deutsche Regierung Ende Februar 1921 den französisch-britischen Plan zur endgültigen Regelung der Reparationen ablehnte, ließ Briand am 8. März die linksrheinischen Städte Duisburg, Ruhrort und Düsseldorf besetzen, verhängte eine Abgabe auf deutsche Einfuhren in alliierte Länder und errichtete eine Zollgrenze am Rhein. Am 5. April drohte er im Senat, dass Deutschland, wenn es seinen Verpflichtungen nicht nachkomme, eine starke Hand am Kragen packen werde und vor der Kammer folgte eine Woche später die mit großem Beifall der rechten Kammermehrheit quittierte Ankündigung, der Gendarm werde dem Gerichtsvollzieher folgen, um die Erfüllung der Forderungen zu erzwingen.[34] Während der französisch-

---

31 Vgl. Siebert, F., Aristide Briand ..., a.a.O., S. 244.
32 Rémond, R., Frankreich im 20. Jahrhundert ..., a.a.O., S. 94.
33 Zit. nach: Aubert, A., Briand ..., a.a.O., S. 131f.
34 Ebd., S. 136.

britischen Verhandlungen Ende April/Anfang Mai 1921 forderte er die Besetzung des Ruhrgebietes, erließ neue Einberufungsbefehle und verzichtete auf den militärischen Einsatz nur, weil gemeinsam mit Großbritannien Deutschland ultimativ ein neuer Plan zur Zahlung der Reparationen vorgelegt wurde, den Berlin annahm.

Sicher ist Briand zugute zu halten, dass diese militante Haltung auch den Mehrheitsverhältnissen der Kammer und der Einsicht, nur so den Widerstand Deutschlands brechen und gleichzeitig Großbritannien zu einer solidarischen Haltung in der Reparationsfrage zwingen zu können, geschuldet war. Stimmen, er habe so gehandelt, um wirkliche militärische Aktionen durch eine Regierungsübernahme der sich nationalistisch gebärdenden Gruppe um Poincaré zu verhindern, sind ebenso nicht von der Hand zu weisen wie seine Warnungen vor einer Isolierung Frankreichs durch einseitige Gewaltanwendung ohne Ab- oder Zustimmung der Alliierten.

Trotzdem geriet Briand immer stärker ins Kreuzfeuer der Kritik seiner rechten Gegner. Als es ihm auf der Washingtoner Konferenz zur Begrenzung der Rüstung im November 1921 nicht gelang, eine politisch-militärische Garantie für Frankreichs Sicherheit in Europa von den USA zu erhalten, warfen sie ihm bei seiner Rückkehr „leere Koffer" vor. Zur offenen Konfrontation kam es während der Verhandlungen des Obersten Alliierten Rates Anfang Januar 1922 in Cannes, als Briand den britischen Vorschlag aufgriff, die Haltung Frankreichs in der Reparationsfrage im Austausch gegen ein militärisches Beistandsversprechen der Briten zu lockern.[35] Mit dem direkten Eingriff von Staatspräsident Millerand in die laufenden Debatten entzog er Briand sein Vertrauen und damit die Möglichkeit, im Namen Frankreichs Verhandlungen führen zu können. Entgegen den parlamentarischen Regeln beschloss der Ministerrat unter Leitung des Präsidenten die – Briand desavouierende – Ablehnung der Vorschläge und riskierte damit das Scheitern der Verhandlungen, zumal der Inhalt der geheimen Telegramme Millerands an Briand auch noch im *Matin* sicher nicht zufällig veröffentlicht wurden. Briand trat daraufhin – einer Abwahl zuvorkommend – am 12. Januar zurück. Mit Poincaré als neuem Regierungschef setzte die Außenpolitik ohne Abstriche auf militärische Stärke und unerbittlichen Druck gegenüber Deutschland, damit auch eine Isolierung Frankreichs in Kauf nehmend, die durch den Vertrag von Rapallo einen ersten sichtbaren Ausdruck und in der französisch-belgischen Ruhrbesetzung 1923 ihren Höhepunkt fand.

---

35 Vgl. Rémond, R., Frankreich im 20. Jahrhundert ..., a.a.O., S. 94.

Die zermürbenden innenpolitischen Auseinandersetzungen der letzten Monate, die Erfahrungen, die er auf der Vielzahl der internationalen Beratungen sammeln konnte und letztlich die Niederlagen in Washington und Cannes leiteten die Wende in den Vorstellungen Briands über eine erfolgreiche Außenpolitik ein. Das, was man *Poincarisme* und *Briandisme* nannte, waren die Synonyme für die zwei außenpolitischen Richtungen bei der Durchsetzung der Interessen Frankreichs. *Briandisme* stand für eine Absage an die Politik des Alles oder Nichts, für die Sicherung der französischen Interessen nicht durch eine einseitige Anwendung von Gewalt gegenüber Deutschland, sondern durch eine möglichst im Bündnis mit Großbritannien vorangebrachte und von beiden Staaten geführte europäische Zusammenarbeit sowie eine Art kollektives Sicherheitssystem, in das Deutschland eingebunden werden sollte.

Die veränderte Haltung Briands wurde im Wahlkampf 1924 deutlich. Der nun 62-Jährige, der das *Cartel des Gauches* massiv und wirksam unterstützte, griff die Politik des *Bloc national* scharf an, bezeichnete sie als Gefahr für das Land und forderte den Zusammenschluss aller republikanischen Kräfte. In seiner Wahlrede am 26. Februar 1924 erklärte er, nur wenn Frankreich das Land der Revolution und der Freiheit bleibe, könne es auch eine gute Außenpolitik führen, und die wahre Stärke Frankreichs sei moralischer und nicht militärischer Art.[36] Die Wahlen brachten – nicht zuletzt auch wegen des Streites um die Ruhrbesetzung – einen großen Erfolg der Linkskräfte und in seinem Gefolge auch den Rücktritt des Präsidenten Millerand. Zu dessen Nachfolger wurde am 13. Juni 1924 Gaston Doumergue gewählt. Der neuen Regierung des Radikalsozialisten Édouard Herriot gehörte Briand nicht an. Die scharfen parteipolitischen Auseinandersetzungen während des Wahlkampfes ließen die Übernahme des ehemaligen Außenministers des *Bloc national* in das gleiche Amt der Regierung des Linkskartells noch nicht zu.

Die neue Regierung vollzog den Wechsel zu der nun auch von Briand gewollten realistischen Außenpolitik, zumal mit der auf der Londoner Konferenz (16. Juli bis 16. August 1924) auf der Grundlage des Dawes-Plans ausgehandelten Reparationslösung die von Poincaré praktizierte Deutschlandpolitik zur Illusion wurde. Die amerikanischen Geldgeber bestanden auf dem Abzug aller Truppen aus dem Ruhrgebiet und auf der Verpflichtung Frankreichs, keinerlei einseitige Zwangsmaßnahmen gegenüber Deutschland zu ergreifen. „Weder kam es zu dem erhofften britisch-französischen Pakt noch zu einer Regelung der französischen

---

36 Vgl. Aubert, A., Briand …, a.a.O., S. 162ff; Siebert, F., Aristide Briand …, a.a.O., S. 279f.

Schulden bei den USA oder zu Vorkehrungen gegen eine deutsche Wiederaufrüstung. Damit war die künstliche Hegemonie Frankreichs über den Kontinent zu Ende und gleichzeitig nicht nur der Weg zur nachträglichen Verwirklichung der Hegemonialpläne versperrt; es waren auch Barrieren gegen eine Rückkehr zur deutschen Hegemonie beiseite geräumt."[37] Die Außenpolitik der Dritten Republik befand sich wahrlich im Zugzwang, auch wenn der britische Premierminister Ramsay MacDonald zugesichert hatte, das französische Sicherheitsbedürfnis im Rahmen des Völkerbundes zu lösen.

Im September 1924 ernannte Herriot Briand zum offiziellen Delegierten der Regierung beim Völkerbund, dem die französische Außenpolitik nunmehr einen größeren Stellenwert für die Durchsetzung ihrer Ziele einräumte. Damit begann für Briand „die entscheidende Phase seiner politischen Karriere"[38]. Alles, was ihn als Menschen und Politiker auszeichnete, etwa sein Opportunismus, seine Fähigkeit die jeweilige Stimmungslage zu erfassen, ausgleichend zu wirken und Kompromisse zu schließen, sein persönlicher Charme, seine Überredungskunst, kam auf der Genfer Bühne voll zu Geltung. Für Jahre wurde er zur dominierenden Persönlichkeit der Organisation, genoss höchstes Ansehen und trug ohne Zweifel auch wesentlich zum Prestigegewinn des Völkerbundes in dieser Zeit bei. Zudem kehrte Briand im April 1925 als Außenminister in den Quai d'Orsay zurück und blieb – für die politischen Verhältnisse der Dritten Republik nahezu unvorstellbar – in diesem Amt bis Januar 1932 kurz vor seinem Tode. Er hatte sogar Privatgemächer im Außenministerium und soll nur zu offiziellen Anlässen sein Arbeitszimmer aufgesucht haben. „In all diesen Jahren bedeutete die ununterbrochene Amtsführung Aristide Briands im Quai d'Orsay Garantie und Symbol der Kontinuität französischer Außenpolitik über alle Mehrheitswechsel hinweg ... Das Ansehen Aristide Briands im In- und Ausland erreichte enorme Ausmaße und färbte auf Frankreich ab."[39] Der „unabsetzbare" Außenminister war außerdem 1925, 1926 und 1929 noch gleichzeitig Ministerpräsident.

Briand sah im Völkerbund – wie er im September 1924 in einem Artikel für die Zeitschrift *L'Europe Nouvelle* schrieb – die internationale Administration, die allein den Frieden zwischen den Nationen sichern könne, indem sie die Welt mit einem Netz von Verpflichtungen und Sanktionen überzog. „Hier treffen sich die Außenminister oder ihre Vertreter, um im Geiste internationaler Solidarität eine

---

37 Loth, W., Geschichte Frankreichs im 20. Jahrhundert, Frankfurt am Main 1992, S. 68.
38 Siebert, F., Aristide Briand ..., a.a.O., S. 287.
39 Rémond, R., Frankreich im 20. Jahrhundert ..., a.a.O., S. 111.

Methode für die Wahrnehmung der außenpolitischen Interessen ihrer Länder zu finden, mit dem Ziel, jedem einzelnen und allen Sicherheit zu garantieren. Das Recht auf Sicherheit ist so vital wie das Recht auf Brot, das Recht auf Arbeit, das Recht auf Bildung. Es kann nur gewährleistet werden durch das Zusammenwirken der Mächte an einem großen Unternehmen auf Gegenseitigkeit ..."[40] Diese Intentionen entsprachen denen von MacDonald und Herriot – sozusagen in Auswirkung der Londoner Konferenz – initiierten „Genfer Protokoll", das Briand am 1. Oktober 1924 bei seinem ersten Auftritt vor dem Völkerbund präsentierte.

Gemäß dieses Protokolls sollten sich alle Mitgliedsländer verpflichten, bei Konfliktfällen den Völkerbundrat um Schlichtung anzurufen, der seinerseits ermächtigt werden sollte, wirtschaftliche und militärische Sanktionen gegen solche Länder zu verhängen, die sich an die getroffenen Beschlüsse nicht hielten. „Alle werden gemeinsam einem einzigen zu Hilfe eilen ... alle verpflichten sich, einander die Hände zu reichen, einander Hilfe zu leisten, wenn einem unter ihnen Gefahr droht", betonte Briand in seiner Rede. Wenn dieses kollektive Sicherheitssystem geschaffen sei, könne mit der Abrüstung begonnen werden und Frankreich würde dabei vorangehen. „Das französische Volk ersehnt leidenschaftlich eine Erleichterung seiner militärischen Lasten, die es schwer bedrücken; es ist bereit, sie einzuschränken. Sobald Sie ihm eine Garantie seiner Sicherheit geben, werden Sie es an der Spitze derer finden, die das große Problem der Abrüstung anpacken."[41] Die Hoffnungen nicht nur Briands, damit – nach den erzwungenen Zugeständnissen auf der Londoner Konferenz – eine neue Sicherheit vor deutscher Revanche zu gewinnen, zerstoben, als die nach der Abwahl MacDonalds regierenden britischen Konservativen mit Premierminister Stanley Baldwin im März 1925 das Protokoll ablehnten.

Angesichts dessen erschien der Abschluss des Locarnovertrages nur wenige Monate später nahezu sensationell. Er wurde möglich, weil Briand nunmehr die Verständigung mit Deutschland suchte, auch in der Erkenntnis, dass die Zeit drängte. „Dabei war ihm bewußt, daß ein solches Arrangement nicht ohne weitere französische Zugeständnisse zu haben war; doch sah er ebenso deutlich, daß in einer kompromißbereiten Haltung tatsächlich die einzig verbliebene Chance Frankreichs lag, den deutschen Wiederaufstieg in erträglichen Grenzen halten zu können."[42] Und Briand fand im deutschen Außenminister Stresemann einen

---

40 Ebd., S. 292; Aubert, A., Briand ..., a.a.O., S. 170.
41 Zit. nach: Aubert, A., Briand ..., a.a.O., S. 172.
42 Loth, W., Geschichte Frankreichs im 20. Jahrhundert, a.a.O., S. 70.

Partner, der seinerseits davon ausging, dass die von Deutschland gewünschte Revision des Versailler Vertrages nicht einseitig, sondern nur im Einvernehmen mit den USA und Großbritannien sowie unter Beachtung des französischen Sicherheitsbedürfnisses durchsetzbar war. Zu der „einmalig vorteilhaften Konstellation"[43], von der Briand und Stresemann profitieren konnten, gehörte auch, dass Großbritannien im Interesse seiner „Balance of Power-Politik" die Befriedung der Konflikte auf dem Kontinent unter seiner führenden Mitwirkung und im Rahmen des Völkerbundes positiv betrachtete, die USA vitales Interesse an einem kauffähigen europäischen Großmarkt, dem die handelspolitischen Beschränkungen des Versailler Vertrages entgegenstanden, hatten und die Regierungen beider Länder in latenter Furcht vor einer Bolschewisierung Ost- und Mitteleuropas lebten.[44] Briand und Stresemann gelang es außerdem, ihre außenpolitischen Aktionen trotz wechselnder innenpolitischer Konstellationen durchzusetzen, auch wenn sich Briand immer dem Vorwurf von rechts ausgesetzt sah, die Interessen seines Landes vernachlässigt zu haben. Dabei waren beide – nicht zuletzt auch durch die Erfahrungen der Kriegs- und Nachkriegszeit – Vertreter eines aufgeklärten Nationalinteresses[45], gingen pragmatisch an die Lösung der Probleme heran, auch wenn ihre Ausgangspunkte entgegengesetzt waren. „Während Briand durch Elastizität, Anlehnung an England sowie Annäherung an Deutschland und dessen Einbau in ein kollektives System das Wesentliche des Friedensvertrags für die Zukunft zu sichern suchte, war und blieb Stresemann in seinem Innersten ein überzeugter Gegner der Versailler Ordnung, auf deren Revision er hinzielte."[46]

So war es nicht verwunderlich, dass die Initiative für die Verhandlungen in Locarno von Deutschland ausging. Am 9. Februar 1925 hatte die deutsche Regierung in Paris ein Memorandum übergeben, in dem eine gegenseitige Kriegsverzichtserklärung der am Rhein interessierten Mächte – England, Frankreich, Italien, Deutschland – mit Anerkennung des Status quo im Westen und Schiedsverträge mit allen Nachbarn vorgeschlagen wurde. Außerdem sollte dieser Sicherheitspakt in ein – so es zustande käme – weltweites Sicherheitssystem eingegliedert werden können. Briand begriff das Angebot als große Chance und war gewillt, unter Einsatz seiner ganzen Person die anstehenden Verhandlungen zum

---

43 Schwarz, H.-P., Das Gesicht des Jahrhunderts ..., a.a.O., S. 422.
44 Vgl. Michalke, W., Deutsche Außenpolitik 1920–1933, in: Bracher, K. D./Funke, M./Jacobson, H.-A. (Hrsg.), Die Weimarer Republik 1918–1933, Bonn 1988, S. 315.
45 Schwarz, H.-P., Das Gesicht des Jahrhunderts ..., a.a.O., S. 421.
46 Siebert, F., Aristide Briand ..., a.a.O., S. 308.

Erfolg zu führen. Die sehr schwierigen Vorgespräche erwiesen sich allerdings schnell als ein von allen Seiten geführtes Machtpoker, das mit dem später beschworenen „Geist von Locarno" wenig zu tun hatte.

Briands Antwortnote, die er im Mai 1925 zur Abstimmung nach London schickte, enthielt ein Maximalprogramm: Die Friedensverträge dürften in keiner Weise angetastet werden, die Friedensgarantie im Westen und Osten müsse als unteilbares Ganzes begriffen werden, die zwischen Deutschland und seinen östlichen Nachbarn abzuschließenden Schiedsverträge seien von den Westmächten zu garantieren, und Deutschland habe bedingungslos dem Völkerbund beizutreten und damit auch Artikel 16 der Satzung zu akzeptieren. Die in diesem Artikel vorgesehenen kollektiven Sanktionen gegen einen möglichen Friedensbrecher hätten beispielsweise bei einer sowjetrussischen Intervention gegen Polen ein französisches Durchmarschrecht durch Deutschland ergeben.[47]

Aber schon bei den ersten Absprachen hatte die britische Regierung zu erkennen gegeben, dass sie ihre Sicherheitsgarantie auf die Rheingrenze beschränken würde, was die Ablehnung der französischen Forderung nach einer ebensolchen Garantie für die deutschen Ostgrenzen, insbesondere für die deutsch-polnische Grenze, bedeutete. Briand musste sich dem beugen und auch die deutsche Seite meldete in ihrer Antwort auf seine Vorstellungen ernsthaften Widerspruch an. Sie lehnte die Unantastbarkeit der Friedensverträge ab, forderte die Möglichkeit einer friedlichen Revision und Rückwirkungen auf die militärische Besetzung deutscher Gebiete, was die Festlegung von Räumungsterminen bedeutete. Die Schiedsverträge mit Polen und der Tschechoslowakei sollten keine Anerkennung der Grenzen bedeuten und die französische Garantie für diese Verträge wurde abgelehnt. Außerdem forderte die Berliner Regierung eine gesonderte Interpretation des Artikels 16, die Deutschland vor dem Zwang einer Wahl zwischen den Westmächten und der Sowjetunion bewahren würde.

Am 5. Oktober 1925 begann die Locarnokonferenz, auf der erstmalig nach dem Krieg Franzosen und Deutsche offiziell, gleichberechtigt und direkt miteinander verhandelten und auf der sich auch Briand und Stresemann zum ersten Mal trafen. Bei herrlichem Oktoberwetter füllten 150 Delegierte der am geplanten Sicherheitspakt beteiligten Staaten und über 200 Journalisten das malerische Städtchen am Lago Maggiore. Im Rathaussaal von Locarno war Briand zweifellos in seinem Element. Sein Auftreten und sein Verhandlungsgeschick bestimmten weitgehend die Atmosphäre. Er führte zahlreiche persönliche Gespräche, traf

---

47 Siehe ebd., S. 310f.

sich geheim mit dem deutschen Reichskanzler Hans Luther in einem Gasthaus in Ascona, organisierte anlässlich des Geburtstages der Gattin des britischen Außenministers Chamberlain unter Teilnahme der Diplomaten und der Presse eine Bootsfahrt auf dem Lago Maggiore und meisterte durch seine lockere Form der Verhandlungsführung auch die schwierigsten Gesprächsphasen.

Aber letztlich war das Zustandekommen der Verträge seiner – durch die Umstände erzwungenen – Kompromissbereitschaft zu verdanken. Man einigte sich zwar sehr schnell über die Modalitäten des Rheinpaktes, aber hinsichtlich der Wirksamkeit des Artikels 16 für Deutschland kam es zwischen Stresemann und Briand zu heftigen Auseinandersetzungen, bei denen der deutsche Außenminister mit dem Scheitern der Konferenz drohte. Briand musste nachgeben und dem Kompromiss zustimmen, nach dem bei einer Anwendung dieses Artikels auf die militärische und geographische Lage Deutschlands Rücksicht genommen werden sollte. Stresemann gelang es auch – als Pendant zum Rheinpakt – eine Garantie der deutschen Ostgrenzen zu verhindern. Mit Entsetzen nahm Briand die Forderung Stresemanns entgegen, der Rheinpakt müsse auch Konsequenzen für die besetzten deutschen Gebiete haben, da die Sicherheit Frankreichs nun nicht mehr durch die Anwesenheit von Soldaten auf deutschem Territorium geschützt werden brauche. Briand stimmte dieser Logik zwar zu, hütete sich aber, „das Ausmaß der deutschen Forderungen zu veröffentlichen, um die Politik der Annäherung nicht zu gefährden, und er bat auch Stresemann, von einer öffentlichen Bekanntgabe abzusehen"[48]. Die innenpolitischen Folgen wären für Briand unabsehbar gewesen.

Am 16. Oktober 1925 paraphierten die Delegationsleiter die Verträge und Abkommen.[49] Briand sprach von einem neuen Europa, das vom Locarnovertrag aus entstehen müsse, von einem neuen Zeitalter des gegenseitigen Vertrauens und von der glättenden Wirkung des Vereinbarten für die noch vorhandenen Differenzen zwischen Frankreich und Deutschland.[50] Schlagartig war Briand die

---

48 Baumont, M., Aristide Briand ..., a.a.O., S. 61.
49 Dazu gehörten: Vertrag von Locarno (Sicherheitspakt, Rheinpakt) zwischen Deutschland, Belgien, Frankreich, Großbritannien und Italien (Anlage A), Schiedsabkommen zwischen Deutschland und Belgien (Anlage B), Schiedsabkommen zwischen Deutschland und Frankreich (Anlage C), Schiedsvertrag zwischen Deutschland und Polen (Anlage D), Schiedsvertrag zwischen Deutschland und der Tschechoslowakei (Anlage E). Außerdem gaben die Partnerstaaten der deutschen Delegation eine Interpretation des Artikels 16 der Völkerbundsatzung (Anlage F). Vgl. Handbuch der Verträge 1871–1964. Verträge und andere Dokumente aus der Geschichte der internationalen Beziehungen, hrsg. v. Helmuth Stoecker unter Mitarbeit von Adolf Rüger, Berlin 1968, S. 243ff.
50 Vgl. Aubert, A., Briand ..., a.a.O., S. 180f.

populärste Figur in Frankreich und in der Welt geworden[51], gefeiert als der Mann, der nach dem Krieg und dem Versailler Vertrag den wirklichen Frieden gebracht habe. Und tatsächlich schien der Vertrag von Locarno die Feinde von gestern ausgesöhnt und damit den Frieden dauerhaft gesichert zu haben. Deutschland hatte sich am Verhandlungstisch verpflichtet, seine Westgrenzen nicht mit Gewalt zu revidieren und die Unterschrift vor allem Großbritanniens brachte die Sicherheitsgarantie, die Frankreich – durch die Weigerung des amerikanischen Senats den Versailler Vertrag zu ratifizieren – 1920 nicht erhalten hatte. Genau auf diesen Zusammenhang – Locarno als Ergänzung von Versailles – verwies Briand mit Nachdruck, als er am 26. Februar 1926 die Ratifizierung des Vertrages von der Kammer forderte[52] und auch mit überwältigender Mehrheit erhielt.

Man kann Briand zu Gute halten, dass er auch im allgemeinen Begeisterungstaumel nach Locarno die Begrenztheit und Brüchigkeit des Vertrages nicht übersah. Weder war eine Garantie der deutschen Ostgrenze erreichbar gewesen, noch schloss Locarno eine deutsche Revision des Versailler Vertrages aus. „Schafft er die Voraussetzung absoluter Sicherheit? Macht er den Krieg unmöglich? Ein Ja wage ich nicht auszusprechen. Ich will meinem Lande nichts vormachen." Und an seine Kritiker gewandt versicherte er, dass der Vertrag von Locarno Frankreich nichts von seiner Wehrhaftigkeit genommen, aber ihm seine ganze moralische Kraft wiedergegeben habe. Aber woran Briand auch in den kommenden Jahren unbeirrt und allen gegenläufigen Bestrebungen zum Trotz festhielt war die Hoffnung, Locarno sei ein Anfang auf dem Weg zum endgültigen europäischen Frieden und damit zur Sicherheit seines Landes. Er malte das Bild von Locarno als Keim eines Ölbaums, der nicht zerstört werden darf. „Die Friedensgöttin ist eine anspruchsvolle Geliebte, anspruchsvoller als die des Krieges."[53] Aber in der Realität erwies sich sehr schnell, dass die Verhandlungspartner im Rathaus von Locarno – wie beim Zustandekommen des Vertrages – nun auch bei seinen möglichen Auswirkungen von sehr unterschiedlichen Vorstellungen ausgingen. Im Grunde genommen wollte jeder für die gemachten Konzessionen schnellstmögliche Kompensation. In diesen sofort nach Locarno beginnenden Auseinandersetzungen war Frankreich und damit Briand angesichts der inneren Schwächen – wie gravierender Finanzmisere, Inflation, Rückwirkungen der kolonialen

---

51 Siebert, F., Aristide Briand ..., a.a.O., S. 326.
52 Die Rede ist enthalten bei Kolb, A., Versuch über Briand, Berlin 1929, S. 175ff; Journal officiel, 27. Februar 1926.
53 Kolb, A., Versuch über Briand, a.a.O., S. 177 und S. 185.

Gewalt gegen die Rifkabylen in Marokko und die Drusen in Syrien, kurzfristig aufeinander folgende Kabinette – nicht in der besten Position. Auch wenn Briand Außenminister blieb, die 1926 erfolgte und bis 1929 andauernde Regierungsübernahme durch Poincaré erzwang außerdem einen ständigen Kompromiss zwischen den zwei Richtungen in der außenpolitischen Orientierung des Landes.

Anfang 1926 wurden entsprechend der in Locarno getroffenen Vereinbarungen die alliierten Besatzungstruppen aus der Kölner Zone abgezogen, ohne auf die im Versailler Vertrag festgelegten Entwaffnungsvorschriften zu bestehen. Den am 24. April 1926 abgeschlossenen deutsch-sowjetischen Freundschafts- und Neutralitätsvertrag, mit dem Deutschland das Gleichgewicht in seinen Ost-West-Beziehungen herstellte, nahm die französische Politik gezwungenermaßen und mit Unbehagen zur Kenntnis. Am 8. September 1926 wurde Deutschland als ständiges Ratsmitglied in den Völkerbund und damit wieder in den Kreis der Großmächte aufgenommen.

Auf dem Festakt am 10. September hielt Briand eine seiner eindrucksvollsten Reden. Wie häufig ohne jedes Manuskript sprechend, setzte er nochmals seine ganze Überzeugungskraft ein und zog die Versammlung in seinen Bann, die ihn mit Ovationen dankte, ihn und Frankreich hochleben ließ. „Ist es nicht ein ergreifendes, erbauliches und ermutigendes Schauspiel, daß nur wenige Jahre nach dem schrecklichsten Krieg, der jemals die Welt verwüstete, die gleichen Völker, die so hart aufeinandergestoßen sind, sich nun in dieser friedlichen Versammlung vereinen und sich gegenseitig ihren gemeinsamen Willen zum Zusammenwirken bei dem Werk des allgemeinen Friedens bestätigen. Welche Hoffnung für die Völker! ... Keine Kriege mehr, keine brutalen blutigen Lösungen mehr für unsere Differenzen. Natürlich sind die Differenzen nicht verschwunden, aber von nun an wird der Richter Recht sprechen." Und er fuhr unter begeisterter Zustimmung fort: „Weg mit den Gewehren, weg mit den Mitrailleusen, weg mit den Kanonen! Freie Bahn für Versöhnung, Schiedsspruch und Frieden!" Solange er die Ehre habe, sein Land in dieser Versammlung zu vertreten, könnten die deutschen Vertreter ganz auf seine loyale Mitarbeit rechnen.[54] Vieles spricht dafür, dass Briand zu diesem Zeitpunkt tatsächlich glaubte, sein mit nahezu missionarischem Eifer immer wieder vorgetragener Friedensappell könne die machtpolitischen Gegensätze überwinden und seine Politik der Zugeständnisse Deutschlands Revisionsstreben beenden.

---

54 Zit. nach: Siebert, F., Aristide Briand ..., a.a.O., S. 379f. Siehe auch: Aubert, A., Briand ..., a.a.O., S. 206f.

Unmittelbar nach der Aufnahme Deutschlands in den Völkerbund traf sich Briand mit Stresemann am 17. September 1926 in dem in der Nähe von Genf gelegenen Thoiry. Auf diesem geheim gehaltenen Treffen sollte eine politische Gesamtlösung für die das Verhältnis beider Länder belastenden Fragen diskutiert und gefunden werden. Das Fazit des mehrstündigen Gesprächs bestand in einem Tauschgeschäft: Deutschland sollte einen Beitrag zur Stabilisierung des stark schwächelnden Franc durch die Mobilisierung eines Teils der Reichsbahnobligationen leisten und Briand stellte die Räumung des Rheinlandes, die Aufhebung der alliierten Militärkontrolle und die Rückgabe des Saargebietes gegen Bezahlung der Kohlenzechen in Aussicht. Der Vorschlag blieb nicht nur deshalb Makulatur, weil die USA und Großbritannien Widerstand leisteten und es Poincaré durch eigene Anstrengungen gelang, den Franc zu stabilisieren. Offensichtlich hatten auch eine Mehrheit der Politiker in Paris und eine breite Öffentlichkeit starke Vorbehalte gegen die Zugeständnisse an Deutschland. Briand wurde bei seiner Rückkehr aus Genf am Bahnhof von einem Pfeifkonzert empfangen, man beschuldigte ihn der leichtfertigen Preisgabe französischer Faustpfänder und er war bald gezwungen, die eigentliche Bedeutung von Thoiry im Interesse seines politischen Überlebens tunlichst zu verschleiern.

Überhaupt geriet Briand, der zusammen mit Stresemann im Dezember 1926 den Friedensnobelpreis erhalten hatte, mit seinen Auffassungen immer mehr in die Defensive. Ob beide Politiker Recht hatten, als sie sich im Nachhinein gegenseitig vorwarfen, ein größeres Entgegenkommen hätte ihrer Politik im eigenen Land größere Zustimmung gebracht, bleibt zweifelhaft. Sicher ist nur, „daß die von Briand angestrebte Saturierung des deutschen Revisionsstrebens nicht näher rückte, sondern im Gegenteil jedes französische Zugeständnis die deutschen Ansprüche weiter nach oben schraubte"[55]. So verdienstvoll seine Aktivitäten im Einzelnen in den kommenden Jahren auch waren, an diesem Trend änderten sie nichts.

Der von Briand maßgeblich initiierte Briand-Kellogg-Pakt, der am 27. August 1928 in Paris feierlich auch von Stresemann – der als erster deutscher Außenminister seit 1867 offiziell in der französischen Hauptstadt weilte – signiert wurde, war ein solch verdienstvoller Versuch. Die Unterzeichnerstaaten erklärten, dass sie den Krieg als Mittel zur Lösung internationaler Streitfälle verurteilen und auf ihn verzichten wollten.[56] Der Kriegsächtungspakt war aber nur eine mora-

---

55 Loth, W., Geschichte Frankreichs im 20. Jahrhundert, a.a.O., S. 71.
56 Vgl. Handbuch der Verträge 1871–1964 …, a.a.O., S. 253f.

lische Verpflichtung, die man – so auch auf Deutschland bezogen – relativ leicht zum Beweis seiner Friedensbereitschaft eingehen konnte, ohne an politische Konsequenzen denken zu müssen. Die Regelung der Reparationsfrage durch den Young-Plan im Juni 1929 schloss die vorzeitige Räumung des Rheinlandes bis Mitte 1930 – damit fünf Jahre vor dem im Versailler Vertrag festgelegten Termin – ein. Die Überwachung der Entmilitarisierungsbestimmungen wurde eingestellt. Auch nicht mehr zum Tragen kam Briands Vorschlag, den er in einer Rede vor dem Völkerbund im September 1929 machte und der eine Art föderativer Verbindung der europäischen Staaten vorsah. Auch wenn er selbst nicht genau wusste, wie eine solche Föderation aussehen sollte, so war doch klar, dass er sich von ihr auch eine Kontrolle der deutschen Ambitionen versprach. Die Rede wurde mit Begeisterung aufgenommen, viele Regierungen äußerten sich zustimmend, aber das auf seinem Vorschlag fußende Memorandum, das dem Völkerbund im Mai 1930 vorgelegt wurde, führte zu nichts Konkretem.[57] Nach einer langwierigen und ermüdenden Debatte wurde zur weiteren Prüfung eine Kommission gebildet. Am 3. Oktober 1929 starb Stresemann und in der Folge vollzog sich in Deutschland ein außenpolitischer Richtungswechsel, der offen auf die Revision der Nachkriegsordnung setzte. Der hohe Wahlsieg der Nationalsozialisten bei den Reichstagswahlen im September 1930 verdeutlichte über die Maßen, dass die Zeit der umjubelten Friedensreden vorbei war. Zudem veränderte die mit dem New Yorker Börsenkrach im Oktober 1929 eingeläutete Weltwirtschaftskrise die internationalen Verhältnisse drastisch und auch die Glanzzeit des Völkerbundes neigte sich spätestens mit dem japanischen Überfall auf China 1931 – erstmalig hatte eine Großmacht durch ihre Aggression gegen ein anderes Völkerbundsmitglied die Satzungen verletzt – dem Ende zu.

Damit geriet in Frankreich der „Apostel des Friedens" logischerweise immer stärker in die Kritik als einer, der – naiv, illusionär und kurzsichtig – die Zeichen der Zeit nicht verstünde, dessen Politik Deutschland zum Sieger und Frankreich zum Verlierer mache. Seine Kritiker erhielten endgültig Oberwasser, als mit dem deutsch-österreichischen Zollunionsplan vom März 1931 und den darauf folgenden Auseinandersetzungen die deutsch-französische Verständigungspolitik faktisch beendet war. Obwohl er die öffentliche Meinung auf seiner Seite hatte, war es so nicht übermäßig verwunderlich, dass der *pèlerin de la paix* bei den Präsidentschaftswahlen im Mai 1931 mit seiner Kandidatur scheiterte.

---

57 Ebd., S. 258f.

Er verblieb trotz dieser Niederlage, die auch eine Missachtung seiner politischen Vision einschloss, – krank, müde, nur noch ein Schatten seiner selbst – als Außenminister in der Regierung Pierre Laval, der seine Politik misstrauisch beobachtete, seinen Einfluss begrenzte und ihn im Januar 1932 nicht mehr in sein Kabinett aufnahm. Sein Auszug aus dem Quai d'Orsay war ein deutliches Zeichen dafür, dass auch in Frankreich längst ein Paradigmawechsel eingesetzt hatte. „In den Krieg kann man sich unter dem Eindruck eines Ereignisses stürzen, das leider allzu oft die Völker mitreißt und ihnen keine Zeit zur Überlegung läßt", hatte Briand bei der Ratifizierung des Locarnovertrages warnend erklärt. „Aber der Frieden ... fordert einen langen, ununterbrochenen und harten Dienst; er verlangt Beharrlichkeit und erlaubt keine Zweifel. Der Zweifel des kritisch überspitzten Geistes, die Skepsis und ein Übermaß an Mißtrauen, ich wiederhole es, wirkt lähmend. Ein solcher Geisteszustand ist dem Frieden nicht günstig."[58] Zwei Monate später starb Briand kurz vor Vollendung seines 70. Lebensjahres und erlebte so nicht mehr den Weg Frankreichs in die Katastrophe von 1940.

SCHRIFTEN VON BRIAND

Frankreich und Deutschland. Einl. von G. Stresemann, Dresden 1928
La Grève générale et la révolution, Paris 1900

LITERATUR ÜBER BRIAND

Armor, P., Aristide Briand, Paris 1935
Aubert, A., Briand, sa vie politique. L'orateur-l'homme-son œuvre, Paris 1928
Baumont, M., Aristide Briand. Diplomat und Idealist, Göttingen 1966
Chabannes, J., Aristide Briand, le père de l'Europe, Paris 1973
Elisha, A., Aristide Briand. Discours et écrits de politique étrangère. Préf. de René Cassin, Paris 1965
Elisha, A., Aristide Briand, la paix mondiale et l'Union européenne, Groslay 2003
Geigenmüller, E., Briand. Tragik des großen Europäers, Bonn 1959
Givet, J. S. de, Aristide Briand, Paris 1930
Grothe, G., Briand, Berlin 1948
Hermans, J., L'évolution de la pensée européenne d'Aristide Briand, Nancy 1965
Hesse, R., Aristide Briand, premier Européen, Paris 1939
Keller, O./Jilek, L., Le Plan Briand d'union fédérale européenne, Genève 1919
Kolb, A., Versuch über Briand, Berlin 1929

---

58 Kolb, A., Versuch über Briand, a.a.O., S. 185.

Laroche, J., Au Quai d'Orsay avec Briand et Poincaré 1913–1926, Paris 1957
Luther, H., Zur Erinnerung an Aristide Briand, Zürich 1952
Margueritte, V., Aristide Briand, Paris 1932
Müller Hofstede, D., Aristide Briand und der französische Sozialismus. Die Frühzeit des Politikers 1883–1906, Münster 1996
Recouly, R., Les négociations secrètes Briand-Lancken, Paris 1933
Siebert, F., Aristide Briand 1862–1932. Ein Staatsmann zwischen Frankreich und Europa, Erlenbach-Zürich 1973 (ausführliche Bibliographie)
Sisco, J., Aristide Briand, Paris 1930
Suarez, G., Briand, sa vie, son œuvre avec son journal et de nombreux ducuments inédits, 6 vol., Paris 1938–1952
Vercors, Moi Aristide Briand, Bruxelles 1993
Winbauer, A., Aristide Briand. Der Durchbruch vom Nationalismus zum Europäertum, Hamburg 1948

GESAMTDARSTELLUNGEN ZUR ZEIT

Bariéty, J., Les relations franco-allemandes après la Primière Guerre mondiale 1918–1925, Paris 1977
Béret, G., De Gambetta à Briand, Paris 1914
Bonnet, G., Le Quai d'Orsay sous les trois Républiques 1870–1961, Paris 1961
Brinon, F. M. de, France-Allemagne 1918–1933, Paris 1934
Chamberlain, Sir A., Down the Years, London 1935
Duroselle, J.-B., Les relations fanco-allemandes de 1918 á 1950, 3 vol., Paris 1966/67
Duroselle, J.-B., Histoire diplomatique de 1919 à nos jours, Paris 1962
Ewald, J.W., Die deutsche Außenpolitik und der Europa-Plan Briands, Marburg 1961
Flandin, P.-É., Politique française 1919–1940, Paris 1947
La France et l'Allemagne entre les deux guerres mondiales. Sous la direction de J. Bariéty, A. Guth et J. M. Valentin, Nancy 1987
François-Poncet, A., Der Weg von Versailles bis Potsdam, Mainz/Berlin 1964
Hagspiel, H., Verständigung zwischen Deutschland und Frankreich? Die deutsch-französische Außenpolitik der zwanziger Jahre im innenpolitischen Kräftefeld beider Länder, Bonn 1987
Knipping, F., Deutschland, Frankreich und das Ende der Locarno-Ära, 1928–1931, München 1987
Lloyd George, D., Die Wahrheit über Reparationen und Kriegsschulden, Berlin 1932
Pensa, H., De Locarno au pacte Kellogg: La politique européenne sous triumvirat Chamberlain-Briand-Stresemann 1925–1929, Paris 1930
Rößler, H. (Hrsg.), Locarno und die Weltpolitik, Göttingen 1969
Wurm, C. A., Die französische Sicherheitspolitik in der Phase der Umorientierung 1924–1926, Frankfurt/M. 1979

Léon Blum (1872–1950)

VI.

LÉON BLUM
(1872–1950)

Als zweiter von fünf Söhnen der Eltern Auguste und Adèle Blum, geborene Picart, am 9. April 1872 in Paris zur Welt gekommen, verlebte Léon auch dank des materiellen Wohlstandes, zu dem es der Vater mit einem florierenden Tuchwarenhandel gebracht hatte, eine unbeschwerte Jugend. Der erfolgreiche Unternehmer interessierte sich kaum für Politik, schätzte freilich die republikanischen Errungenschaften der Großen Revolution. Während Werte von 1789 nachhaltig den Werdegang des Sohnes beeinflussten, erlangte das Judentum, beide Eltern stammten aus alteingesessenen jüdischen Familien aus dem Elsass, keine herausragende Bedeutung für ihn. Frühzeitig wandte sich Blum vom Glauben ab und betrachtete sich zeitlebens als assimilierter Jude. Ab 1883 besuchte er das Gymnasium Charlemagne und wechselte 1888 ins ehrwürdige Gymnasium Henri IV. Im folgenden Jahr bestand er die Aufnahmeprüfung für die École normale supérieure. Allerdings verließ er diese Eliteschule 1891 schon wieder, um ein Jurastudium an der Sorbonne aufzunehmen. Bereits als 20-Jähriger bewegte er sich in literarischen Salons, pflegte Kontakte mit namhaften Intellektuellen seiner Zeit und veröffentlichte in literarischen Zeitschriften. In Frontstellung zur Modernen propagierte er die Besinnung auf die Klassik. Sein politisches Interesse erwachte mit der Dreyfus-Affäre. Erst im September 1897 auf das Schicksal des zu Unrecht verurteilten jüdischen Hauptmanns aufmerksam geworden, war sein Engagement für eine Revision des Prozesses weniger durch die antisemitische Kampagne motiviert, als vielmehr von der Verteidigung demokratischer Grundrechte bestimmt. Beeinflusst von Lucien Herr und Jean Jaurès führte ihn die intensive Auseinandersetzung mit dem Justizskandal zu sozialistischen Überzeugungen. Als Mitbegründer des im März 1902 gegründeten Parti Socialiste Français trieb er die organisatorische Zusammenführung der verschiedenen sozialistischen Strömungen zur geeinten Section Française de l'Internationale Ouvrière voran, beschränkte seine Mitarbeit nach deren Gründung 1905 jedoch vorerst auf die Rolle eines interessierten Beobachters. Noch galt sein Hauptaugenmerk der Karriere im höchsten Verwaltungsgericht, dem Staatsrat, dem er von 1895 bis 1914 angehörte, sowie der Tätigkeit als Literatur- und Theaterkritiker. Regelmäßig schrieb er in Tageszeitungen und in der für ihre künstlerische Experimentierfreudigkeit bekannten Revue Blanche. Unter den umfänglichen Veröffentlichungen ragen besonders die „Nouvelles conversations de Goethe avec Eckermann" (1894 bis 1896) und die Essays „Du mariage" (1907) sowie „Stendhal et le beylisme" (1914) hervor. Nach der Ermordung von Jaurès wandte er sich der aktiven Politik zu. Er befürwortete die Union sacrée und konnte von August 1914 bis Dezember 1916 als Bürochef des Ministers für öffentliche Arbeiten Marcel Sembat erste Regierungserfahrungen sammeln. 1919 ins Parlament gewählt, avancierte er bald zum unumstrittenen Erben von Jaurès und anerkannten Wortführer in Fragen der Wirtschafts-, Finanz- und Außenpolitik. Auf dem Parteitag in Tours Ende Dezember 1920 lehnte Blum den Anschluss der SFIO an die Kommunistische Internationale ab, musste dafür aber die Spaltung der Partei in eine kommunistische Mehrheit und eine sozialistische Minderheit, die den alten Namen SFIO behielt, akzeptieren. Als Fraktionsvorsitzender bis 1940 sowie Direktor und Leitartikler des Populaire (1922 bis 1924, 1927 bis 1940) widmete er sich dem inneren Wiederaufbau der Partei, deren politisch-ideologischer Ausrichtung in der Tradition des demokratischen Sozialismus sowie der Definition notwendiger Bedingungen für eine etwaige Regierungsbeteiligung (1926). Seine außenpolitischen Vorstellungen zielten auf eine nachhaltige Abrüstung und die Schaffung einer internationalen Friedensordnung mit einer allseits akzeptierten Schiedsgerichtsbarkeit ab. Den Versailler Vertrag und die Ruhrbesetzung kritisierte er heftig. In Gegnerschaft zum Faschismus stimmte Blum im Juli 1934 der Einheitsfront mit den Kommunisten zu und stand vom 4. Juni 1936 bis 21. Juni 1937 und vom 13. März bis 8. April 1938 an der Spitze zweier Volksfrontkabinette. Nach seinem Rücktritt billigte er das Münchener Abkommen, gehörte jedoch am 10. Juli 1940 zu jenen 80 Abgeordneten und Senatoren, die sich der Generalvollmacht für Philippe Pétain widersetzten. Im September 1940 von den Vichy-Behörden verhaftet, widerlegte er vor Gericht (Prozess von Riom, 19. Februar bis 2. April 1942) die gegen ihn erhobenen Anschuldigungen und prangerte den politischen Charakter des Verfahrens an. Schon vor Prozesseröffnung von Pétain zu unbefristeter Festungshaft verurteilt, wurde er im April 1943 nach Deutschland ausgeflogen und im KZ Buchenwald als „Sonderhäftling" interniert. Im Juli 1943 heiratete er Jeanne Levylier, die gebeten hatte, ihrem Lebenspartner in die Gefangenschaft folgen zu dürfen. Seine ersten beiden Ehefrauen, Lise Bloch (1896-1931; 1902 Sohn Robert) und Thérèse Pereyra (1932–1938), waren früh verstorben. Nach der Rückkehr im Mai 1945 half er, die Sozialisten als „dritte Kraft" zwischen Gaullisten und Kommunisten zu etablieren. Er plädierte für einen Verzicht auf die Annexion deutscher Gebiete, für eine zügige Rückführung Deutschlands in die internationale Gemeinschaft und für den Aufbau einer an der Achse Paris-London ausgerichteten westeuropäischen Gemeinschaft. In Verhandlungen mit den USA erreichte er im Mai 1946 eine beachtliche Reduzierung französischer Kriegsschulden und die Gewährung weiterer Kredite für den wirtschaftlichen Wiederaufbau des Landes (Blum-Byrnes-Abkommen). In die Zeit des von ihm geführten sozialistischen Minderheitskabinetts vom 16. Dezember 1946 bis 16. Januar 1947 fiel der Beginn des Indochinakrieges. Am 30. März 1950 starb Blum in Jouy-en-Josas bei Paris.

„Die faschistische Reaktion wird nicht durchkommen."

Léon Blum, der die Sozialisten erstmals in ihrer Geschichte in die Regierungsverantwortung führte und der damit für die politische Rechte zum meistgehassten Ministerpräsidenten wurde, entsprach kaum dem Bild eines machtbewussten Volksfrontpolitikers. Er war weder ein die Massen mit propagandistischer Vereinfachung bzw. überzeugender Rhetorik begeisternder Volkstribun noch ein nüchterner, ausschließlich der Disziplin seiner Partei sich verpflichtet fühlender Bürokrat. Selbst sein Aussehen wollte nicht so recht zu einem Sozialistenführer passen. Das sorgfältig gescheitelte Haar, der gepflegte dichte Schnurrbart, die schmale kleine Brille, hinter der die neugierigen Augen interessiert das Geschehen in der unmittelbaren Umgebung verfolgten sowie die elegante Kleidung verrieten nicht nur seine bürgerliche Herkunft, sondern vor allem einen kultivierten Mann, der sichtbar einen mondänen Lebensstil schätzte. Blum schien noch immer das Lebensgefühl einer intellektuellen Generation des *fin-de-siècle* zu personifizieren, die sich genüsslich in einer Welt der Kultur bewegte und sich mit einer gewissen Leichtigkeit ihren zahlreichen ästhetischen Neigungen hingab. Akademische Reflexionen über Geschichte, Philosophie und Literatur traute man ihm allemal eher zu als zupackendes Handeln in der rauen Wirklichkeit der politischen und sozialen Auseinandersetzung.

Dass diese eher von Äußerlichkeiten abgeleitete Wahrnehmung keineswegs trog, verdeutlichte die späte, erst in der Mitte des Lebens getroffene Entscheidung für eine Parteikarriere. Zwar unterstützte Blum schon um die Jahrhundertwende die geistigen und organisatorischen Einigungsbemühungen der Sozialisten, begrenzte sein Engagement aber nach der Gründung der SFIO im April 1905[1] auf die Rolle eines aufmerksamen Beobachters. Selbst sein Vorbild Jaurès, den er seit ihrer ersten Begegnung 1897 nahezu grenzenlos bewunderte, konnte ihn nicht zur aktiven Parteiarbeit bewegen. Erst als der charismatische Arbeiterführer unmittelbar vor Ausbruch des Ersten Weltkrieges dem Attentat eines blindwütigen Natio-

---

1 Zu den Strömungen innerhalb der französischen Arbeiterbewegung und zur Gründung der SFIO vgl. Willard, C., Geschichte der französischen Arbeiterbewegung. Eine Einführung, Frankfurt/M 1982, S. 63ff.

nalisten zum Opfer fiel, fühlte sich Blum berufen, die Mission seines verehrten Freundes fortzusetzen.

Beherzt griff er in den seit langem schwelenden parteiinternen Richtungsstreit ein, der sich an der Haltung zur bolschewistischen Revolution erneut entflammt hatte und die mühsam über den Krieg gerettete Einheit der Partei zu gefährden drohte. Während eine eher pazifistisch orientierte Gruppierung die tief greifenden Umwälzungen im fernen, vom Bürgerkrieg zerrissenen Russland begrüßte, verurteilten die „Kriegssozialisten" entschieden Lenins Friedensdekret und den Separatfrieden von Brest-Litowsk. Sie unterstützten sogar die französische Beteiligung an der Intervention der Ententemächte gegen Sowjetrussland. Blum, in seiner Ablehnung des bolschewistischen „Modells" dieser „Kriegsfraktion" gedanklich nahe, charakterisierte die Oktoberrevolution als ein spezifisch russisches Ereignis, das keine Gültigkeit für das industriell entwickelte Westeuropa habe und auch auf Frankreich nicht übertragbar sei.[2] Die Reife des hiesigen Proletariats schließe bestimmte Formen der Gewalt aus. Damit positionierte er sich vorläufig am rechten Flügel seiner Partei, ohne jedoch die hasserfüllte Diktion der Befürworter eines antibolschewistischen „Kreuzzuges" zu übernehmen.

Seine Einschätzung widersprach aber einer Grundstimmung in der Partei, die sich infolge der tiefen sozialen Unzufriedenheit und der politischen Enttäuschungen über den Wahlsieg der im *Bloc national* vereinten konservativen Parteien zunehmend radikalisierte. Ernüchtert vom parlamentarischen Reformismus und von den Misserfolgen der Gewerkschaftsbewegung, setzte eine ihre Ohnmacht fühlende Mehrheit der Sozialisten alle Hoffnungen auf den Erfolg der russischen Revolution und ihre auf Westeuropa ausstrahlenden Wirkungen. Im Wettbewerb der beiden konkurrierenden Internationalen gewannen folglich diejenigen an Terrain, die für einen vorbehaltlosen Beitritt zu der im März 1919 von Lenin und Trotzki gegründeten Dritten Internationale stimmten. Für die Parteilinke war der Austritt aus der Zweiten Internationale, den die Sozialisten im Februar 1920 vollzogen hatten, daher nur ein Teilerfolg. Sie hielt unbeirrt am radikalen Bruch mit der ideologischen Vergangenheit fest. Gegen ihren stetig wachsenden Einfluss stemmte sich Blum mit aller Kraft.[3] Jedoch verhallte seine Kritik angesichts der vielstimmigen spontanen, durchaus ehrlichen, aber eben auch naiven Begeisterung für die Erfolge des russischen Proletariats. Noch auf dem historischen Par-

---

2 Vgl. Colton, J.G., Léon Blum. Humanist in Politics, New York 1966, S. 42.
3 Vgl. Ziebura, G., Léon Blum. Theorie und Praxis einer sozialistischen Politik, Bd. 1. 1872 bis 1934, Berlin 1963, S. 201.

teitag von Tours Ende Dezember 1920 versuchte er mit einer letzten, fast verzweifelten Anstrengung das Ruder herumzuwerfen. In einem leidenschaftlichen Plädoyer akzeptierte er die Diktatur des Proletariats, soweit sie von einer breiten Mehrheit getragen und von einer kollektiven Leitung ausgeübt werde, verglich aber die Bolschewiki, die nur eine kleine Minderheit in ihrem Land repräsentierten, mit den Blanquisten, deren Putschversuche letztlich immer gescheitert waren. Eine Unterordnung unter die „21 Bedingungen", die der Zweite Weltkongress der Kommunistischen Internationale beschlossen hatte, lehnte er kategorisch ab.[4] Doch die Delegierten versagten Blum die Gefolgschaft. Mit einer Zweidrittelmehrheit entschieden sich die Teilnehmer für den Beitritt zur Dritten Internationale, woraufhin die Unterlegenen den Sitzungssaal verließen. Die Spaltung der französischen Arbeiterbewegung war damit definitiv vollzogen.[5]

Nach der organisatorischen Trennung, die Blum schmerzlich als Angriff auf das jaurès'sche Vermächtnis empfand, galt seine vorrangige Sorge der Bewahrung der Ideenwelt seines ermordeten Freundes. Hierfür standen die Zeichen wider Erwarten gar nicht so schlecht, denn einen Tag nach dem Kongress einigten sich die in der Minderheit verbliebenen Strömungen auf die Gründung einer Partei, die nicht nur ihren alten Namen SFIO behielt, sondern sich auch inhaltlich als Erbin des demokratischen Sozialismus verstand.[6] Ihre Vertreter beriefen Paul Faure, der während des Krieges aus einer pazifistischen Position heraus die aktive Regierungsbeteiligung in der *Union sacrée* heftig kritisiert hatte, zum designierten Generalsekretär. Mehr noch als dieser wortgewaltige Funktionär des Apparats beeinflusste jedoch Blum die weitere Entwicklung der Partei. Er avancierte quasi zum spiritus rector der SFIO.

Hierzu nutzte der 47-jährige Blum vor allem drei Instrumentarien. Als Fraktionsführer, zu dem ihn die sozialistischen Abgeordneten bald nach seinem Einzug ins Parlament gewählt hatten, gab er wichtige Themen vor, formulierte politische Stellungnahmen und sorgte für ein geschlossenes Auftreten der Mandatsträger. Seine Wortmeldungen fanden aber nicht nur bei seinen Kollegen Gehör, sondern wurden auch jenseits der Grenzen aufmerksam registriert. Nach der Gründung der Sozialistischen Arbeiter-Internationale 1923 in Hamburg vergingen wohl

---

4   Vgl. Ausführungen Blums auf dem Parteitag in Tours, in: L'Œuvre de Léon Blum 1914–1928, Paris 1972, S. 137ff.
5   Die kommunistische Mehrheit bildete die Section Française de l'Internationale Communiste (SFIC), aus der 1922 der Parti Communiste Français (PCF) hervorging. Zum Parteitag von Tours vgl: Le Congrès de Tours. Édition critique réalisée par Jean Charles et al., Paris 1980.
6   Vgl. Lefranc, G., Der Sozialismus in Frankreich, Frankfurt/M. 1978, S. 40.

kaum ein Kongress oder eine Exekutivsitzung, an der Blum nicht teilnahm und sich nicht in die Diskussion einbrachte. Ohne Zweifel entwickelte er sich zum anerkannten Sprecher der SFIO in den Gremien der sozialdemokratischen Schwesterparteien. Besondere Freude bereitete ihm aber die journalistische Tätigkeit in den Redaktionsräumen der Parteizeitung. Da die traditionelle *L'Humanité* im Besitz der kommunistischen Mehrheit verblieb, übernahm ab 1921 *Le Populaire* die Funktion des Zentralorgans. Als dessen Direktor und Leitartikler schrieb Blum bis zu seinem Tode fast täglich für das Blatt. Die Zeitung bot ihm das seinen intellektuellen Fähigkeiten und persönlichen Neigungen am meisten geeignete Forum, um für seine Grundüberzeugungen intensiv zu werben. Dieses wechselseitige Zusammenwirken von nationaler und internationaler Parlamentsarbeit sowie das Schreiben von unzähligen Artikeln ermöglichte ihm eine nachhaltige Steuerung des Meinungsbildungsprozesses. Zum Verdruss manch eines Kritikers erhob er sich damit auch zum faktischen Richter über wichtige Fragen der Parteidoktrin.

Unter seiner geistigen Führung achtete die Partei vorerst strikt auf die Konservierung ihres revolutionären Anspruches. Die Transformation der kapitalistischen in eine sozialistische Gesellschaft wurde unverändert als Ziel einer sozialen Revolution formuliert. Allerdings verstand Blum darunter vorrangig einen langandauernden erzieherischen Prozess. Sozialismus war für ihn vor allem ein Glaubensbekenntnis und eine Sittenlehre und weit weniger eine Frage der Umwandlung der bestehenden Eigentumsverhältnisse. Begünstigt wurde die Aufrechterhaltung der revolutionären Rhetorik auch durch die unbedingte Oppositionspolitik gegenüber dem *Bloc national*, die jedwedes parlamentarische Taktieren vorerst verbot. In ihrem Schatten konnte die notwendige Rekonstruktion des „alten Hauses", wie Blum den inneren Wiederaufbau der SFIO gelegentlich bezeichnete, relativ ungestört vorangetrieben werden.[7] Aber der Popularitätsverlust der konservativ-bürgerlichen Koalitionen und das zunehmende Buhlen linker Radikalsozialisten um eine sozialistische Machtteilnahme deuteten schon an, dass die gewählte Politik der oppositionellen Selbstisolierung nicht unbegrenzt aufrechterhalten werden konnte. Die Frage einer möglichen Regierungsbeteiligung drängte sich auf. Doch noch widersetzte sich die Führung der Sozialisten allen Angeboten, da sie die

---

7 Nach dem Parteitag von Tours konnten die Sozialisten ihre Klientel auf kleinbürgerliche Schichten, Bauern, Lehrer und untere Beamtengruppen ausdehnen und damit die Zahl der an den PCF verlorenen Arbeiter ausgleichen. Ihre Mitgliederzahl wuchs von 39.000 auf 110.000 im Jahre 1924. Vgl. Loth, W., Geschichte Frankreichs im 20. Jahrhundert, Frankfurt/M. 1992, S. 42.

Gefahren einer solchen parlamentarischen Konstellation wohl erkannte. Im Falle einer Partizipation stand schließlich nicht nur die Glaubwürdigkeit der revolutionären Programmatik auf dem Spiel, sondern die Partei riskierte auch den gerade eingeleiteten Konsolidierungsprozess durch erneute Zerwürfnisse zu gefährden. Unter diesen Umständen war nur ein linkes Wahlbündnis und nach dem Sieg des *Cartel des Gauches* im Mai 1924 die parlamentarische Unterstützung radikalsozialistischer Minderheitskabinette mehrheitsfähig. Diese vorläufige Entscheidung entband die Sozialisten allerdings nicht von einer prinzipiellen Klärung ihrer Haltung zur Übernahme von Regierungsverantwortung.

Daher entwickelte Blum in einer viel beachteten Rede am 10. Januar 1926 die berühmt gewordene Unterscheidung zwischen der Machteroberung, der Machtausübung und der Teilnahme an der Macht. In dieser Konzeption definierte er die „Machteroberung" als eine revolutionäre Tat, bei der die Arbeiterklasse gewaltsam die bürgerliche Eigentumsordnung zerstöre, d.h. den Privatbesitz an Produktionsmitteln beseitige. Die sozialistische Revolution ziele auf eine vollständige Übernahme der Staatsgewalt ab. Im Gegensatz zu diesem Umsturz verstand er unter „Machtausübung" die Tätigkeit einer von den Sozialisten geführten Koalitionsregierung, die wichtige gesellschaftliche Reformen verwirkliche und damit die Transformation der Gesellschaft langfristig vorbereite. Sie bewege sich allerdings ausschließlich im Rahmen der bestehenden parlamentarischen Ordnung und sei durch den strikten Respekt von Gesetzlichkeit und loyaler Amtsführung gekennzeichnet. Mit der „Machtausübung" verbinde sich allerdings die Gefahr, dass sie bei den Arbeitern trügerische Hoffnungen auf eine grundsätzliche Umgestaltung erzeuge, die jedoch nur mit einer „Eroberung der Macht" erreicht werden könne. Daher muss in diesem Fall mit Enttäuschungen, Missmut und Konfusion bei den Anhängern gerechnet werden. Unter „Teilnahme an der Macht" begriff Blum die Mitwirkung sozialistischer Minister an einer nicht von der SFIO geführten Regierung. Dieses Szenario begrenzte er jedoch auf nationale Notsituationen wie zu Zeiten der *Union sacrée* im Ersten Weltkrieg oder auf die Abwehr von anderen möglichen Gefahren wie Faschismus oder Konterrevolution.[8]

Diese feinsinnige Differenzierung enthielt gleich mehrere bedeutsame Botschaften. Zum einen artikulierte Blum seinen ausgeprägten Widerwillen gegen

---

8   Vgl. Blum, L., Le Parti Socialiste et la participation ministérielle, in: Le Parti Socialiste et la participation ministérielle. Discours prononcés national au Congrès national extraordinaire du 10 janvier 1926 par Léon Blum, Député de la Seine, et Paul Faure, Député Saône-et-Loire, Sécrétaire général du Parti, Paris 1926, S. 3ff.

die in der Sowjetunion praktizierte Diktatur des Proletariats und rückte die Revolution für Frankreich in historisch weite Ferne. Zum anderen erteilte er sowohl einer prinzipiellen Opposition am kapitalistischen System als auch einer unbedingten Übernahme von Regierungsverantwortung eine deutliche Absage. Auch wenn Blum aus seiner unveränderten Ablehnung des „Ministerialismus" keinen Hehl machte, so erhob er die Oppositionsrolle nicht mehr zum unanfechtbaren Prinzip, sondern ordnete sie den jeweiligen taktischen Erwägungen unter. Diese Sicht, an der Blum bis zum Ende der Dritten Republik festhielt, trug zwar im Augenblick zur Eindämmung der innerparteilichen Konfrontation bei, konnte aber den Konflikt nicht grundsätzlich lösen. Der Gegensatz zwischen den linken Gegnern und den rechten Befürwortern einer Regierungsbeteiligung schwelte weiter. Er brach immer wieder dann auf, wenn sich eine rechnerische Mehrheit für die Linksparteien abzeichnete. So geriet die SFIO über diese Frage wiederholt in schwere Turbulenzen.[9] Wenn dabei eine Spaltung bis zum Ende der 20er Jahre vermieden werden konnte, so lag dies auch an der auf Ausgleich und Balance bedachten Vermittlungskunst Blums. Doch seine Integrationskraft ließ in dem Maße nach, wie mit der hereinbrechenden Wirtschaftskrise die Entschlossenheit der „Neosozialisten" wuchs, neue Mittelschichten zu gewinnen und sich nicht mehr dem Diktat der Parteiführung zu unterwerfen. Ergebnis dieses intensiven Ringens, in dem Blum den Abweichlern um Marcel Déat die Übernahme faschistischer Gedanken vorwarf, war im Dezember 1933 die Gründung des *Parti Socialiste de France-Union Jean Jaurès*.[10] Enttäuscht musste Blum erkennen, dass sich die persönlichen Bande zu alten Weggefährten lockerten und manche Hoffnungen auf talentierte Kader zerschlugen.

---

9 Entgegen dem Willen Blums hatte im Herbst 1929 die Fraktion für die Annahme eines Angebots des mit der Regierungsbildung beauftragten Daladier gestimmt. Damit hatte die Mehrheit der Parlamentarier erstmalig seit 1914 für eine Regierungsbeteiligung votiert und sich über die bisherigen Beschlüsse der Nationalkongresse hinweggesetzt, woraufhin der Parteivorstand (CAP, *Comission administrative permanente*) diese Position sofort verurteilte. Am 29. Oktober verwarf der Nationalrat (*Conseil National*) den Beschluss der Fraktion, doch die „Partizipationisten" verlangten die Einberufung eines außerordentlichen Nationalkongresses, der allerdings im Januar 1930 für die noch bis 1932 andauernde Legislaturperiode die Teilnahme an der Regierung ablehnte. Obwohl nach dem Wahlerfolg vom Mai 1932 die Radikalsozialisten diesmal kein Angebot unterbreiteten, ging Blum in die Offensive, um ein Aufleben des gerade beigelegten Streits zu verhindern. In den *Cahiers d'Huyghens*, benannt nach dem Tagungsort des 29. Nationalkongresses, definierte er die Bedingungen für einen Eintritt in die Regierung, die der designierte Ministerpräsident Édouard Herriot jedoch ablehnte.
10 Vgl. Schwarzer, R., Vom Sozialisten zum Kollaborateur: Ideen und politische Wirklichkeit bei Marcel Déat, Pfaffenweiler 1987, S. 37.

Dass die republikanische Notlage, für die Blum eine Regierungsbeteiligung in Aussicht gestellt hatte, 1934 Wirklichkeit zu werden drohte, wollten nur wenige zeitgenössische Beobachter wahrnehmen. Zwar zeigte sich die Öffentlichkeit über den ständigen Wechsel kurzlebiger Regierungen und ihrer Verstrickungen in Polit- und Finanzskandale genauso beunruhigt wie über die faschistische Entwicklung in Deutschland und Italien, aber selbst den Aufstand der rechtsextremen Ligen vom 6. Februar werteten viele Zeitgenossen lediglich als eine vorübergehende Radikalisierung der von der Wirtschaftskrise besonders hart betroffenen Schichten.[11]

Zu den wenigen Parlamentariern, die darin sofort eine existenzielle Gefahr für die französische Demokratie erblickten, gehörte Blum. Noch während die Schlägerei auf der Straße andauerte und einige ultrakonservative Abgeordnete das baldige Eindringen der gewalttätigen Demonstranten ins Parlament erwarteten, antwortete der Fraktionsführer der Sozialisten den politischen Gegnern am Ende seiner durch zahlreiche ehrverletzende Zwischenrufe unterbrochenen Rede: „Die faschistische Reaktion wird nicht durchkommen."[12] Für diese gleichermaßen trotzige wie selbstbewusste Ankündigung reichte allerdings die parlamentarische Unterstützung einer möglichen radikalsozialistischen Regierung nicht aus. Vielmehr bedurfte es einer machtvollen und überzeugenden Mobilisierung der Massen, um den faschistischen Bazillus im Keim zu ersticken. Folglich lautete das Gebot der Stunde: Herstellung der Einheit der Linken unter Einbeziehung der Kommunisten. Deren Realisierung war aber angesichts der Tiefe der ideologischen Gräben, die der unsägliche Sozialfaschismusvorwurf der Kommunistischen Internationale an die weltweite Sozialdemokratie aufgerissen und auf den sie ihrerseits mit dem Boykott aller kommunistisch angeregten Antikriegsaktionen reagiert hatte, eher unwahrscheinlich. Hinzu kamen enttäuschende Wahlergebnisse, scharfe Polemiken und persönliche Verletzungen aus den letzten Jahren.

Immerhin hatte Blum im April 1928 seinen Pariser Wahlkreis an den Kommunisten Jacques Duclos verloren[13] und wurde seit dem Parteitag von Tours von

---

11 Eine kurze, aber informative Einführung zum Aufruhr gewährt: Bories-Sawala, H., Revolution von rechts – Die Ligen als politische Kraft: eine Momentaufnahme vom 6. Februar 1934, in: Dies. (Hrsg.), Ansichten von Frankreich der dreißiger Jahre, Bremen 2000, S. 41ff. Ausführlicher hierzu siehe: Berstein, S., Le 6 février 1934, Paris 1975.
12 L'Œuvre de Léon Blum 1934–1937, Paris 1964, S. 10.
13 Nach dem Verlust des Mandats im 20. Pariser Arrondissement, in dem er seit 1919 gewählt worden war, kandidierte er ab Mai 1929 (Nachwahl) für die im Süden im Département Aude gelegene Stadt Narbonne.

dem PCF als Bourgeois und Interessenvertreter des Kapitals beschimpft. Im „Bruderkrieg" geizte die *L'Humanité* nicht mit böswilligen Unterstellungen.[14] Trotz dieser massiven Anfeindungen stellte Blum seine Gegnerschaft zum Kommunismus in dem Moment zurück, als er die Republik in Gefahr wähnte. Gleichwohl blieb ein ausgeprägtes Misstrauen zurück, das ihn immer wieder zur Vorsicht mahnte. Er traute den Einheitsfrontappellen des PCF noch nicht. Aber vor allem die SFIO-Mitglieder der Föderationen Seine und Seine-et-Oise drängten auf einen Anschluss an die von den Kommunisten am 9. Februar 1934 mit einer Großkundgebung begonnenen antifaschistischen Aktion, der Blum schließlich nach einigem Zaudern zustimmte. Gemeinsam mit Jean Zyromski und Marceau Pivert überzeugte er auch den skeptischen Generalsekretär Faure, den Streikaufruf der CGT zu unterstützen.

Am 12. Februar folgten mehr als 4,5 Millionen Menschen diesem Appell. Dabei kam es in der Hauptstadt zur spontanen Vereinigung der anfänglich getrennt marschierenden sozialistischen und kommunistischen Demonstranten. Dieses symbolträchtige Bild begrüßten insbesondere die einfachen Anhänger beider Parteien, wenngleich man von der eigentlichen Einheitsfront noch weit entfernt war.[15] Für Blum säumten noch zahlreiche Hindernisse den Weg zu einem möglichen Bündnis. Abgesehen von der generellen Furcht, der Dynamik eines von den Kommunisten gesteuerten Einigungsprozesses zu unterliegen, bereitete ihm abermals die Einheit seiner Partei Sorgen. Er befürchtete, dass eine Zusammenarbeit mit dem PCF erneut die Flügel der Sozialisten auseinander treiben könne. Daher empfahl er, die Initiative in der Kampagne zu übernehmen, die bereits erfolgten gemeinsamen Aktionen in der Pariser Region nachträglich zu billigen und die Maßnahmen, die eine Kooperation mit den Kommunisten in der Vergangenheit unterbinden sollten, zu korrigieren. Auf dem 31. Nationalkongress der SFIO im Mai 1934 wurde dann auch die Teilnahme an der Amsterdam-Pleyel-Bewegung zugelassen[16] und die deshalb ausgeschlossenen Mitglieder konnten in den Schoß der Partei zurückkehren.

---

14 Vgl. Arndt, R., Léon Blum – ein jüdischer Franzose. Zur Bedeutung von bildhaften Vorstellungen für die antisemitische Propaganda in Frankreich während der 30er Jahre, Hannover 1997, S. 156ff.

15 Noch im Jahr darauf zeigte sich Blum vom Druck der Straße beeindruckt: „Hätten wir uns in dem Augenblick, als der Wille des Volkes es forderte, gegen diese erste Vereinigung proletarischer Kräfte gesträubt, so hätten sich Unfrieden und Abneigung verbreitet." in: Le Populaire, 25.2.1935.

16 Verkürzte Bezeichnung für eine Antikriegsbewegung (Weltkomitee gegen Krieg und Faschismus, 20. August 1933), die nach den Kongressorten ihrer Vorgängervereinigungen Amsterdamer Antikriegskongress (1932) und Antifaschistischer Arbeiterkongress Europas (Paris, Saal Pleyel, Juni 1933) benannt wurde.

Da sich auch der PCF in Vorbereitung auf den VII. Weltkongress der Kommunistischen Internationale überraschend radikal von dogmatischen Orientierungen trennte,[17] mündeten die Annäherungsversuche schließlich seit dem 11. Juni 1934 in direkte Gespräche. Die sozialfeindliche Offensive der Regierung Gaston Doumergue, das fortgesetzte Treiben der Ligen und das energische Einheitsstreben an der Basis ließen den Verhandlungsführern von Anbeginn wenig an Raum und Zeit für parteitaktische Manöver. Schon deshalb konzentrierte sich Blum auf die Festlegung möglichst begrenzter, aber konkreter Vereinbarungen. Sein bedeutenderer Beitrag bestand jedoch im Werben um ein Bündnis in den eigenen Reihen. Wieder einmal musste er argwöhnische Funktionäre wie Salomon Grumbach, Jean Baptiste Séverac und Oscar-Ludovic Frossard von der Alternativlosigkeit zügiger Verhandlungen überzeugen. Schließlich unterzeichneten am 27. Juli 1934 die Delegierten beider Parteien das Einheitsfrontabkommen.[18]

Dieser Erfolg ermutigte nicht nur die Arbeiterbewegung in anderen europäischen Ländern, sondern entfaltete seine Wirkung auch auf die städtischen bzw. bäuerlichen Mittelschichten im Umfeld der Radikalsozialisten. Ihren Unmut über die Beteiligung an den Regierungen der *Union nationale* stärkten vor allem jene noch jungen und unverbrauchten Kreise innerhalb der Partei,[19] die mit der Linksallianz sympathisierten. Da überdies prominente Wissenschaftler und Künstler sowie diverse Organisationen von den Gewerkschaften über Menschenrechtsbewegungen bis hin zu Intellektuellenverbänden die Aktionseinheit unterstützten, tat sich schnell die Perspektive eines über die Linksparteien hinausreichenden demokratischen Bündnisses auf. Diese Idee fand ihren propagandistischen Niederschlag im Aufruf des Generalsekretärs des PCF Maurice Thorez zur Bildung einer „Volksfront für Freiheit, Arbeit und Frieden".[20] Allein die Aussicht auf eine umfassende Volksbewegung sowie erste gemeinsame Schritte bewirkten recht bald eine deutliche Klimaveränderung, die einen Politikwechsel in den Bereich des Möglichen rückte. Der Sturz Doumergues und der Stimmengewinn bei den Kantonal- und Gemeindewahlen im Herbst und Frühjahr 1934/35 nährten diese

---

17 Vgl. Robrieux, Ph., Histoire intérieure du Parti communiste, Bd. 1, Paris 1980, S. 454ff.
18 Eine detaillierte Darstellung zur Entstehung des Einheitsfrontabkommens aus marxistischer Sicht siehe: Köller, H., Frankreich zwischen Faschismus und Demokratie (1932–1934), Berlin 1978, S. 313ff.
19 Zu den „Jungtürken" zählten insbesondere Pierre Cot, Jean Zay, Pierre Mendès-France und Jacques Kaiser. Vgl. Berstein, S., Histoire du Parti Radical, Bd. 2: Crise du radicalisme 1926–1939, Paris 1982, S. 333ff.
20 Vgl. L'Humanité, 25.10.1934. Siehe auch: Duclos, J., Memoiren 1896–1939, Berlin 1972, S. 357f.

Hoffnung. Zudem ermöglichte der Abschluss des französisch-sowjetischen Vertrages im Mai 1935, dem eine vorbehaltlose Bejahung des PCF zur Landesverteidigung folgte, eine weitere Annäherung wichtiger Funktionäre der Radikalsozialisten an das Bündnis. Als 10.000 Delegierte aus 69 größeren und kleineren Organisationen am 14. Juli 1935 ihren Zusammenschluss mit einem feierlichen Schwur bezeugten[21] und anschließend die drei Parteiführer Blum, Thorez und Daladier an der Spitze von 500.000 Menschen durch Paris defilierten, schlug die Geburtsstunde der Volksfront.

Im Gegensatz zu dieser beeindruckenden öffentlichen Manifestation verliefen die Gespräche hinter den Kulissen weit weniger erfolgreich. Im Koordinationsausschuss von SFIO und PCF beharrte Blum hartnäckig auf der Realisierung wesentlicher Inhalte sozialistischer Doktrin, die, wie umfangreiche Nationalisierungen der Schlüsselindustrien und Kreditinstitute, von den Kommunisten mit Blick auf die angestrebte Erweiterung des Bündnisses durch neue soziale Kräfte als kontraproduktiv angesehen und daher abgelehnt wurden. Ebenso ungeeignet empfand der Verhandlungspartner Blums Drängen auf eine Rekonstruktion der organischen Einheit der Arbeiterparteien.[22] Diesem energischen Einsatz stand aber eine relative Zurückhaltung gegenüber, wenn es um die Bildung von Basiskomitees und um die Diskussion über die Einheitsfrontproblematik zwischen Grundorganisationen beider Parteien ging. Offensichtlich befürchtete man auf Seiten der Sozialisten eine „Unterwanderung". Infolge dieser Meinungsunterschiede versandeten die Gespräche im Dezember 1934 ergebnislos. Doch der heilsame Druck der anstehenden Parlamentswahlen zwang die um die Radikalsozialisten erweiterte Koalitionsrunde in der zweiten Jahreshälfte 1935 zu konstruktiven Verhandlungen. Das im Januar 1936 vorgelegte Programm verzichtete auf jedwede revolutionäre Rhetorik und beschränkte sich ausschließlich auf die Lösung wichtiger unmittelbarer Gegenwartsaufgaben. Hierzu gehörten ökonomische Forderungen zur Verbesserung der sozialen Lage der Bürger, politische Maßnahmen zur Verteidigung des Friedens und zur Stabilisierung der Demokratie sowie finanzielle Reformen zur Sanierung des Staatshaushalts.[23]

---

21 Der Schwur lautete: „Wir schwören, die vom Volk Frankreichs eroberten demokratischen Freiheiten zu verteidigen, den Arbeitern das Brot, der Jugend die Arbeit und der Menschheit den Frieden zu geben". Lefranc, G., Histoire du Front populaire (1934–1938), Paris 1965, S. 82.
22 Vgl. Lefranc, G., Der Sozialismus ..., a.a.O., S. 76.
23 Vollständig abgedruckt in: L'Humanité, 12.01.1936. Ausführlich dargelegt und kommentiert bei: Köller, H., Für Demokratie, Brot, Frieden. Die Volksfront in Frankreich 1935 bis 1938, Bonn 1996, S. 54ff.

Wie dringend notwendig die Umsetzung des Wahlprogramms zur Eindämmung der rechten Gefahr war, erfuhr Blum am eigenen Leibe, als er am 13. Februar 1936 Opfer eines Überfalls wurde. Vom Parlament kommend, befuhren er und sein Fraktionskollege Georges Monnet und dessen Frau den Boulevard St.-Germain, als ihr Auto durch einen Trauerzug für den verstorbenen monarchistischen Historiker Jacques Bainville aufgehalten wurde. Eine Gruppe von gewaltbereiten Fanatikern erkannte Blum im Fond des Fahrzeugs, zerrte ihn heraus und schlug den 63-Jährigen brutal zusammen. Nur dank des beherzten Eingreifens herbeieilender Bauarbeiter konnte Schlimmeres verhindert werden.[24] Der Schock über diese Attacke veranlasste nun aber die Regierung, das bislang unwirksam gebliebene Gesetz gegen die Ligen umgehend anzuwenden. Noch am selben Tag verfügte sie die Auflösung der *Action française*. Charles Maurras, ihr einflussreicher Führer, dessen antisemitische Hetztiraden rechtsextreme Täter immer wieder zu Anschlägen verleitet hatten, wurde später der Anstiftung zum Mord angeklagt und zu einer viermonatigen Gefängnisstrafe verurteilt.[25] Drei Tage nach dem Anschlag protestierten mehrere hunderttausend entrüsteter Menschen gegen den rechten Straßenterror genau an jenem Tag, als im benachbarten Spanien die Parteien der Frente popular einen Wahlsieg errangen.

Der tätliche Angriff auf Blum rückte die republikanische Bedrohung sofort wieder ins öffentliche Bewusstsein und beflügelte die Anhänger der Volksfront zu weiteren Anstrengungen. Zusätzlichen Auftrieb erhielt die Wahlkampagne durch die Vereinigung der CGT mit der 1922 abgespaltenen kommunistischen CGTU im März 1936. Diese Aufbruchstimmung vermochten auch die rechtsorientierten Massenblätter, in denen immer wieder von angeblichen märchenhaften Reichtümern des Juden Blum berichtet und vor einer drohenden Bolschewisierung Frankreichs gewarnt wurde, nicht mehr umzukehren. Trotz dieser infamen Hetze gewann Blum seinen Wahlkreis Narbonne mit absoluter Mehrheit. Da im zweiten Wahlgang die meisten Kandidaten sich an die getroffenen Absprachen hielten, zugunsten des besser platzierten Bewerbers der Linksunion auf eine weitere Kan-

---

24 Vgl. Lacouture, J., Léon Blum, Paris 1977, S. 258f.
25 Die Anklage basierte auf einem von Maurras verfassten Artikel vom 9. April 1935, in dem er u.a. über Blum schrieb: „Dieser eingebürgerte deutsche Jude oder Sohn von Eingebürgerten ... ist nicht als ein natürlicher Mensch zu behandeln, sondern als ein Monstrum der demokratischen Republik, ein menschlicher Abfall ... Verdienen Verräter nicht die Todesstrafe? Man kann sagen, dass ein Verräter unserem Land entstammen muss. Ist dies der Fall bei Herrn Blum? Es genügt, dass er unsere Staatsbürgerschaft usurpiert hat, um sie zu zersetzen und zu zerstückeln ... Dieser Mann muss erschossen werden, aber in den Rücken." Zit. nach: Bloch, Charles, Die Dritte Französische Republik. Entwicklung und Kampf einer parlamentarischen Demokratie, Stuttgart 1972, S. 426.

didatur zu verzichten, siegte die Volksfront mit deutlichem Vorsprung. Aber nicht der Wahlgewinn war das eigentlich Überraschende, sondern die Kräfteverschiebung innerhalb des Bündnisses. Der hohe Verlust der Radikalsozialisten, sichtliche Quittung für die lange Teilhabe an der Regierung der *Union nationale*, wurde durch den spektakulären Stimmengewinn für den PCF und die relative Konstanz der SFIO ausgeglichen. Mit dieser Veränderung avancierten die Sozialisten erstmals in der Geschichte der Dritten Republik zur stärksten Partei.[26]

Überwältigt von diesem Erfolg erklärte Blum umgehend seine Bereitschaft, die Regierungsverantwortung zu übernehmen.[27] Während seine Klientel diese Ankündigung mit riesigem Jubel aufnahm, herrschte auf dem Börsenparkett schiere Panik: Die Kurse fielen ins Bodenlose, das Kapital floh außer Landes und der Run aufs Gold setzte ein. Entsetzt reagierte aber nicht nur die Finanz- und Geschäftswelt. Auch der konservative Staatspräsident Albert Lebrun versuchte, Blum zu einem Amtsverzicht zu bewegen, da seine Berufung unweigerlich Streiks provozieren werde. Selbst der Großrabbiner stieß ins gleiche Horn. Offenbar befürchteten arrivierte jüdische Kreise ein ihren Geschäften abträgliches Wiederaufflammen des Rassenhasses. Aber all diese Bedenken konnten Blums Entscheidung nicht mehr beeinflussen.

Genauso schnell wie er jedweden Zweifel an seinem Willen zur Regierungsbildung zerstreute, genauso deutlich formulierte er aber auch die Grenzen seiner zukünftigen Kompetenz. Da Sozialisten und Kommunisten gemeinsam über keine eigene Mehrheit verfügten und sie die Radikalsozialisten für die Regierungstätigkeit unbedingt benötigten, schloss Blum eine revolutionäre Umgestaltung der Gesellschaft kategorisch aus. Für ihn kam nur – so wie er es 1926 in seiner Konzeption ausführlich begründet hatte – eine Machtausübung unter den Bedingungen des Kapitalismus in Frage. In Anspielung auf die russische Geschichte im Vorfeld der Oktoberrevolution gab er die Versicherung ab, dass sein Kabinett keine Regierung Kerenski sein werde, die einem Lenin den Weg bereite.[28] Diese deutliche Botschaft sollte nicht nur die Finanzmärkte beruhigen, sondern auch die Euphorie der Massen bremsen. In diesem Sinne erteilte er allen Forderungen, die auf eine sofortige Amtsübernahme abzielten, eine entschiedene Abfuhr.[29]

---

26 Zu den Wahlergebnissen vgl. Dupeux, G., Le Front populaire et les élections de 1936, Paris 1959.
27 Vgl. L'Œuvre de Léon Blum 1934–1937, a.a.O., S. 255f.
28 Vgl. ebd., S. 267.
29 Die Legislaturperiode der 1932 gewählten Kammer dauerte bis Anfang Juni. In der Zeit von der Veröffentlichung des amtlichen Wahlergebnisses am 4. Mai bis zum 4. Juni amtierte weiterhin das Kabinett Sarraut.

Weder wollte er sich dem Vorwurf der Missachtung parlamentarischer Gepflogenheiten aussetzen, noch sich dem „Diktat der Straße" beugen. Diese Zeit der politischen Passivität brachte Blum allerdings in die missliche Lage, die erwartungsvollen Arbeiter, die auf eine sofortige Umsetzung der im Volksfrontprogramm fixierten Maßnahmen drängten, auf die Zeit nach seiner Amtsübernahme verweisen zu müssen. Doch weder seine Verständniserklärungen für die Ungeduld der Arbeiter noch seine Aufrufe zu Ruhe und Besonnenheit konnten die soziale Explosion verhindern. Wie ein Buschfeuer weiteten sich die Streiks aus, erfassten das ganze Land und erreichten mit bis zu zwei Millionen Beteiligten ein in Frankreich bisher nicht gekanntes Ausmaß. Die Organisiertheit und der Umfang der Streikwelle erschreckten die Unternehmer derart, dass sie nun ihrerseits das Ende des vierwöchigen „Interregnums" herbeisehnten und den künftigen Ministerpräsidenten um eine Vermittlung im Konflikt baten.[30]

Während die Arbeiter und Angestellten selbstbewusst und erwartungsvoll ihre Betriebsbesetzungen fortsetzten, präsentierte Blum sein Kabinett. Es umfasste 21 Minister und 14 Unterstaatssekretäre, die den Sozialisten, den Radikalsozialisten sowie der *Union Socialiste et Républicaine* angehörten. Die Kommunisten verzichteten zum Bedauern Blums auf einen Eintritt in die Regierung, sagten ihm aber ihre parlamentarische Unterstützung zu.[31] Schlüsselpositionen erhielten die Sozialisten Roger Salengro (Inneres), Vincent Auriol (Finanzen), Charles Spinasse (Wirtschaft) und die Radikalsozialisten Yvon Delbos (Äußeres), Édouard Daladier (Verteidigung und Vizepräsidentschaft) und Jean Zay (Erziehung). Mit der erstmaligen Berufung von drei Frauen zu Unterstaatssekretärinnen, unter ihnen die Nobelpreisträgerin Irène Joliot-Curie für Wissenschaft und Forschung, setzte er ein weithin sichtbares Zeichen für die politische Gleichstellung des weiblichen Geschlechts. Weitere Neuerungen zielten auf die Effektivierung der Regierungstätigkeit und die Straffung des Staatsapparates ab. Hierzu trug vor allem die Errichtung eines dem Ministerpräsidenten direkt zuarbeitenden Generalsekretariats bei, dessen Leitung Jules Moch übernahm. Als Mitarbeiter gehörten diesem Gremium überdies Blums Sozius in der gemeinsamen Anwaltskanzlei André Blumel und der Linksaußen der SFIO Pivert an. Diese und weitere strukturelle Änderungen erlaubten es Blum, seine Vorstellungen von der Tätigkeit eines *Président du Conseil* umzusetzen. In dieser Funktion sah er sich eher als Ideengeber im vertrauten Gespräch mit seinen Ministern und Staatsse-

---
30 Vgl. L'Œuvre de Léon Blum 1940–1945, Paris 1955, S. 263f.
31 Vgl. Duclos, J., Memoiren …, a.a.O., S. 503.

kretären, denn als anweisender Vorgesetzter eines umfänglichen Apparates. Enge Mitarbeiter wussten von seinem ausgeprägten Beratungsbedürfnis und seiner soliden Sachkenntnis in vielen Fachbereichen zu berichten.[32]

Doch mehr als die Besetzung der einzelnen Ressorts und die anschließende Vertrauensabstimmung durch die Abgeordneten interessierte die Öffentlichkeit, ob es Blum gelingen werde, die Streiksituation zu entschärfen. Bedrängt von vielen Seiten, rief Blum noch vor seiner parlamentarischen Bestätigung über das Radio zur Wiederaufnahme der Arbeit auf, kündigte in der Kammer die schnellstmögliche Umsetzung des Volksfrontprogramms an und lud schließlich die Spitzenverbände der Unternehmer und Gewerkschaften zu Gesprächen in sein Büro ein. Dabei bot sich der Ministerpräsident in besonders kritischen Phasen der Unterredung selbst als Schlichter an. Im Ergebnis dieser mehrstündigen Verhandlungen unterzeichneten die Tarifpartner das nach dem Amtssitz des Ministerpräsidenten benannte Matignon-Abkommen, das als Gegenleistung für die Beendigung des Ausstandes eine allgemeine Lohnerhöhung zwischen 7 und 15 Prozent vorsah, den Abschluss kollektiver Arbeitsverträge erlaubte und die Wahl gewerkschaftlicher Betriebsvertreter garantierte. Ergänzt wurden diese Vereinbarungen durch eine Reihe von Gesetzesinitiativen, die die Regierung Blum in großer Eile vorlegte und mit Erfolg nicht nur durch die Kammer, sondern auch durch den wesentlich widerspenstigeren Senat brachte, dessen konservative Zusammensetzung unberührt geblieben war. Zu den populärsten Sozialgesetzen gehörten zweifellos die Einführung des bezahlten Jahresurlaubs für zwei Wochen, die Begrenzung der Wochenarbeitszeit auf 40 Stunden, die Förderung von kollektiven Tarifverträgen sowie die Aufbesserung von Pensionen, Renten, Sozialunterstützungen und Überbrückungshilfen. Ferner wurden die Ligen aufgelöst, bestimmte Rüstungsindustrien nationalisiert und die Schulpflicht wurde bis zum Alter von 14 Jahren ausgedehnt.[33]

All diese Maßnahmen bewirkten eine spürbare Verbesserung der Lage der Arbeiter und Angestellten. Hunderttausende von ihnen reisten in ihrem Leben erstmals in den Urlaub, erholten sich an der Riviera, in den Pyrenäen oder in der Normandie und erschlossen sich neue Aktivitäten außerhalb der Arbeitswelt. Die Arbeitnehmer empfanden dieses unbekannte Lebensgefühl als eine Art Befreiung. Für einen kurzen Augenblick schien die Volksfront auf der ganzen Linie

---

32 Vgl. Colton, J. G., Léon Blum ..., a.a.O., S. 143f.
33 Ausführlich werden die Sozialgesetze dargelegt bei: Danos, J./Gibelin, M., Die Volksfront in Frankreich. Generalstreik und Linksregierung im Juni 1936, Hamburg 1982, S. 155ff.

gesiegt zu haben. Jedoch zeigte sich bald, dass ihr die Kraft zu nachhaltigen wirtschaftlichen Strukturreformen fehlte. Die Nationalisierung der Rüstungsindustrie, die staatliche Lenkung des Getreidemarktes und die Reorganisation der Banque de France reichten bei weitem nicht aus, um den Einfluss der „200 Familien" wirkungsvoll zu begrenzen. So musste Blum mit ansehen, wie die Unternehmer zum Gegenschlag rüsteten und in die Offensive gingen. Natürlich verringerten die Lohnsteigerungen und die Anhebung der Sozialstandards die Konkurrenzfähigkeit französischer Produkte. Aber die forcierte Flucht des Kapitals, die mangelnde Investitionsbereitschaft und die zunehmende Infragestellung des Matignon-Abkommens waren vorrangig politisch motivierte Entscheidungen, um das Werk der Volksfront generell zu torpedieren. Unter diesen Umständen verfehlten die Lohnerhöhungen, wie von den Anhängern der Kaufkrafttheorie erhofft, ihre stimulierende Wirkung auf das nationale Wirtschaftsleben. Stattdessen stieg der Import, das Handelsdefizit wuchs und die Inflation beschleunigte sich. Auf diese Weise ließen sich weder die Steuererträge steigern noch die Arbeitslosenzahlen reduzieren.

In dieser prekären Lage sahen sich Blum und sein Finanzminister Auriol im Oktober 1936 gezwungen, den Franc abzuwerten, was die Löhne der Bevölkerung weiter aufzehrte. Diese erste Verbeugung vor der Macht des Kapitals honorierten die Börsen jedoch nicht. Die Spekulation gegen den Franc wurde fortgesetzt und der erhoffte Aufschwung blieb aus. Schließlich gab Blum dem anhaltenden Druck der Hochfinanz erneut nach und verkündete am 13. Februar 1937 eine „Pause" bei der weiteren Realisierung des Volksfrontprogramms. Die Aussetzung wichtiger Projekte bedeutete, wenngleich man sich dies auf Seiten der Linksallianz noch nicht eingestehen wollte, das vorläufige Scheitern sozialer Reformbemühungen und eine Rückkehr zur Deflationspolitik konservativer Kabinette. Enttäuschung und Unzufriedenheit brachen sich Bahn. Die Regierung Blum verlor an Autorität.

Begünstigt wurde dieser Erfolg der Finanzgewaltigen durch die kaum noch zu verdeckenden Differenzen zwischen den Volksfrontparteien, deren Gründe aber nicht allein in unterschiedlichen Wirtschaftskonzepten lagen. Als schwere außenpolitische Belastung erwies sich der faschistische Putsch in Spanien. Am 20. Juli 1936 erhielt Blum ein Telegramm, in dem der spanische Ministerpräsident José Giral über die Rebellion der Militärs unter Führung von Francisco Franco informierte und um eine sofortige Lieferung von Waffen und Flugzeugen nachsuchte. Für Blum bestand nicht der geringste Anlass, sich dieser Bitte zu verweigern. Zum einen hatte Frankreich seinem Nachbarn in einem Handelsvertrag vom Dezember 1935 das Recht zu Waffenverkäufen eingeräumt, zum anderen stand es jeder legalen Regierung frei, zur Niederschlagung eines gegen sie gerichteten Aufruhrs Kriegsmaterialien im Ausland zu erwerben.

Dieser eher juristischen Bewertung konnte Blum aber auch deshalb leichten Herzens folgen, da sie mit seinen politischen Grundsätzen übereinstimmte. Als überzeugter Demokrat verabscheute er jedes auf Gewalt basierende Regime. Seine Aversion gegen diejenigen, die die „Würde und die Freiheit der Menschen" mit Füßen traten, war abgrundtief und grenzenlos. Deshalb attackierte er Mussolinis Brutalität genauso, wie er Hitlers Terror und Rassismus geißelte. Zu Recht befürchtete er, dass die beiden Diktatoren versucht sein könnten, die inneren Spannungen in ihren Ländern in außenpolitische Aggressionen umzumünzen. Auf der Suche nach schlüssigen Rezepten zur Eindämmung dieser Gefahr unterlag er aber manchen Fehldeutungen und Illusionen. Bis in die 30er Jahre hinein befürwortete er entschieden eine allgemeine Abrüstung als einzig erfolgversprechenden Weg der Friedensbewahrung. Sollte anfangs die internationale Schiedsgerichtsbarkeit den Pfad zur Abrüstung weisen, so favorisierte er in der zweiten Hälfte der 20er Jahre sogar den Gedanken an eine einseitige Reduzierung französischer Waffen. Dieser Schritt würde dem Land nach seiner Überzeugung so viel moralisches Ansehen verleihen, dass es kraft dieses Beispiels unangreifbar wäre.[34] Aus diesem Blickwinkel hielt Blum eine Politik der harten Hand, wie im Versailler Vertrag festgelegt und bei der Ruhrbesetzung praktiziert, für gänzlich ungeeignet. Doch das Scheitern der Genfer Abrüstungskonferenz sowie die offene Wiederbewaffnung Deutschlands machten alle Hoffnungen auf eine „Ära des Pazifismus" zunichte. Desillusioniert näherte sich der Sozialist der ursprünglich missbilligten Bündnispolitik Louis Barthous' an. Zwar stimmte er 1935 noch gegen den Verteidigungshaushalt und die Verlängerung der Dienstpflicht auf zwei Jahre, plädierte inzwischen aber doch für ein Netz von regionalen Abkommen wechselseitiger Unterstützung, das England und die Sowjetunion als wichtigste Verbündete einschloss. Der Überfall Italiens auf Abessinien und der deutsche Einmarsch in das entmilitarisierte Rheinland beschleunigten diesen Prozess der Umorientierung. Insofern war es geradezu folgerichtig und ein Gebot strategischer Vernunft, das ideologisch verwandte Volksfrontbündnis in Madrid zu unterstützen, um die Etablierung einer weiteren faschistischen Diktatur vor der Haustür zu verhindern. Ein mögliches Zusammengehen Francos mit Hitler und Mus-

---

34 Vgl. Vaïsse, M., Der Pazifismus und die Sicherheit Frankreichs 1930–1939, in: Vierteljahreshefte für Zeitgeschichte 4/1985, S. 394.

solini hätte die Ausgangslage Frankreichs im Falle eines militärischen Konflikts erheblich verschlechtert. Daher verwundert es kaum, dass sich Blum mit seinen Ministern Delbos, Daladier und Pierre Cot (Luftfahrt), denen er den Inhalt des am 20. Juli 1936 erhaltenen Madrider Telegramms mitgeteilt hatte, vorerst einig wusste, die Wünsche des spanischen Ministerpräsidenten Giral unverzüglich zu erfüllen. An dieser Einmütigkeit konnte sich Blum allerdings nur wenige Stunden erfreuen. Die mit Franco sympathisierende französische Rechtspresse, von Beamten der spanischen Botschaft über die beabsichtigte Hilfe unterrichtet, schlug sofort Alarm und entfachte eine regelrechte Hetzkampagne gegen Blum. Sie beschuldigte ihn, das eigene Land nicht nur in die spanische Anarchie, sondern in einen europäischen Krieg treiben zu wollen. Auf diese Enthüllungen während seines Londonbesuchs am 23. Juli angesprochen, bejahte Blum die geplante Hilfsaktion, woraufhin Außenminister Anthony Eden ihn zur äußersten Vorsicht mahnte.[35]

Erfolgte das britische Abraten in höflicher, aber kühl distanzierter Form, so gingen die Wogen der Erregung in Paris hoch. Nacheinander warnten die Vorsitzenden von Senat und Kammer Jules Jeanneney und Édouard Herriot sowie der Präsident der Republik Lebrun den Regierungschef vor einem Eingreifen in den Konflikt. Nahezu übereinstimmend argumentierten sie, dass niemand verstehen könnte, dass man einen Krieg wegen Spanien wage, nachdem man die militärische Besetzung des Rheinlandes, die die direkte Sicherheit Frankreichs betraf, tatenlos hingenommen hatte. In ihren Ausführungen klang deutlich die Besorgnis vor inneren Unruhen durch.

Auch wenn Blum die Meinung solch gewichtiger Funktionsträger des Staates keineswegs ignorierte, so schien er doch überzeugt, dass eine Ablehnung der spanischen Wünsche und die daraus erwachsende Niederlage der Republikaner sich zumindest ebenso nachteilig auf Frankreichs Sicherheit auswirken würde wie der von rechtsextremen Kreisen immer wieder an die Wand gemalte Bürgerkrieg. Vielleicht vor eine seiner schwierigsten politischen Entscheidungen gestellt, beharrte Blum am 25. Juli auf der ersten von drei Ministerratssitzungen, die sich in den nächsten zwei Wochen der spanischen Frage widmen sollten, auf der zugesagten Hilfe. Um jedoch den Opponenten innerhalb der Volksfrontmehrheit ent-

---

35 Vor der parlamentarischen Untersuchungskommission zur Aufdeckung der Ursachen für die Katastrophe von 1940 berichtete Blum 1947 über die Haltung der britischen Regierung während seines Besuchs: Vgl. Les événements survenus en France de 1933 à 1945. Rapport fait au nom de la Commission de l'Assemblée Nationale, Témoignages et Documents, Bd. 1, Paris 1951, S. 215ff.

gegenzukommen, die im Falle einer französischen Unterstützung Girals das Nachziehen Deutschlands und Italiens für Franco befürchteten, sollten die Waffenlieferungen von der Privatindustrie ausgeführt werden und über Mexiko nach Spanien erfolgen. So konnte nach außen der Schein der Neutralität gewahrt werden.

Die Internationalisierung des Konflikts ließ sich jedoch damit nicht abwenden. Am 30. Juli 1936 mussten zwei italienische Militärflugzeuge in Französisch-Marokko notlanden, die zweifelsfrei für die putschenden Generäle bestimmt waren. Die Aufdeckung der italienischen Unterstützung hätte Blum eine Rückkehr zu seinen ursprünglichen Absichten ermöglicht. Doch der Ministerpräsident nutzte die Gunst der Stunde nicht. Vor dem außenpolitischen Ausschuss des Senats erklärte er nur, dass im Falle eines Eingreifens ausländischer Mächte seine Regierung ihre vollständige Handlungsfreiheit wiedererlangen würde. Hatte Blum angesichts der veränderten Situation auf einen Meinungsumschwung gesetzt, so sah er sich zumindest in der Runde seines Kabinetts am 1. August getäuscht. Nach wie vor ging ein tiefer Riss durch die Regierung.[36] Während Luftfahrtminister Cot als konsequentester Befürworter einer Unterstützung den Nachweis italienischer Waffenlieferungen zum Anlass nahm, noch entschiedener auf eine wirksame Hilfe für Madrid zu drängen, lehnten die Minister Camille Chautemps und Delbos als Gegner selbige mit Verweis auf die britische Haltung ab. Die Konservativen an der Themse hatten ihre Sympathien für die Putschisten kaum verschleiert und Frankreich mehrfach zur Wahrung strikter Neutralität aufgefordert. Diese zugespitzten Differenzen verstärkten Blums innere Zweifel und Kämpfe. Hin und her gerissen zwischen der eigentlichen Pflicht zur Hilfe und den schwer kalkulierbaren Folgen für die Sicherheit Frankreichs und das Schicksal der Volksfront, griff Blum die von seinem Außenminister ins Spiel gebrachte Idee eines Nichtinterventionsabkommens auf.[37] Bis zu dessen Realisierung wollte sich der Regierungschef allerdings nicht die Hände binden. Während Delbos in den folgenden Tagen und Wochen die europäischen Großmächte auf eine Nichteinmischung zu verpflichten versuchte, unternahm der Ministerpräsident einen letzten Versuch, den britischen Partner auf die Gefahren eines Sieges Francos für die Seewege im westlichen Mittelmeer und im nördlichen Atlantik aufmerksam zu machen. Doch auch die Mission des Flottenchefs Darlan scheiterte. Entmutigt

---

36 Eine genaue Auflistung der Verfechter und Gegner einer Spanienhilfe unter den Ministern und Staatssekretären der Regierung findet man bei: Köller, H., Für Demokratie, ..., a.a.O., S. 166f.
37 Vgl. Renouvin, P., La politique extérieure du premier gouvernement Léon Blum, in: Renouvin, P./ Rémond, R., Léon Blum. Chef de gouvernement 1936–1937, Paris 1981, S. 334.

von der selbstgefälligen Ignoranz britischer Entscheidungsträger, zermürbt von der fortgesetzten antisemitisch eingefärbten Diffamierungskampagne, vor allem aber bedrückt von der Uneinigkeit seiner Minister, erwog Blum in den ersten Augusttagen den Gedanken an einen Rücktritt. Nach eigenem Bekunden hielt ihn lediglich die inständige Bitte seiner spanischen Freunde, die von einer neuen französischen Regierung noch weniger Unterstützung erwarten durften, von diesem Schritt ab. Allerdings konnten auch sie einen Kurswechsel nicht verhindern.

Diese Korrektur fand in der Ministerratssitzung am 8. August ihren Niederschlag. Gepeinigt von Gewissensbissen[38], stimmte Blum der Einstellung von staatlichen und privaten Waffenlieferungen an die spanische Regierung zu. Über die Konsequenzen dieser einseitig von Paris ergriffenen Maßnahme konnten keine Illusionen bestehen. Frankreich entzog der spanischen Republik genau in jenem Augenblick die Hilfe, in der die Volksfrontregierung sie am dringendsten benötigte. An diesem Sachverhalt änderte auch nichts, dass Blum – wie treue Weggefährten später in apologetischer Absicht hervorhoben – den Beschluss in der Kabinettssitzung so lange hinauszögerte, bis er erfuhr, dass das letzte der Madrid zugesagten Jagdflugzeuge gestartet war.[39] Verglichen mit den Waffenlieferungen Roms und Berlins war dieser Beitrag jedoch nicht mehr als der berühmte Tropfen auf den heißen Stein.

Nach dieser folgenschweren Initiative gelang es Frankreich zunächst Großbritannien, danach die Sowjetunion und Italien und schließlich am 24. August 1936 auch Deutschland zum Verzicht auf eine Politik der Einmischung zu bewegen. Zur Überwachung des Embargos wurde eiligst ein Komitee in London eingerichtet. Doch weder Hitler noch Mussolini hatten wirklich die Absicht, sich an diese Vereinbarung zu halten. Gegenüber ihren Versprechen verhielt sich Paris ausgesprochen leichtgläubig. Selbst als vermehrt Nachrichten über eine massive Verletzung des Vertrages durch Deutschland und Italien publik wurden, blieb die Regierung an der Seine erstaunlich untätig. Diese stillschweigende Duldung des Wortbruchs erweckte bei vielen französischen Antifaschisten aller parteipolitischen Richtungen Unverständnis und Zorn. Auf zahlreichen Kundgebungen riefen sie zur Aufgabe der verlogenen Neutralitätspolitik und zur uneingeschränkten Solidarität mit der spanischen Republik auf. Die Flut der Empörung und Vorwürfe, die sich über die Verfechter einer Nichteinmischung ergoss, ließ Blum

---

38 Vgl. Cot, P., Triumph of Treason, Chicago, New York 1944, S. 344.
39 Vgl. Les événements survenus …, a.a.O., S. 219. Siehe auch: Moch, J., Rencontres avec Léon Blum, Paris 1970, S. 198ff.

nicht unberührt. Mit einem gewissen Geschick stellte er sich der Kritik. Er äußerte einerseits Verständnis für den Unwillen der Protestierenden und bekräftigte damit nur, wie schwer ihm die Entscheidung selbst gefallen war, um dann andererseits deutlich hervorzuheben, dass er mit seinen Beschlüssen der Erhaltung des europäischen Friedens gedient habe.[40] Jahre später fügte er den Motiven der hohen Politik noch andere, innenpolitische Gründe hinzu.[41]

Die angeführten Argumente dienten vor allem der nachträglichen Rechtfertigung einer fehlgeschlagenen Politik. Sicherlich gab es eine nicht unbeträchtliche Anzahl plausibler Gründe für Blums Umschwenken. Gleichwohl existierten auch Alternativen zur Nichteinmischung. Selbst Finanzminister Auriol, einer der engsten Vertrauten Blums, sah keine zwingende Notwendigkeit, der Haltung Großbritanniens unbedingt zu folgen. Immerhin hatte auch London ein vitales Sicherheitsinteresse an einer Kooperation mit dem kontinentalen Verbündeten. Insoweit hätte zumindest ein entschiedenerer Versuch unternommen werden können, eine stärkere Berücksichtigung französischer Interessen in der britischen Außenpolitik anzumahnen. Überdies unterließ Blum ernsthafte Bemühungen, den mit der Sowjetunion bestehenden Vertrag durch vertiefende militärische Absprachen substantiell zu untermauern. Weitgehend kritiklos folgte er den Überlegungen der Militärs im Generalstab, die den Wert der Roten Armee eher gering einschätzten.[42]

Ebenso wie in der Außen- bestanden auch in der Innenpolitik Möglichkeiten, auf die Blum nicht zurückgriff. Die Pattsituation im Kabinett hätte er auflösen können, wenn er das außerparlamentarische Potenzial abgerufen und für seine ursprünglichen Absichten eingesetzt hätte. Die Intentionen des PCF, der Gewerkschaften und zahlreicher Komitees, in denen auch die Mittelschichten engagiert mitarbeiteten, stimmten mit den Sympathiebekundungen des Ministerpräsidenten überein. Aber es entsprach nicht Blums Naturell, die harte Auseinandersetzung mit den radikalsozialistischen Ministern zu führen. Er sah sich vielmehr als Vermittler zwischen den gegensätzlichen Auffassungen. Deshalb suchte er schon frühzeitig den Kompromiss, der jedoch einem stetigen Rückzug seiner anfänglichen Parteinahme für die spanischen Demokraten gleichkam. Im Wissen um die berechtigten Einwände korrigierte er zumindest heimlich die Nichteinmischungspolitik und akzeptierte deren laxe Handhabung. Stillschweigend deckte er eine

---

40 Vgl. L'Œuvre de Léon Blum 1934–1937, a.a.O., S. 393.
41 Vgl. Blums Brief an Suzanne Blum vom 9.7.1942, in: Audry, C., Léon Blum ou la politique du juste, Paris 1955, S. 130f.
42 Vgl. Renouvin, P., La politique extérieure …, a.a.O., S. 347f.

von Cot organisierte diskrete militärische Hilfe, schloss die Augen vor halbherzigen Grenzkontrollen und duldete die Mobilisierung von freiwilligen Kämpfern für die internationalen Brigaden.

Enttäuscht von der offiziellen Aufrechterhaltung des Nichteinmischungskurses, der die Diktatoren in Deutschland und Italien nachhaltig begünstigte, gingen die Kommunisten im Herbst 1936 deutlich auf Distanz zum Regierungschef. Die Treffen, in denen Blum in seiner Privatwohnung am Quai de Bourbon Thorez und Duclos vertrauliche Hintergrundinformationen gab, wurden seltener.[43] Dafür häuften sich die Meinungsverschiedenheiten und Unstimmigkeiten. Die fortschreitende Entfremdung zwischen den Linksparteien fand ihren sichtbaren Ausdruck in der außenpolischen Parlamentsdebatte im Dezember 1936. Namens der kommunistischen Fraktion warf Thorez dem Ministerpräsidenten eine übertriebene Nachgiebigkeit gegenüber London vor. Der PCF könne die daraus erwachsene Blockadepolitik nicht mehr mittragen, da sie zur Aufgabe des republikanischen Spaniens führe und nicht – wie der Ministerpräsident fortlaufend versicherte – dem Frieden in Europa diene. Lediglich aus Sorge um die Einheit der Volksfront kündigte der Parteichef die Stimmenthaltung der kommunistischen Abgeordneten an.[44]

Der an Blum gerichtete Vorwurf der Selbsttäuschung bezog sich aber nicht allein auf die Spanienfrage, sondern zielte auch auf die Illusion eines Ausgleichs mit Hitlerdeutschland. Nach der Rheinlandbesetzung hatte Blum die Hoffnung auf ein „neues Locarno"[45] nicht aufgegeben, zumal zur diplomatischen Absicherung des Einmarsches entsprechende Signale von Berlin ausgesandt worden waren. Die Gelegenheit, den abgerissenen Gesprächsfaden mit der Reichsführung wieder aufzunehmen, bot sich dem Ministerpräsidenten im August beim Parisbesuch von Hitlers Emissär Hjalmar Schacht.[46] Der hierbei vom Wirtschaftsminister entwickelte Gedanke, die Rückgabe der ehemaligen deutschen Kolonien an das Reich sowie die Befriedigung deutscher Rohstoff- und Devisenprobleme mit Garantien für die europäische Sicherheit zu verbinden, hielt Blum für durchaus prüfenswert. Offenbar schloss der Ministerpräsident erneute Konzessionen nicht aus, wenn der Nachbar wieder in den Völkerbund eintreten und die Rüstungs-

---

43 Über die Atmosphäre und den „privaten" Charakter dieser Gespräche gibt Duclos in seinen Memoiren Auskunft. Vgl. Duclos, J., Memoiren ..., a.a.O., S. 516ff.
44 Vgl. Journal offiziel, 6.12.1936, S. 3366ff.
45 Vgl. Moch, J., Rencontres avec Léon Blum, a.a.O., S. 256.
46 Vgl. Documents diplomatiques français 1932–1939, 2ᵉ série, tome III (19 juillet – 19 novembre 1936) document 213, Paris 1966, S. 307ff.

begrenzung akzeptieren würde. Doch ehe diese Idee Platz greifen konnte, kam aus London der kategorische Einspruch. Die Kolonien standen nicht zur Disposition.

Angesichts der ausgeprägten Verhandlungs- und Abrüstungsbereitschaft Blums mutet es auf den ersten Blick paradox an, dass seine Regierung wesentlich mehr für die Aufrüstung des Landes tat als ihre konservativen Vorgängerinnen. Aber die dramatischen Veränderungen auf dem Schachbrett der europäischen Politik ließen ihr auch keine andere Wahl. Letzter Stein des Anstoßes war die Verlängerung der Wehrpflicht in Deutschland. Daraufhin bewilligte das französische Kabinett im September 1936 die für damalige Verhältnisse beachtliche Summe von 14 Milliarden Francs für ein vierjähriges Aufrüstungsprogramm. Im März 1937 legte Finanzminister Auriol eine Anleihe von 5 Milliarden Francs auf, die innerhalb eines Tages gezeichnet wurde. Um die Höhe und die Wirkung der eingesetzten Kredite korrekt einschätzen zu können, darf man allerdings nicht vergessen, dass Deutschland im genannten Zeitraum vergleichbare 40 Milliarden Francs zur Aufrüstung zur Verfügung stellte[47] und dass über die Verwendung der französischen Kredite Politiker und Militärs entschieden, deren Vorstellungen nach wie vor von den überholten Erfahrungen der Stellungsschlachten des Ersten Weltkrieges bestimmt waren. Nach dem Überfall der Wehrmacht auf Frankreich machte sich Blum bittere Vorwürfe, die gültige Militärstrategie nicht kritischer hinterfragt und die Verwendung der Gelder nicht intensiver kontrolliert zu haben, zumal er von Charles de Gaulle auf die Konsequenzen des veralteten Defensivdenkens hingewiesen worden war.[48]

Die dürftige Bilanz der außenpolitischen Bemühungen Blums konnte die nach der sozialpolitischen „Pause" ins Stocken geratene Volksfront nicht beleben. Infolge der zahllosen Schwierigkeiten witterte die Opposition im Frühjahr 1937 Morgenluft und schlug die ausgestreckte Hand Blums, der über weitere Zugeständnisse nachdachte, aus. Unverdrossen machte sie weiter Front gegen das Linksbündnis. Zur Mühsal des Regierens kamen zwei tragische Ereignisse, die den Ministerpräsidenten schwer erschütterten. Sowohl der Freitod von Innenminister Salengro im November 1936, der nach einer perfiden Verleumdungskampagne tief verletzt seinem Leben ein Ende setzte, als auch die Opfer von Clichy,

---

47 Vgl. Bariéty, J., Léon Blum et l'Allemagne 1930–1938, in: Les relations franco-allemandes 1933–1939. Colloques internationaux de Centre National de la Recherche Scientifique, 7–10 octobre 1975, Paris 1976, S. 50.
48 Vgl. Gaulle, Ch. de, Memoiren. Der Ruf. 1940–1942, Berlin, Frankfurt/M. 1955, S. 25f.

die nach einem gewalttätigen Zusammenstoß zwischen Volksfrontanhängern und der Polizei im März 1937 zu beklagen waren,[49] trieben den Regierungschef an den Rand der Verzweiflung. Immerhin hatte „seine" Polizei auf „seine" Arbeiter geschossen. Während der über den Gewaltausbruch entsetzte Blum abermals über einen Rücktritt nachdachte, schlachtete die oppositionelle Presse genüsslich die tragischen Ereignisse aus, indem sie Karikaturen von einem blutverschmierten Ministerpräsidenten präsentierte und Vergleiche mit dem „Bluthund" Noske, der während der revolutionären Ereignisse in Deutschland auf protestierende Arbeiter hatte schießen lassen, verbreitete. In jedem Fall verlor der Ministerpräsident in den Reihen der Volksfrontmehrheit an Rückhalt.

Zum aufkommenden Gegenwind, der Blum von links und rechts ins Gesicht blies, gesellte sich eine akute Finanzkrise, die sich im Juni dramatisch zuspitzte. Der nach dem 13. Februar 1937 eingeschlagene Beschwichtigungskurs gegenüber den potenten Wirtschaftskreisen war fehlgeschlagen, denn die Kapitalflucht hielt nicht nur an, sondern sie steigerte sich noch. Zur chronischen Finanzknappheit des Staates kamen noch die enormen Kosten der Wiederaufrüstung hinzu. Nach Auffassung aller namhaften Experten steuerte Frankreich auf einen Bankrott zu. In dieser höchst angespannten Lage riss Blum endgültig der Geduldsfaden. Um gegen die Spekulanten an den Börsen zielgerichtet vorgehen und die Währung wirkungsvoll verteidigen zu können, forderte er außerordentliche, bis zum 31. Juli zeitlich begrenzte Vollmachten. Während die Kammer dieser Bitte entsprach, verweigerte sich der Senat. Insbesondere die radikalsozialistischen Senatoren, die 1936 sowieso nur widerwillig ihrem linken Parteiflügel gefolgt und längst der Volksfront überdrüssig waren, suchten nun die Konfrontation mit der Regierung. Blum hätte den Kampf mit ihnen aufnehmen können. Finanzminister Auriol, viele Linkssozialisten und die kommunistische Parlamentsfraktion ermutigten ihn geradezu, sich über die Entscheidung des Senats hinwegzusetzen und den Konflikt zu wagen. Doch Blum scheute eine mögliche Verfassungskrise. Die Grenzen der „Ausübung der Macht" wollte er auf keinen Fall überschreiten. Erschöpft und enttäuscht erklärte er am 22. Juni 1937 seinen Rücktritt.

Das Scheitern des „Experiments" Blum, dem im Herbst 1938 das Auseinanderbrechen der Volksfront folgte, begrub vorerst alle Hoffnungen auf die Verwirklichung einer sozial gerechteren Gesellschaft. Die Frustration über den misslungenen Versuch ließ Blum aber zu keiner Stunde an seinen tief verwurzel-

---

49 Zu den etwa 300 Verletzten dieser Auseinandersetzung gehörte auch der Generalsekretär Blums André Blumel, der während eines Schlichtungsversuchs von zwei Kugeln getroffen wurde.

ten Idealen zweifeln. Er blieb ihnen auch in den politischen Wirren der folgenden Jahre treu und verteidigte sie noch mutig und standhaft, als viele der erbittertsten Gegner der Volksfront der Verteidigung der Französischen Republik längst die Kollaboration mit Nazideutschland vorgezogen hatten.

SCHRIFTEN VON BLUM

L'Œuvre de Léon Blum 1891–1905, Paris 1954
L'Œuvre de Léon Blum 1905–1914, Paris 1962
L'Œuvre de Léon Blum 1914–1928, Paris 1972
L'Œuvre de Léon Blum 1928–1934, Paris 1972
L'Œuvre de Léon Blum 1934–1937, Paris 1964
L'Œuvre de Léon Blum 1937–1940, Paris 1965
L'Œuvre de Léon Blum 1940–1945, Paris 1955
L'Œuvre de Léon Blum 1945–1950, Paris 1963

LITERATUR ÜBER BLUM

Arndt, R., Léon Blum: Ein jüdischer Franzose. Zur Bedeutung von bildhaften Vorstellungen für die antisemitische Propaganda während der 30er Jahre, Hannover 1997
Audry, C., Léon Blum ou la politique du juste, Paris 1955
Bariéty, J., Léon Blum et l'Allemagne, 1930–1938, in: Colloques internationaux du Centre National de la Recherche Scientifique, Strasbourg 7–10 octobre 1975: Les relations franco-allemandes 1933–1939, Paris 1976, S. 33-55.
Blumel, A., Léon Blum. Juif et sioniste, Paris 1951
Bauchard, Ph., Léon Blum. Le pouvoir pour quoi faire?, Paris 1976
Colton, J. G., Léon Blum. Humanist in Politics, New York 1966
Dalby, L.E., Léon Blum. Evolution of a Socialist, New York, London 1963
Dansette, A., Histoire des présidents de la République, Paris 1960
Fraser, G., Léon Blum, London 1937
Glasneck, J., Léon Blum – Republikaner und Sozialist, Frankfurt/M. 2003
Glasneck, J., Léon Blum und der Prozeß von Riom, in: Kongreß und Tagungsberichte der Martin-Luther-Universität Halle-Wittenberg, Wissenschaftliche Beiträge 1982/24 (C23)
Greilsammer, I., Blum, Paris 1996
Haupt, H.-G., Léon Blum, in: Christadler, M. (Hrsg.), Die geteilte Utopie. Sozialisten in Frankreich und in Deutschland. Biografische Vergleiche zur politischen Kultur, Opladen 1985, S. 247-257.
Lacouture, J., Léon Blum, Paris 1977
Moch, J., Rencontres avec Léon Blum, Paris 1970
Perrein, L. (Hrsg.), Léon Blum, socialiste européen, Bruxelles 1995
Renouvin, P./Rémond, R. (Hrsg.), Léon Blum. Chef de gouvernement 1936–1937, Paris 1981
Ziebura, G., Léon Blum. Theorie und Praxis einer sozialistischen Politik, Bd. 1. 1872 bis 1934, Berlin 1963

GESAMTDARSTELLUNGEN ZUR ZEIT

Albertini, R. v., Zur Beurteilung der Volksfront in Frankreich (1934–1938), in: Vierteljahreshefte für Zeitgeschichte 7/1959, S. 130-162.
Berstein, S., Le 6 février 1934, Paris 1975
Bodin, L./Touchard, J., Front Populaire 1936, Paris 1985
Bourdé, G., La fin du Front populaire, Paris 1977
Brunet, J.-P., Histoire du Front populaire (1934–1938), Paris 1998
Chavardès, M., Le 6 février 1934. La République en danger, Paris 1966
Danos, J./Gibelin, M., Die Volksfront in Frankreich. Generalstreik und Linksregierung im Juni 1936, Hamburg 1982
Delperrié de Bayac, J., Histoire du Front populaire, Paris 1984
Dupeux, G., Le Front populaire et les élections de 1936, Paris 1959
Greene, N., Crisis and Decline. The French Socialist Party in the Popular front era, Ithaca (N.Y.) 1969
Guerin, D., Front populaire – révolution manquée. Témoignage militant, Arles 1997
Hanser, H., Die Volksfront in Frankreich. Das sozialpolitische Experiment der Regierung Blum, Berlin 1944
Hildebrand, K./Werner, K. F. (Hrsg.), Deutschland und Frankreich 1936–1939, München 1981
Kergoat, J., La France du front populaire, Paris 1986
Kolboom, I., Frankreichs Unternehmer in der Periode der Volksfront 1936–1937, Rheinfelden 1983
Köller, H., Frankreich zwischen Faschismus und Demokratie (1932–1934), Berlin 1978
Köller, H., Für Demokratie, Brot und Frieden. Die Volksfront in Frankreich 1935–1938, Bonn 1996
Lefranc, G., Le front populaire 1934–1938, Paris 1984
Lefranc, G., Histoire du Front populaire (1934–1938), Paris 1965
Moch, J., Le Front Populaire. Grand espérance, Paris 1971
Nogueres, H., La vie quotidienne en France au temps du Front populaire 1935–1938, Paris 1977
Ory, P., La belle illusion. Culture et politique sous la signe du Front populaire 1935–1938, Paris 1994
Pike, D. W., Les Français et la guerre d'Espagne, Paris 1975
Schieder, W./Dipper, Ch. (Hrsg.), Der Spanische Bürgerkrieg in der internationalen Politik (1936–1939), München 1976
Tartakowsky, D., Le Front populaire. La vie est à nos, Paris 1996
Wolikow, S., Le Front populaire en France, Brüssel 1996
Ziebura, G., „Volksfront", in: Sowjetsystem und demokratische Gesellschaft, Bd. 6, Freiburg, Basel, Wien 1972, S. 767-794.

Édouard Daladier (1884–1970)

VII.

ÉDOUARD DALADIER
(1884–1970)

Als am 18. Juni 1884 Édouard Daladier im ländlichen Carpentras, in der Nähe von Avignon im Département Vaucluse, geboren wurde, deutete nichts auf die spätere politische Karriere des Zweitgeborenen der Familie hin. Aus kleinbürgerlichen Verhältnissen stammend, Vater Claude und Mutter Rose, geborene Mouriès, betrieben im Heimatort eine ererbte Bäckerei, besuchte der Sohn die örtliche Schule. Er studierte dank mehrerer staatlicher Stipendien zwischen 1905 und 1908 an der Universität in Lyon Geschichte und Geographie und wurde schließlich 1909 Gymnasiallehrer in Nîmes und Grenoble. In den Auseinandersetzungen um die Dreyfus-Affäre und die noch ungefestigte Republik engagierte sich der Heranwachsende für die Rehabilitierung des jüdischen Hauptmanns, stritt für mehr Toleranz, Freiheit und Demokratie und unterstützte die Forderung nach Trennung von Staat und Kirche. Diese republikanischen Wertvorstellungen beeinflussten auch seine ersten kommunalpolitischen Schritte. Die Bürger seines Geburtsortes wählten ihn 1912 zu ihrem Bürgermeister. Im Frühjahr 1914 verlor er die Wiederwahl auch deshalb, weil er einem populären Pazifismus widersprach und die Verlängerung der Militärdienstzeit von zwei auf drei Jahre bejahte. Besonders prägend für seine Generation wurden jedoch die Erlebnisse des Ersten Weltkrieges. Eingezogen zu einem Infanteriebataillon, erlebte der Unteroffizier den vierjährigen Kampf in den Schützengräben an vorderster Front. Von Granatsplittern mehrfach verletzt, hinterließ das mörderische Wüten tiefe Spuren, die den nach dem Krieg im Rang eines Leutnants verabschiedeten und mit hohen Auszeichnungen geehrten ancien combattant bewogen, sich aktiv an der Landespolitik zu beteiligen. Unmittelbar nach seiner Demobilisierung heiratete er im Juli 1919 Madeleine Laffont, die er bei einem Fronturlaub kennen gelernt hatte. Maßgeblich befördert wurde Daladiers politischer Aufstieg von seinem ehemaligen Universitätslehrer Édouard Herriot, der durch sein Amt als Bürgermeister von Lyon über große Erfahrung und erheblichen Einfluss verfügte. Nachdem Daladier im November 1919 erstmals als radikalsozialistischer Deputierter des Vaucluse in der Abgeordnetenkammer Platz genommen hatte, eröff-neten sich dem Protegé Herriots schnell weitere Perspektiven. Mit dem Sieg des Linkskartells übernahm er von Juni 1924 bis Juli 1926 in den Regierungen Herriot, Paul Painlevé und Aristide Briand verschiedene Ministerposten. Begleitet wurde die steile Karriere allerdings durch das Zerwürfnis mit seinem politischen Mentor. Der über zwanzig Jahre während „Krieg der beiden Édouards" prägte nachhaltig den wechselvollen Kurs der Radikalsozialistischen Partei, der Daladier in den Jahren von 1927 bis 1931 und von 1935 bis 1938 vorstand. Im Gegensatz zu seinem Rivalen favorisierte Daladier als Vertreter des linken Flügels seiner Partei eine Zusammenarbeit mit den Sozialisten. Im Oktober 1928 setzte er auf dem Parteikongress in Angers den Austritt der radikalsozialistischen Minister aus dem Kabinett Raymond Poincaré durch und bereitete damit der Regierung der nationalen Einheit ein Ende. Im Januar 1933 erstmals zum Ministerpräsidenten gewählt, scheiterte er im Oktober desselben Jahres an Maßnahmen zur Sanierung der Staatsfinanzen. Seine zweite Amtszeit im Januar/Februar 1934 dauerte nur wenige Tage. Nach der versuchten Erstürmung des Palais Bourbon am 6. Februar trat er umgehend zurück. In Opposition zur radikalsozialistischen Beteiligung an den konservativen Regierungen der Union nationale bereitete er den Weg für eine Zusammenarbeit mit Sozialisten und Kommunisten vor. Diese Bemühungen mündeten im Juli 1935 in gemeinsame antifaschistische Demonstrationen, im darauf folgenden Herbst in die Erarbeitung eines abgestimmten Wahlprogramms und schließlich im April/Mai 1936 in den Wahlsieg des Linksbündnisses. In den vier Volkfrontregierungen von Juni 1936 bis April 1938 übernahm Daladier jeweils das Verteidigungsministerium. Nach dem faktischen Auseinanderbrechen der Volksfrontkoalition wurde Daladier am 10. April 1938 zum dritten Mal Ministerpräsident. Bis zum März 1940 konzentrierte er sich vor allem auf den wirtschaftlichen Wiederaufschwung und die interalliierte Koordination als unabdingbare Voraussetzung zur Landesverteidigung. Trotz beachtlicher Anstrengungen ermöglichten die zu späte Korrektur der Appease-

mentpolitik und die militärstrategischen Fehleinschätzungen den schnellen Sieg der Wehrmacht im Mai/Juni 1940. Da Daladier in der nachfolgenden Regierung Paul Reynaud als Verteidigungsminister von März bis Mai und als kurzzeitiger Außenminister Mai/Juni 1940 für die Fortsetzung des Kampfes gegen Hitler eintrat, wurde er im September 1940 von der Regierung in Vichy als einer der „Urheber der Niederlage" verhaftet, im Februar 1942 vor ein eigens nach Riom einberufenes Sondergericht gestellt und im April 1943 an Hitlerdeutschland ausgeliefert. Bis zur Befreiung war er vorübergehend in Buchenwald und von Mai 1943 bis Mai 1945 auf Schloss Itter (Tirol) inhaftiert. Nach Kriegsende bemühte er sich um ein politisches Comeback. Zwar errang er zwischen 1946 und 1958 durchgängig einen Sitz im Parlament, doch der Einfluss der Radikalsozialisten, deren maßgebliche Verantwortung am Niedergang der Dritten Republik nicht vergessen war, blieb begrenzt. In den zentralen außenpolitischen Nachkriegsdebatten befürwortete Daladier den Verbleib der Vereinigten Staaten in Westeuropa, stimmte gegen die Europäische Verteidigungsgemeinschaft und lehnte die Unabhängigkeitsforderungen der Kolonien weitgehend ab. Nachdem er 1958 den Wiedereinzug in die Nationalversammlung verpasst hatte, zog er sich aus dem öffentlichen Leben zurück. Am 10. Oktober 1970 starb Daladier in Paris.

Vom „Münchener wider Willen" zum Befürworter wirksamen Widerstandes

Am 3. September 1939 überreichte Botschafter Robert Coulondre Außenminister Joachim von Ribbentrop eine Erklärung, in der Frankreich das Deutsche Reich zur Räumung der besetzten polnischen Territorien aufforderte. Nachdem Hitler das Ultimatum erwartungsgemäß verstreichen ließ, befand sich die *Grande Nation* nur eine Generation nach den verheerenden Schlachten an der Somme und um Verdun erneut im Krieg mit seinem östlichen Nachbarn. Obgleich über dessen Vorgeschichte, Verlauf und Wirkungen kaum noch Fragen offen scheinen, reißt das wissenschaftliche und öffentliche Interesse an diesen Ereignissen nicht ab. Jedoch richtet sich der Blick hierzulande vor allem auf den gescheiterten Diktator und die unerschrockenen Staatsmänner der westlichen Demokratien. Für fehlgeleitete, zweifelnde und zaudernde Gestalten bleibt in dieser Betrachtung kaum Platz. Ihre Spuren verlieren sich im historischen Gedächtnis. Zu jenen vergessenen Akteuren gehört auch Édouard Daladier, der als französischer Ministerpräsident einst zu den Schlüsselfiguren europäischer Politik zählte.

Im April 1938 steuerte die Karriere des Parteichefs der Radikalsozialisten einem erneuten Höhepunkt entgegen. Wieder einmal suchte das politische Paris nach einer handlungsfähigen Regierung.[1] Vergeblich hatten sich Camille Chautemps und Léon Blum in den vergangenen acht Monaten um die Bildung stabiler Volksfrontregierungen bemüht. Angesichts ihrer Erfolglosigkeit hielt Präsident Albert Lebrun verzweifelt Ausschau nach einem geeigneten Kandidaten, der die divergierenden Interessen zusammenführen und die innenpolitische Polarisation abschwächen konnte. Empfohlen wurden ihm vor allem zwei Namen: Philippe Pétain und Daladier. Die gemeinsame Nennung mit dem allseits verehrten, inzwischen aber betagten Kriegshelden von einst zeugte von dem hohen Ansehen, das der 53-jährige Daladier über Parteigrenzen hinweg genoss. In der an Politskandalen sicher nicht armen Dritten Republik zweifelte niemand an seiner Redlichkeit.

---

1   Allein in der Zeit von 1920 (1. Kabinett Millerand) bis 1938 (3. Kabinett Daladier) amtierten 41 Regierungen. Vgl. Zusammenstellungen bei: Bonnefous, E., Histoire politique de la Troisième République Bd. III-Bd. VI, Paris 1959ff.

Er galt als unbelastet, unbestechlich und vertrauenswürdig. Sein wortkarges, von manchem als mürrisch empfundenes Wesen hatte ihm in Verbindung mit seinem bulligen Äußeren den Spitznamen „Stier von Vaucluse", benannt nach seinem in der Provence gelegenen Wahlbezirk, eingebracht. Hinter diesem Bild verbarg sich allerdings auch der Ruf eines mit Ausdauer, Hartnäckigkeit und Energie handelnden Politikers, der in der Auseinandersetzung mit dem innenpolitischen Kontrahenten statt zum feinen Florett auch gern einmal zum kräftigen Säbel griff.

Seine Popularität erstreckte sich aber nicht nur auf die politische Klasse. Auch der „kleine Mann" auf der Straße konnte sich mit dem Selbstporträt Daladiers anfreunden. „Ich bin ein Sohn Frankreichs, vielleicht ein bisschen rau, aber frei; und entschlossen, frei zu bleiben … ein Mann, der zuerst und vor allem Patriot ist, ein Patriot, wie es ihn die Schulmeister zu sein gelehrt haben … ein Republikaner, der die Sprache der einfachen Arbeiter versteht …, weil er selbst ein Arbeitersohn ist und treu seinen Ursprüngen."[2] Die Verbundenheit mit den weniger privilegierten Schichten erwuchs aus seiner kleinbürgerlichen Herkunft und wurzelte in der traditionellen Verankerung der Radikalsozialisten im bäuerlichen und städtischen Milieu. Selbst der erzwungene Rücktritt nach dem antiparlamentarischen Aufruhr vom 6. Februar 1934 beeinträchtigte dieses Renommee kaum. Die Zeitgenossen nahmen vor allem sein Engagement während der Volksfrontperiode wahr. Als Wehrexperte seiner Partei und als Kriegsminister der Jahre 1936 bis 1938 hatte er sich nachhaltig für eine Beschleunigung der militärischen Aufrüstung eingesetzt. Er galt als die treibende Kraft für das Rüstungsprogramm vom September 1936.[3]

Parallel zu dieser fachlichen Profilierung hatte er es dabei gekonnt vermieden, sich allzu sehr in die Querelen des politischen Tagesgeschäfts einzumischen. Diese Zurückhaltung kam ihm jetzt insoweit zugute, als die wirtschaftlichen Rückschläge ausschließlich anderen Repräsentanten des *Front populaire* angelastet wurden. Auch die abwartende Diplomatie tat seinem Ansehen keinen Abbruch, da die widerstandslose Hinnahme des deutschen Einmarsches in das entmilitarisierte Rheinland, die Nichteinmischung in den Spanischen Bürgerkrieg und der kampflose „Anschluss" Österreichs an das Dritte Reich weitgehend dem Grundbedürfnis der Bevölkerung nach unbedingtem Erhalt des Friedens entsprach. Pazifismus durchdrang die Nation.[4] Gleichwohl begann die allgemeine

---

2   Zit. nach: Azéma, J.-P., De Munich à la Libération 1938–1944, Paris 1979, S. 30.
3   Vgl. Frankenstein, R., Prix du réarmement français (1935–1939), Paris 1982, S. 71ff.
4   Vgl. Vaïsse, M., Der Pazifismus und die Sicherheit Frankreichs 1930–1939, in: Vierteljahreshefte für Zeitgeschichte, 4/1985, S. 590ff.

Ratlosigkeit gegenüber dem anhaltenden Expansionsdrang Hitlers die Öffentlichkeit spürbar zu beunruhigen. In diesem angespannten Klima schenkten die Parlamentarier am 12. April 1938 Daladier mit überwältigender Mehrheit von 572 gegen 5 Stimmen das Vertrauen und wählten ihn – nun schon zum dritten Mal – zum Ministerpräsidenten ihres Landes.

Auch wenn die Abgeordneten von Daladier vorrangig eine Gesundung der krisengeschüttelten Wirtschaft und eine Stabilisierung des parlamentarischen Systems erwarteten, so dürfte seine Wahl auch von außenpolitischen Hoffnungen begleitet gewesen sein. Immerhin konnte er nicht nur auf eine langjährige ministerielle Tätigkeit in verschiedenen Ressorts zurückblicken, sondern auch auf wichtige Erfahrungen im Amt des Regierungschefs verweisen. In der kritischen Situation des Jahres 1933, in der Daladier – nur wenige Tage nach Hitlers Ernennung zum deutschen Reichskanzler – sein erstes Kabinett vorgestellt hatte, präsentierte sich der Radikalsozialist als Verteidiger der europäischen Ordnung und als Bewahrer der Sicherheitsinteressen seines Landes. Im Vertrauen auf die eigene militärische Stärke teilte er die Bedrohungsgefühle, von denen namentlich konservative Kreise nach der nationalsozialistischen Machtübernahme erfasst worden waren, nicht. Stattdessen plädierte er gegenüber Hitler, dessen Revisionismus er allerdings noch in der Kontinuität der Reichskanzler der Weimarer Republik sah, für eine Politik der Mäßigung und Zurückhaltung. Für ihn war Frankreich noch so gut gerüstet, dass es die Entwicklung in Deutschland ruhig beobachten und gelassen abwarten konnte. Eine präventive Rheinlandbesetzung, wie sie infolge unverhohlener Aufrüstungsforderungen und provokativer Grenzzwischenfälle verschiedentlich erwogen wurde, lehnte er entschieden ab. Offensichtlich wirkte hier auch der Misserfolg der Ruhrbesetzung Poincarés noch nach.[5]

Daladiers Zurückhaltung jener Zeit war demnach kein Ausdruck der Schwäche, sondern entsprang vielmehr dem Selbstbewusstsein der Überlegenheit. Daher gab es für ihn auch keine Veranlassung, den außenpolitischen Bezugsrahmen entscheidend zu korrigieren. Obgleich er keine übertriebenen Erwartungen in die Genfer Abrüstungskonferenz und in den von Mussolini vorgeschlagenen Viererpakt der Locarno-Mächte setzte, blieb die multilaterale Völkerbundsdiplomatie das prinzipielle Instrumentarium aller Verständigungsbemühungen nach außen. Allerdings zweifelte er an der Zukunftsfähigkeit der Versailler Ordnung und

---

5 Vgl. hierzu: Bariéty, J., Die französische Politik in der Ruhrkrise, in: Schwabe, K. (Hrsg.), Die Ruhrkrise 1923. Wendepunkt der internationalen Beziehungen nach dem Ersten Weltkrieg, Paderborn 1985, S. 11ff.

spielte mit dem Gedanken eines bilateralen Interessenausgleichs mit dem Reich. Seine Avancen hinter dem Rücken des Außenministers Joseph Paul-Boncour kamen aber über das Stadium anfänglicher Sondierungen nicht hinaus.[6]

Als Deutschland im Oktober 1933 die Abrüstungskonferenz verließ und die Mitgliedschaft im Völkerbund kündigte, stand Daladier vor dem Scherbenhaufen seiner versteckten Bemühungen. Da er aber parallel zu den nach Berlin geheim ausgesandten Kooperationssignalen die abrüstungspolitische Zusammenarbeit mit London erfolgreich intensiviert hatte, musste er keine diplomatische Isolierung befürchten.[7] Der demonstrative Schulterschluss mit den Briten erschien der Öffentlichkeit nach Hitlers Rückzug aus Genf folgerichtig und alternativlos. Für die Fortsetzung einer mit London abgestimmten Außen- und Deutschlandpolitik blieb dennoch keine Zeit. Die sich dramatisch verschlechternden Staatsfinanzen überschatteten wieder einmal die politische Szenerie an der Seine. Am Zwang zum Sparen zerbrach das ohnehin umstrittene stille Bündnis mit den Sozialisten. Da die parlamentarische Rechte trotz der eingeleiteten wirtschaftspolitischen Korrektur eine eher mit der Partei Blums abgestimmte Außenpolitik nicht mittragen wollte, zeigte sie auch kein Interesse am politischen Überleben des Ministerpräsidenten. Somit musste er nach nur 11 Monaten wieder seinen Hut nehmen.

Ähnlich wie der Regierung Daladier erging es auch den nachfolgenden Kabinetten. Auf Grund ihrer allgemeinen Kurzlebigkeit vermochten sie keine überzeugende außenpolitische Konzeption zu entwickeln. Lediglich die Politik des Außenministers Louis Barthou bildete hier eine Ausnahme.[8] Sein Versuch, gegen die revisionistischen Ansprüche Hitlers eine gemeinsame Abwehrfront aller europäischen Staaten unter Einschluss der bislang noch weitgehend isolierten Sowjetunion aufzubauen, verlangte zwar von der Rechten wie von der Linken die Zurückstellung ideologischer Gegensätze, erschloss der französischen Diplomatie insgesamt jedoch neue Handlungsspielräume. Die Aufnahme der UdSSR in den Völkerbund im September 1934 war ein erster Erfolg auf dem Weg zu einer „kollektiven Sicherheit". Jedoch wurde der diplomatische Vorteil von Barthous Nachfolger Pierre Laval, der eine Politik der Wiederannäherung an Hitler bei gleichzeitiger Vernachlässigung der UdSSR betrieb, leichtfertig verspielt. Die stetigen Wechsel unterschiedlicher, sich teilweise sogar ausschließender Strategien und

---

6 Vgl. Mühle, R. W., Frankreich und Hitler. Die französische Deutschland- und Außenpolitik 1933–1935, Paderborn u.a. 1995, S. 99ff.
7 Vgl. Journal officiel, 17.10.1933, S. 3757f.
8 Vgl. Mühle, R. W., Louis Barthou und Deutschland (1862–1934), in: Francia 21/3 (1994), S. 71ff.

Handlungen gefährdeten die Glaubwürdigkeit französischer Außenpolitik und schränkten deren Möglichkeiten erheblich ein. Dieser Gewichtsverlust setzte sich auch unter den Volksfrontregierungen fort, so dass energisches Handeln das Gebot der Stunde war, als Daladier im April 1938 wieder ins Hôtel Matignon einzog.

Unter dem Eindruck der fortschreitenden Sudetenkrise blieb dem neuen Regierungschef kaum Zeit zur geordneten Übernahme der Amtsgeschäfte. Hitlers Begehrlichkeiten zwangen zu einer zügigen außenpolitischen Positionierung. Einen ersten Hinweis auf die zukünftige Orientierung versprach man sich von der Ernennung des Außenministers. Hierzu beriet sich der Ministerpräsident mit dem erfahrenen Paul-Boncour. Dieser vielseitig talentierte Rechtsanwalt, der bereits im ersten Kabinett Daladier das Quai d'Orsay geleitet hatte, erklärte ihm, dass er, sofern er sein Portefeuille behalten sollte, Hitler die Stirn bieten werde. Daladier, gepeinigt von den mittlerweile unzulänglichen militärischen Vorbereitungen, verzichtete daraufhin auf den Exsozialisten und bestimmte Georges Bonnet zu dessen Nachfolger. Diese Entscheidung deutete auf einen deutschlandfreundlichen Kurswechsel hin, da Bonnet, der als intelligent, ambitiös und skrupellos galt, bereits seine Bereitschaft zu weitreichenden Konzessionen gen Berlin annonciert hatte.[9] Dieser Mutmaßung widersprach allerdings die Aufnahme der beiden Konservativen Georges Mandel (Kolonien) und Paul Reynaud (Justiz) ins Kabinett, denen eine widerstandsbereite Haltung gegenüber den Diktatoren in der Nachbarschaft nachgesagt wurde. Vor allem letzterer hatte sich den Ruf eines Hardliners erworben, seit er nach Mussolinis Einmarsch in Abessinien öffentlich die Ergreifung von Sanktionen gegen Italien verlangt hatte.[10] Somit erlaubte die Zusammensetzung der neuen *équipe* noch keine eindeutige Prognose. Vielmehr spiegelte die Ressortbesetzung die Zerrissenheit der politischen Elite wider, deren Meinungen nicht nur in der Wirtschaftspolitik traditionell auseinander gingen, sondern seit der Rheinlandbesetzung auch in der Außenpolitik differierten.

In diesem noch uneinheitlichen Gesamtbild präsentierte sich Daladier unverbindlich und doppeldeutig. So forsch er einerseits die Fortsetzung der eingeleiteten Aufrüstungspolitik betonte, die allerdings zugleich eine Lockerung der sozialen Bestimmungen der Volksfrontperiode, insbesondere die Zurücknahme der

---

9 Vgl. Bellstedt, H. F., „Apaisement" oder Krieg. Frankreichs Außenminister Georges Bonnet und die deutsch-französische Erklärung vom 6. Dezember 1938, Bonn 1993, S. 219f.
10 Vgl. Grüner, St., Paul Reynaud (1878–1966). Biographische Studien zum Liberalismus in Frankreich, München 2001, S. 296.

symbolträchtigen 40-Stunden-Woche verlange,[11] so vorsichtig agierte er andererseits auf außenpolitischem Terrain. Noch fehlte ihm die nötige Erfahrung im Umgang mit konflikträchtigen Themen auf internationalem Parkett. Dabei mangelte es ihm keineswegs an der Fähigkeit, Konstellationen korrekt zu analysieren und in treffende Worte zu fassen, sondern eher am praktischen Geschick, das Ergebnis seiner Überlegungen auch in tatsächliche Politik umzusetzen. Für sein Handeln wünschte er sich den bestätigenden Rat wichtiger außen- und militärpolitischer Berater sowie den Konsens mit der britischen Regierung. Wenn diese Übereinstimmung nicht zu erreichen bzw. nicht in Einklang mit seinen eigenen Moralvorstellungen zu bringen war, verhielt er sich abwartend und überließ nur allzu gern anderen die politische Bühne. So konnte bis Ende 1938 verschiedentlich der Eindruck eines umsichtig abwägenden, teils zögerlichen, bisweilen auch wankelmütigen Ministerpräsidenten entstehen.[12]

Noch vor dem ersten Zusammentreffen mit den britischen Partnern hatte Generalstabschef Maurice Gamelin Daladier auf die begrenzten Möglichkeiten des Landes für den Fall eines deutschen Angriffs auf die Tschechoslowakei hingewiesen. Folgerichtig kam dem Bündnis mit London existenzielle Bedeutung zu. Eingedenk des unzureichenden Rüstungsstandes forderte Daladier Neville Chamberlain auf, Hitler gemeinsam in den Arm zu fallen. Dabei argumentierte er weitsichtig, dass ein Verzicht auf die Unabhängigkeit der Tschechoslowakei den baldigen Fall Polens bedeute, bevor sich Hitler, nachdem er sich in den Besitz des erforderlichen Erdöls und Getreides gebracht habe, gen Westen wenden und Frankreich angreifen werde. Eine Fortsetzung der Kapitulationspolitik werde die Kriegsgefahr nur beschleunigen. Doch mit diesen düsteren Vorahnungen, die in der Downing Street als Schwarzmalerei abgetan wurden, stieß er beim Premier auf taube Ohren. Zwar garantiere Großbritannien die Sicherheit seines Verbündeten, gleichzeitig gab Chamberlain aber zu verstehen, dass Frankreich in einem kontinentalen Konflikt keine nennenswerte militärische Unterstützung von London erhoffen könne.

---

11 Die ablehnende Reaktion des Industrie- und Finanzkapitals auf die soziale Reformpolitik der Volksfront und allgemeine Rezessionserscheinungen bewirkten Mitte 1938 einen dramatischen Konjunktureinbruch. Eine Tendenzwende zeichnete sich erst nach dem Wechsel Reynauds vom Justiz- ins Finanzministerium ab. Mit einem Bündel von Sondervollmachten, die zahlreiche Errungenschaften der Volksfront rückgängig machten, brachte er ein ökonomisches Konsolidierungsprogramm auf den Weg, das Frankreich bis zum Sommer 1939 aus der Wirtschaftskrise führte. Vgl. Azéma, J.-P., De Munich à la Libération, a.a.O., S. 26ff.
12 Vgl. Girault, R., La décision gouvernementale en politique extérieure, in: Rémond, R./Bourdin, J., Édouard Daladier, chef de gouvernement, avril 1938 – septembre 1939, Paris 1977, S. 222.

Da weder eine Umorientierung der britischen Außenpolitik noch eine schnelle Gesundung der eigenen Wirtschaft zu erwarten war, versuchte Daladier vor allem auf den tschechoslowakischen Präsidenten Eduard Benesch mäßigend einzuwirken, die Auseinandersetzungen mit der deutschstämmigen Minderheit seinerseits nicht eskalieren zu lassen. Ansonsten beließ es Daladier vorerst bei seiner Politik der starken Worte und der Bekräftigung der 1924/25 gegenüber Prag eingegangenen Verpflichtungen. Diese rhetorische Entschlossenheit schien vorerst auch Wirkung zu zeigen.

In der „Wochenendkrise" im Mai 1938, in der sich die Regierenden an der Moldau durch deutsche Truppenbewegungen nahe ihrer Grenze bedroht fühlten und darauf mit einer Teilmobilmachung ihrer militärischen Reserven reagierten, bekannte er sich zum Bündnisfall und unterstützte das mutige Vorgehen Prags. Dennoch atmete er hörbar auf, als die Krise genauso schnell beendet war, wie sie begonnen hatte. Auch wenn für den Moment der Eindruck entstand, Hitler habe auf Druck nachgegeben, blieben die Zweifel an der Entschlossenheit Daladiers. Hierzu trug auch Bonnet bei. Während der Ministerpräsident in den spannungsgeladenen Sommermonaten den Rat zahlreicher Militärs und Diplomaten suchte, um einen Ausweg aus der strategischen Misere zu finden, verfolgte sein Außenminister einen gänzlich anderen Ansatz. Spätestens seit den Ereignissen im Mai galten die Bemühungen Bonnets dem Einvernehmen mit Deutschland, auch um den Preis des Abtretens der Sudeten an das Reich. Seine vertragsbrüchige Nachgiebigkeit, nur so das Inferno eines europäischen Krieges vermeiden bzw. von Frankreichs Grenzen fernhalten zu können, wurde auch von anderen maßgebenden Persönlichkeiten wie Chautemps, Anatole de Monzie und Pierre-Étienne Flandin unterstützt. Diese offensichtliche Uneinigkeit wichtiger politischer Entscheidungsträger reduzierte natürlich Frankreichs Gewicht in den interalliierten Abstimmungen. Nicht zuletzt deshalb übernahmen die Appeaser an der Themse nunmehr die Initiative und bestimmten das Maß westlicher Konzessionsbereitschaft.

Für Frankreich blieb vorläufig nur noch die Rolle des „Sekundanten".[13] War die „Vermittlungsmission" Lord Runcimans[14] im August noch mit Paris diplomatisch abgestimmt, so erfolgte im September das Berchtesgadener Treffen des Premiers mit Hitler bereits ohne Rücksprache mit Daladier. Der Ministerpräsident wurde erst zwei Tage später in London unterrichtet. Entsetzt von Hitlers rücksichtslosem Eskalationswillen und enttäuscht über Chamberlains Vorschlag, die

---

13 Vgl. Bédarida, F., La „gouvernante anglaise", in: Ebd., S. 228ff.
14 Vgl. Celovsky, B., Das Münchener Abkommen von 1938, Stuttgart 1958, S. 276ff.

vom Führer geforderte Selbstbestimmung für die Sudetendeutschen zu akzeptieren, verließ Daladier nach zaghaftem Aufbegehren der Mut. Einen „ehrenvollen Ausweg" in Form einer weitgehenden Autonomie des Sudetengebietes innerhalb der Tschechoslowakei, wie er es noch vor dem Treffen erhofft hatte, gab es offensichtlich nicht. Entgegen seiner inneren Überzeugung fügte er sich schließlich dem scheinbar Unabwendbaren. Um den enormen Prestige- und Einflussverlust abzumindern, bestand er wenigstens auf dem Verbleib der massiv ausgebauten Befestigungsanlagen in der ČSR und warb um die britische Garantie der neuen Grenzen.

Von den Konsultationen erging die „Londoner Empfehlung", Prag möge das Sudetenland abtreten und dieses Opfer für den Frieden erbringen. Anderenfalls, so drohte insbesondere Bonnet, werde sein Land den französisch-tschechoslowakischen Pakt kündigen. Als Hitler in der zweiten Gesprächsrunde mit Chamberlain in Bad Godesberg über die Vereinbarungen von Berchtesgaden hinaus den Anspruch auf die militärische Besetzung des Sudetenlandes bis zum 1. Oktober erhob, schlug Daladiers Stimmung abrupt um. Statt der kurzatmigen Verzichtspolitik, weitere Opfer zu bringen, erwachte in ihm der überraschende Wille zum Widerstand. Kategorisch lehnte er die Godesberger Forderungen des Reichskanzlers ab und versuchte den zögernden Premier nachdrücklich vom unstillbaren Machthunger des braunen Unruhestifters zu überzeugen. Angetrieben von wiederholten Fragen britischer Kabinettsmitglieder, schloss Daladier selbst einen Krieg, in dem neben Militärstützpunkten deutsche Industriegebiete selbstverständliche Angriffziele sein würden, nicht mehr aus. Warum, so fragte er sich und seine skeptischen Gesprächspartner, schrecken wir immer wieder vor den Ultimaten des Diktators zurück und überlassen ihm das Feld diplomatischer und militärischer Initiativen? Welchen Sinn macht eine Mobilisierung der Streitkräfte, wenn die Soldaten dann untätig in ihren Unterkünften verharren?

Der erstaunlich resolute Auftritt des Ministerpräsidenten verfehlte seine Wirkung nicht. In einem gemeinsamen Kommunique sagten die Briten für den Fall, dass Frankreich infolge seiner Bündnisverpflichtungen in Feindseligkeiten mit Deutschland verwickelt werden würde, Hilfe und Unterstützung zu.[15] Mit dieser Zusicherung in der Tasche ließ Daladier über die Einberufung mehrerer Reservistenjahrgänge hinaus die militärischen Risiken, namentlich die Anwendung des französisch-tschechoslowakischen Luftabkommens, prüfen.

---

15 Vgl. Shirer, W. L., Der Zusammenbruch Frankreichs. Aufstieg und Fall der Dritten Republik, München/Zürich 1970, S. 393ff.

Vieles deutete nach der Zusammenkunft mit Chamberlain darauf hin, dass Daladier jetzt die Zügel der Außenpolitik fester in seine Hände nehmen würde und seine Landsleute in einer Rede zur Standhaftigkeit gegen des Nachbarn Expansionsgelüste aufrufen wollte.[16] Trotzdem mochte er sich zu einer allgemeinen Mobilmachung noch nicht durchringen, zumal Luftwaffenchef General Joseph Vuillemin nach einem Deutschlandbesuch im August ein ausgesprochen trostloses, ja von Panik gekennzeichnetes Bild französischer Unterlegenheit gezeichnet hatte. Sein überzogener Pessimismus korrespondierte mit der Ängstlichkeit der Heeresgeneräle, die die Stärke der Wehrmacht und den Befestigungszustand des noch im Bau befindlichen Westwalls maßlos übertrieben. Dass zum selben Zeitpunkt der Chef des Generalstabs des deutschen Heeres, General Ludwig Beck, dem außenpolitischen Abenteurertum Hitlers widersprach, eine kollektive Demission der militärischen Führung als Zeichen des Protestes gegen dessen Kriegsbesessenheit forderte und schließlich von seinem Posten selbst zurücktrat, erfuhr Daladier erst Jahre nach dem Zweiten Weltkrieg. Diese Informationen, die ihm von britischer Seite vorenthalten wurden, hätten ihn möglicherweise in seiner Haltung bestärkt. Bevor der Ministerpräsident jedoch seine Entschlusskraft unter Beweis stellen konnte, erhielt er quasi in letzter Minute die Nachricht vom Viermächtetreffen in der bayerischen Hauptstadt. Angesteckt von der spürbaren Kriegsfurcht und der Ängstlichkeit vieler seiner Berater, nahm er die Einladung bereitwillig und zugleich erleichtert an.

Da das Schicksal der Tschechoslowakei schon vor dem Beginn der Münchener Konferenz besiegelt war, beschränkten sich die Erörterungen Hitlers, Mussolinis, Chamberlains und Daladiers auf eine Spiegelfechterei im Detail. Aber selbst in nachrangigen Fragen gaben die beiden westlichen Staatsmänner willfährig dem Zeitdiktat ihres Gastgebers nach. So lag nach nur wenigen Stunden ein Vertrag vor, dessen Bestimmungen weitestgehend jenen entsprachen, die noch in Bad Godesberg zurückgewiesen worden waren, und in dem es unter Paragraph 1 unmissverständlich hieß: „Die Räumung beginnt am 1. Oktober."[17] In den folgenden zehn Tagen sollte die schrittweise Besetzung des Sudetengebietes abgeschlossen sein. Im Anschluss an die Unterzeichnung hatten Briten und Franzosen noch die unangenehme Pflicht, den Opfern die getroffene Übereinkunft mitzuteilen. Während sich Chamberlain dieser Aufgabe mit routinierter, seine

---

16 Vgl. Réau, E. du, Édouard Daladier 1884–1970, Paris 1993, S. 269ff.
17 Handbuch der Verträge 1871–1964. Verträge und andere Dokumente aus der Geschichte der internationalen Beziehungen, hrsg. von H. Stoecker unter Mitarbeit von A. Rüger, Berlin 1968, S. 293.

Langeweile kaum verbergender diplomatischer Distanz entledigte, versagten dem auffallend nervösen Daladier, offenbar von Gewissensbissen gepeinigt, die Nerven. Auf Konferenzbeobachter wirkte er wie ein geschlagener und gebrochener Mann.[18] Seinen Part übernahm daher der ihn begleitende Generalsekretär des Quai d'Orsay, Alexis Léger.

Umstände, Verlauf und Ergebnisse dieser schicksalhaften Konferenz verdeutlichten, dass die französische Politik nicht allein die Sudeten aufgab, sondern über den Vertragstext hinaus insgesamt den Totenschein des Versailler Systems gegenzeichnete. Auch wenn der Friede gerettet schien, offenbarte die fortschreitende Erosion des Bündnissystems in Europa eben doch, dass die Politik des Ausgleichs und der Nachgiebigkeit langfristig die kontinentale Sicherheit nicht garantieren konnte. Diese Tatsache gestanden sich jedoch nur wenige ihrer bedeutenden Architekten oder bisherigen Verteidiger bereits ein. Im Gegensatz zur Appeasementfraktion beiderseits des Kanals begriff Daladier allerdings, dass München keinen „Frieden für unsere Zeit", sondern lediglich, falls das Reich seine Erwerbungen erst konsolidieren wolle, eine kleine Atempause vor dem unentrinnbaren Waffengang bedeuten würde. Diese schreckliche Vermutung beeinträchtigte sein Wohlbefinden sichtbar und nährte Befürchtungen, seine Landsleute würden ihm bei der Rückkehr erhebliche Schwierigkeiten bereiten.[19] Doch diese Sorgen waren völlig unbegründet.

Als Daladier nach Paris zurückkehrte, bereitete die Bevölkerung ihm einen herzlichen Empfang. Allenthalben brandete dem Ministerpräsidenten Beifall entgegen. Die Autofahrt vom Flughafen Le Bourget zum Kriegsministerium in der Rue St.-Dominique wurde zu einem selten gesehenen Triumphzug. Tausende von Menschen säumten die Straßen, riefen fortgesetzt „Vive la paix" und ließen den „Friedensretter", der die finsteren Wolken des Krieges offenbar vertrieben hatte, hochleben. Doch das Bild der Begeisterung passte nicht so recht zur Gemütslage des so Geehrten. Es wurde denn auch überliefert, dass der im Fond seiner Staatslimousine in sich versunkene Daladier mit Blick auf die begeisterte Menge gemurmelt habe: „Ah, die Dummköpfe! Wenn sie nur wüssten, was sie da bejubeln."[20] Ein ähnlich euphorisches Bild wie auf den Straßen bot sich auch wenige Tage später im Parlament. Von wiederholtem Beifall unterbrochen, begründete

---

18 Vgl. Noguères, H., Munich ou la drôle de paix, Paris 1963, S. 287ff.
19 Vgl. François-Poncet, A., Als Botschafter in Berlin 1931–1938, Mainz 1947, S. 339.
20 Zit. nach: Bartel, H., Frankreich und die Sowjetunion 1938–1940. Ein Beitrag zur französischen Ostpolitik zwischen dem Münchner Abkommen und dem Ende der Dritten Republik, Stuttgart 1986, S. 13.

der Regierungschef im Palais Bourbon nochmals Frankreichs Teilnahme am diplomatischen Ringen, sprach von einem Frieden, der nach München sicherer geworden sei und rechtfertigte trotz des Ausschlusses der Tschechoslowakei von den Verhandlungen seine Unterschrift unter den Vertrag. Über seine Zweifel und Vorbehalte verlor er indes kein Wort. Dennoch mahnte er zum Abschluss seiner Regierungserklärung neue Anstrengungen im Dienste des Friedens an.[21] Die kritischen Stimmen, die im Kabinett bzw. innerhalb der Radikalsozialistischen Partei bisher mit Skepsis die Verzichtspolitik beobachtet hatten, waren in der außenpolitischen Debatte entweder verstummt oder gingen im allgemeinen Friedenstaumel unter.[22] Lediglich die Kommunisten widersprachen einmütig Daladiers Ausführungen. Mit der überwältigenden Mehrheit von 535 gegen 75 Stimmen billigten die Abgeordneten schließlich das Münchener Abkommen.[23]

Doch die „feige Erleichterung", wie Blum die Begeisterung treffend beschrieb, hielt nur wenige Tage an. Sie wich alsbald einer nüchterneren Betrachtungsweise, in der die besorgte Frage nach der Dauerhaftigkeit des Friedens in das Zentrum des Interesses rückte. München wurde nicht mehr vordergründig als End-, sondern viel eher als Ausgangspunkt neuer diplomatischer Anstrengungen betrachtet. Dieser Perspektivwechsel ließ die kontroverse Debatte um effektive friedenserhaltende Strategien erneut aufbrechen, in die sich Daladier Ende Oktober auf dem Jahreskongress seiner Partei einschaltete.[24] Um in absehbarer Zeit wieder eine Position der Stärke einnehmen zu können, forderte er in Marseille den seit April eingeleiteten, aber durch die Sudetenkrise ins Stocken geratenen Kurs der Wirtschaftsbelebung sofort wieder aufzunehmen. Mittelfristig hingegen galt seine Hauptsorge den außenpolitischen Bündnissen. Wenn er auch offiziell die Suche nach geeigneten Partnern mit der Unverletzbarkeit der Grenzen sowie mit der uneingeschränkten Aufrechterhaltung der Überseeverbindungen zu den Kolonien begründete, so verlangte doch vor allem die Opferung der Tschechoslowakei als wichtigstem mitteleuropäischen Baustein im Sicherheitskonzept dringend eine Überprüfung der bisher eingegangenen Verpflichtungen.

---

21 Vgl. Journal officiel, 4.10.1938, S. 1526ff.
22 Gemeint sind hier für die Regierung vor allem Georges Mandel, Paul Reynaud und Auguste Champetier de Ribes und für die Radikalsozialisten Pierre Cot, Jean Zay und Édouard Herriot. Vgl. Duroselle, J.-B., La décadence 1932–1939, Paris 1979, S. 362; Berstein, S., Histoire du Parti radical, Bd. 2: Crise du radicalisme (1926–1939), Paris 1982, S. 550.
23 Neben der kommunistischen Fraktion lehnten auch der rechte Nationalist Henri de Kérillis und der Sozialist Jean Bouhey das Diktat von München ab.
24 Vgl. Réau, E. du, Édouard Daladier 1884–1970, a.a.O., S. 303ff.

Damit hatte der Ministerpräsident hinter den Kulissen schon vor dem Kongress der Radikalsozialisten begonnen. Im engen Kreis nahe stehender Fachleute richtete sich sein Hauptaugenmerk zunächst auf die möglichst schnelle Beseitigung der rüstungswirtschaftlichen Defizite. „Wenn ich 3000 oder 4000 Flugzeuge gehabt hätte, hätte es ‚München' nicht gegeben",[25] vertraute er dem Bankier Jean Monnet an, den er zur Sondierung für den Ankauf von 1000 modernen Maschinen in die Vereinigten Staaten sandte. Auch wenn der Regierungschef den Deal gegen innen- und außenpolitische Widerstände durchsetzen konnte, die ersten Anzeichen eines eigenständigen Verteidigungswillens in Übersee begrüßt wurden und die reichsweiten Judenpogrome nationalsozialistischer Fanatiker einen strikten Isolationismus Washingtons nicht mehr erlaubten, so konnte Daladier dennoch kurzfristig mit einer wirkungsvollen amerikanischen Unterstützung nicht rechnen. Noch beharrte die Kongressmehrheit auf der strikten Einhaltung der Neutralitätsgesetze. Die 200 Flugzeuge, die Frankreich auf geheimen Umwegen über Kanada bis zum Kriegsausbruch erreichten, stärkten das militärische Potenzial jedoch nur unwesentlich. Eine abschreckende Wirkung konnte von ihnen nicht ausgehen.[26]

Deshalb blieben die Beziehungen zu London, trotz mancher dissonanter Töne, deren Ursachen vornehmlich in der unterschiedlichen Beurteilung deutscher Bedrohung lagen, alternativlos. Mangelte es Daladier schon in den hektischen Septemberwochen gegenüber Chamberlain an Überzeugungskraft, so konnte er sich auch in den ersten bilateralen Konsultationen nach „München" nicht gegen ihn durchsetzen. Vergebens versuchte er den Premier von der Notwendigkeit einer erweiterten Hilfeleistung im Kriegsfall zu überzeugen. Besonders verwerflich erschien ihm aber dessen Haltung gegenüber der um ihren Festungsgürtel beraubten und inzwischen auch durch polnische und ungarische Gebietsansprüche amputierten Tschechoslowakei. Für ihn war der Machiavellismus, mit dem sich Großbritannien seinen Garantie- und Grenzverpflichtungen erneut zu entziehen suchte, moralisch kaum mehr zu rechtfertigen.

Die Enttäuschung über diesen abermaligen Vertrauensbruch konnte auch das Einverständnis der britischen Gäste mit dem Entwurf einer deutsch-französischen Vereinbarung nicht aufwiegen. Obwohl Daladier Hitlers mehrfachen Friedensbeteuerungen weiterhin misstraute, hatte er seinem Außenminister, auch um den

---

25 Monnet, J., Mémories, Paris 1976, S. 139.
26 Vgl. Dallek, R., Franklin D. Roosevelt and American Foreign Policy 1932–1945, New York 1979, S. 172f.

Radikalsozialisten eine zusätzliche, über den Wechsel in der Wirtschafts- und Finanzpolitik hinausgehende Belastungsprobe zu ersparen, freie Hand gelassen. Diesen Spielraum nutzte Bonnet weidlich, um seinen „Münchener Kurs" fortzusetzen. Seine intensiven Bemühungen um ein deutsch-französisches Arrangement gipfelten schließlich in dem auch im Kabinett umstrittenen Parisbesuch Ribbentrops, in dessen Ergebnis eine gemeinsame Erklärung unterzeichnet wurde, die zur Grundlage einer umfassenden Verständigung werden sollte.[27] Allerdings erwies sich der Annäherungsversuch als weitgehend folgenlos, da er die Sicherheitslage des Landes nicht verbesserte.

Umsonst hatte sich die Diplomatie bemüht, Berlin von einer Zügelung Mussolinis zu überzeugen, dessen streitsuchende Mittelmeerpolitik Frankreich zunehmend als Bedrohung empfand. Auch die Entsendung des bisherigen Berlin-Botschafters André François-Poncet an den Tiber sowie die damit einhergehende Anerkennung der Eroberung Abessiniens konnten die seit Monaten angestauten Spannungen nicht mindern. In den Gazetten Roms wurde immer häufiger über die Hinfälligkeit der Verträge von 1935 spekuliert.[28] Als einige Abgeordnete in der italienischen Kammer nach Tunesien und Djibouti sogar Ansprüche auf Savoyen, Nizza und Korsika erhoben,[29] ohne dass sich Außenminister Galeazzo Ciano von dieser aggressiven Rhetorik ausdrücklich distanzierte, nahm die Gefährdung konkrete Züge an. Gestützt auf eine breite Öffentlichkeit, die die verbale Angriffslust Roms weit weniger fürchtete als den deutschen Expansionismus, protestierte Daladier entschieden. Er gedachte den territorialen Forderungen, die letztlich auf die Bildung eines *mare nostrum* zielten, in keinem Fall nachzugeben. Vor den Abgeordneten im Palais Bourbon bekräftigte er, dass Frankreich „nicht einen Millimeter seines Landes an Italien abtreten (wird), selbst wenn daraus ein bewaffneter Konflikt resultieren sollte".[30] Damit bekräftigte der Ministerpräsident, dass jedwede Toleranz zumindest dort aufhöre, wo die Sicherheit Frankreichs direkt bedroht wurde. Selbst britischen Vermittlungsversuchen erteilte er eine entschie-

---

27 Vgl. Knipping, F., Die deutsch-französische Erklärung vom 6.12.1938, in: Deutschland und Frankreich 1936–1939, hrsg. von K. Hildebrand und K.F. Werner, München 1981, S. 523ff.
28 Im Januar 1935 hatten sich Laval und Mussolini auf einen kolonialen Ausgleich verständigt. Danach trat Frankreich ein 14.000 km² großes Wüstengebiet an der tunesisch-libyschen Grenze ab, vereinbarte eine Ausdehnung Eritreas um 1000 km² auf Kosten Französisch-Somalilands und überließ Rom die strategisch bedeutsame Insel Dumawia im Roten Meer. Mussolini akzeptierte seinerseits, dass die 1896 der italienischen Minderheit in Tunesien eingeräumten Sonderrechte bis 1965 schrittweise abgeschafft werden sollten.
29 Vgl. Duroselle, J.-B., La décadence 1932–1939, a.a.O., S. 390.
30 Zit. nach: Bellstedt, H. F., „Apaisement" oder Krieg. Frankreichs Außenminister Georges Bonnet und die deutsch-französische Erklärung vom 6. Dezember 1938, a.a.O., S. 115.

dene Absage. Im Januar 1939 besuchte Daladier an Bord des Schlachtschiffes „Foch" Korsika, Algerien und Tunesien. Mit dieser Geste militärischer Entschlossenheit demonstrierte er die Bereitschaft, den status quo in der Region und das *Empire* zu verteidigen.

Neben der italienischen Herausforderung bereitete Daladier aber auch die Entwicklung im Spanischen Bürgerkrieg Sorgen. Der sich um den Jahreswechsel abzeichnende Sieg Francos erforderte eine Überprüfung der von Blum eingeleiteten Nichteinmischungspolitik, hinter der sich eine halbherzige Unterstützung für das republikanische Spanien verbarg. Schon im Juni hatte Daladier eine erste Korrektur der bescheidenen Hilfe vorgenommen. Aus Furcht vor innenpolitischen Komplikationen und internationalen Verwicklungen hatte er gegen den heftigen Widerstand von Sozialisten und Kommunisten die Schließung der Pyrenäengrenze und damit die Unterbindung von Material- und Waffenlieferungen verfügt.[31]

Diese „republikfeindliche" Haltung wusste der „Caudillo" zu schätzen. Er revanchierte sich, indem er auf dem Höhepunkt der Sudetenkrise sein Desinteresse am Konflikt bekundete und damit gleichzeitig den Diktatoren in Berlin und Rom die Grenzen seiner Kooperationsbereitschaft aufzeigte. Trotz dieser mit Wohlwollen registrierten Neutralität zögerte Daladier vor einer definitiven Anerkennung des Regimes noch zurück. Moralische Bedenken, vor allem aber gewichtige geostrategische Überlegungen hielten ihn von diesem Schritt vorerst ab. Von einer Einkreisung durch die Achsenmächte und des mit ihnen sympathisierenden Generals befürchtete er nämlich eine erhebliche Beeinträchtigung vitaler französischer Sicherheitsinteressen. Immerhin kontrollierte Spanien die strategischen Seewege zwischen Atlantik und Mittelmeer und sein Territorium bildete die „geographische Brücke" zum Kolonialbesitz in Nordafrika. Zudem kämpften noch Tausende italienischer Freiwillige sowie die „Legion Condor" an der Seite Francos.

Als die Putschisten schließlich zur Schlussoffensive antraten, versagte Daladier den hart bedrängten Republikanern erneut seine Unterstützung. Noch bevor sie ihren aussichtslosen Kampf abbrachen, stimmten der Ministerrat einmütig und die Abgeordneten mehrheitlich für die Aufnahme diplomatischer Beziehungen zu den neuen Machthabern. Daladier signalisierte mit der Entsendung des für

---

31 Vgl. Abendroth, H.-H., Hitler in der spanischen Arena. Die deutsch-spanischen Beziehungen im Spannungsfeld der europäischen Interessenpolitik vom Ausbruch des Bürgerkrieges bis zum Ausbruch des Weltkrieges 1936–1939, Paderborn 1973, S. 280.

seine Republiknähe unverdächtigen Pétains als Sonderbotschafter nach Burgos den Wunsch nach einvernehmlichen Beziehungen mit der Militärjunta. Als Franco jedoch wenige Wochen später dem Antikominternpakt beitrat, den Völkerbund verließ und dem Reich die Errichtung mehrerer Marinestützpunkte gestattete, fühlte sich Daladier um die Hoffnungen eines entspannten Verhältnisses zum spanischen Nachbarn betrogen.

Der Auftrieb imperialen Geistes nach München forcierte die Kritik an der bisher praktizierten Befriedungspolitik. Nicht nur die bekannten „Anti-Münchener" im Kabinett, sondern auch einflussreiche Kreise im Außenministerium um Generalsekretär Léger verloren nunmehr den Glauben an den Erfolg der Appeasementpolitik und gaben ihre hinhaltende Strategie auf. Zu diesen *durs* in Politik und Diplomatie gesellte sich auch Daladier. Sein energisches Auftreten gegen eine Ausweitung des italienischen Einflusses im Mittelmeerraum bildete den Abschluss eines Sichtwechsels von einem „Münchener wider Willen" zu einem Befürworter wirksamen Widerstandes. Die fast gleichzeitige Besetzung Böhmens und Mährens durch Hitler sowie Albaniens durch Mussolini bestätigten nur seine bereits im September geäußerten Befürchtungen, dass die friedvollen Absichtsbekundungen der Diktatoren letztlich das Papier nicht wert waren, auf dem sie geschrieben standen. Nicht um das Schicksal der „Volksdeutschen", sondern um die Annexion Europas ging es Hitler. Mit dem Einmarsch in Prag war für Daladier definitiv der Zeitpunkt gekommen, die nachsichtige Haltung durch eine Politik der Standhaftigkeit zu ersetzen. An die Stelle von Frieden durch Ausverkauf trat die Sicherung des Friedens durch Festigkeit. Obgleich der Ministerpräsident Bonnet aus parteitaktischen Gründen noch an der Spitze des Quai d'Orsay beließ,[32] übernahm er ab März/April 1939 selbst die Planung und Führung der Außenpolitik.

Doch bevor die strategische Kehrtwende ihre erhoffte Wirkung entfalten konnte, musste Daladier die „bitteren Früchte von München" ernten. Die Hakenkreuzfahne über dem Hradschin kündete zweifelsfrei von einer erneuten Niederlage und dem Weg in den Krieg. Fühlten sich zahlreiche Appeaser um ihren Traum von einer Verständigung mit dem Dritten Reich jählings betrogen, so traf die Liquidierung der Tschechoslowakei Daladier und seine engsten Mitstreiter nicht ganz unerwartet. Die Grenzkorrekturen, die Ribbentrop und Ciano ohne vorherige Konsultationen des Westens im ersten Wiener Schiedsspruch zu Lasten

---

32 Vgl. Girault, R., La politique extérieure française de l'après-Munich (septembre 1938 – avril 1939), in: Hildebrand, K./Werner, K. F. (Hrsg.), Deutschland und Frankreich 1936–1939, a.a.O., S. 522.

Prags vorgenommen hatten[33], sowie das laute Trommeln slowakischer Nationalisten deuteten bereits auf eine baldige Exekution der letzten mitteleuropäischen Demokratie hin. So fiel der offizielle Protest auf diesen abermaligen Gewaltstreich an der Seine auch eher moderat aus. Allerdings nutzte der Regierungschef die öffentliche Entrüstung umgehend, um seine parlamentarische Stellung zu stärken. Er ließ sich von den Abgeordneten erneut Sondervollmachten genehmigen, die ihm eine konfliktfreie Umsetzung auch unpopulärer Entscheidungen wie die Bewilligung weiterer Rüstungskredite erlaubten. Der Einsatz von Notverordnungen beförderte aber auch einen autoritären Führungsstil Daladiers, der hin und wieder an die Grenze des Missbrauchs seiner verfassungsmäßigen Rechte reichte. War der Ministerpräsident für seine straffe Amtsführung und für seinen draufgängerischen, bisweilen auch verletzenden Umgang mit innenpolitischen Widersachern bekannt, so trat nunmehr eine gewisse Abneigung, regelmäßig Rechenschaft vor den republikanischen Institutionen und den Gremien der Radikalsozialisten abzulegen, als weiteres Charakteristikum hinzu. Die Sitzungsperioden der Kammern waren vergleichsweise kurz, eher selten erschien Daladier vor deren Ausschüssen und auch die Instanzen seiner Partei rief er nur noch gelegentlich zusammen. Ende Juli 1939 wagte er es sogar, mittels 40 gleichzeitig erlassener Notverordnungen die Legislaturperiode der Kammer bis zum 1. Juni 1942 zu verlängern. Gleichwohl erschien nicht nur antiparlamentarischen Kreisen die Kompetenzerweiterung der Exekutive im Interesse der Mobilisierung aller Verteidigungsreserven als dringend geboten.[34]

Parallel zu den verstärkten Rüstungsanstrengungen entfaltete die französische Diplomatie in den letzten Friedensmonaten rege Aktivitäten. Ihre Bemühungen konzentrierten sich vor allem auf die Errichtung einer breiten Friedensfront, die das Reich isolieren, einkreisen und somit von neuen Aggressionen abhalten sollte. Die Glaubwürdigkeit dieses strategischen Vorgehens hing in erster Linie von einer engeren und effektiveren Zusammenarbeit mit London ab. Mit Genugtuung hatte Daladier den radikalen Stimmungsumschwung in der britischen Öffentlichkeit wahrgenommen, der nach der Zerschlagung der „Rest-Tschechei" einsetzte. Endlich fanden seine Forderungen nach Verstärkung des Kontinentalengage-

---

33 Unter dem Druck des Münchener Diktats trat die ČSR am 1. Oktober das Gebiet Tešcin sowie einige Grenzgemeinden der Nordslowakei an Polen ab. Nach dem ersten Wiener Schiedsspruch, den der deutsche und der italienische Außenminister am 2. November im Schloss Belvedere unterzeichneten, erhielt Ungarn zudem südliche Gebiete der Slowakei und die Karpatoukraine.

34 Vgl. Azéma, J.-P., Die französische Politik am Vorabend des Krieges, in: Sommer 1939. Die Großmächte und der europäische Krieg, hrsg. von W. Benz und H. Graml, Stuttgart 1979, S. 300.

ments jenseits des Kanals Gehör. Erste Ergebnisse dieses Sinneswandels waren die Einführung der allgemeinen Wehrpflicht und die Wiederaufnahme von Generalstabsbesprechungen zwischen den beiden Ländern. Dennoch stand Daladier vor der schwierigen Aufgabe, Londons Widerwillen gegen ein bindendes Engagement vor allem in Osteuropa zu überwinden. Alle eiligen Bemühungen um den Aufbau einer Balkan-Front[35] mussten letztendlich zweifelhaft bleiben, wenn es nicht gelang, die Sowjetunion in ein Allianzsystem einzubinden.

Der Rückkehr zu einer Politik Barthous, wie sie Daladier vorschwebte, lagen vor allem zwei prinzipielle Motive zugrunde. Zum einen wollte der Ministerpräsident Hitler durch die Aussicht auf einen Zweifrontenkrieg von weiteren Gewaltakten abschrecken, zum anderen befürchtete man an der Seine den Abschluss eines neuen Rapallovertrages. Da diese Argumentation in den politischen Kreisen relativ unstrittig war, erschwerten nicht innenpolitische Kontroversen, sondern die Differenzen mit und unter den potenziellen Bündnispartnern die Umsetzung der Absichten des Regierungschefs. Während Daladier seine persönliche Aversion gegen eine Zusammenarbeit mit der Sowjetunion zurückstellte und sich bei der Bestimmung nationaler Interessen eher von strategischen Erwägungen leiten ließ,[36] überwogen an der Themse ideologische Vorbehalte. Diese grundsätzlichen Bedenken hemmten die französisch-britisch-sowjetischen Verhandlungen von Beginn an. Immer wieder übernahm Frankreich die Initiative und drängte seinen Partner, die Vorzüge gegen die Nachteile abzuwägen und die Verhandlungen mit der UdSSR konstruktiv fortzusetzen. Doch erste spärliche Fortschritte wurden umgehend von neuen Schwierigkeiten, die sich namentlich an der polnischen Frage entzündeten, überlagert.

Die deutsche Kündigung des Nichtangriffsvertrages mit Polen bestärkte Daladier in der Annahme, dass dieser Staat das nächste Opfer in der Lebensraumpolitik Hitlers sein werde. Damit rückte die Sicherheit Warschaus unweigerlich in den Vordergrund der Dreiergespräche. Trotz des französisch-polnischen Militärpaktes von 1921, dessen Gültigkeit von Daladier ausdrücklich bestätigt wurde, und der einseitigen Garantieerklärung Großbritanniens vom 31. März 1939 bewertete der französische Generalstab die Sicherheitsperspektiven des osteuropäischen Verbündeten mit Skepsis. Da Frankreich nur einen geringen Beitrag zur

---

35 Im Frühjahr 1939 gaben die Westmächte auf französische Initiative Rumänien und auf britisches Anraten Griechenland Garantieversprechen ab. Nach einem britisch-türkischen Vertrag überließ Frankreich für die Zusicherung eines gegenseitigen Beistandes der Türkei im Juni 1939 den Sandschuk von Alexandretta.
36 Zur Abneigung Daladiers vgl. Bartel, H., Frankreich und die Sowjetunion, a.a.O., Stuttgart 1986, S. 99f.

Stärkung Polens leisten könne, empfahlen die Militärs eine sowjetische Hilfeleistung, gegen die sich die polnische Regierung allerdings beharrlich sperrte. Alle Versuche, den Dreiergesprächen, die im Sommer von der politischen in die militärische Phase gemündet waren, über den toten Punkt hinwegzuhelfen, scheiterten an der hartnäckigen polnischen Weigerung, sowjetischen Heeresverbänden das Durchmarschrecht einzuräumen. Da die Verhandlungen ergebnislos zu enden drohten, erteilte Daladier seinem Delegationschef General Joseph Doumenc die Vollmacht, den Vertrag auch abzuschließen, ohne auf den polnischen Standpunkt Rücksicht zu nehmen. Im Zweifelsfall war dem Ministerpräsidenten die Abschreckung Deutschlands wichtiger als die Souveränität des polnischen Verbündeten. Dieses weitgehende Eingehen auf sowjetische Wünsche kam allerdings zu spät. Die überraschende Nachricht vom deutsch-sowjetischen Nichtangriffsvertrag machte mit einem Schlag seine gesamten Intentionen zunichte.[37]

Hatte der Regierungschef bis zuletzt an einen Erfolg der diplomatischen Bemühungen geglaubt, so schien nach ihrem Fehlschlag Daladier von fatalistischen Gedanken erfasst. Das Gefühl der Unausweichlichkeit des Krieges ähnelte in der letzten Augustwoche auffallend der spannungsgeladenen Stimmung vor dem Münchener Abkommen. Wieder waren die Nerven bis zum Äußersten angespannt und abermals spaltete sich die Regierung in Anhänger erneuter Konzessionen und einer zum Krieg fest entschlossenen Gruppierung. Doch diesmal vermittelte Daladier nicht zwischen den unterschiedlichen Meinungen, sondern teilte im Grundsatz die Position der Widerstandsbereiten. Er lehnte jede Nachgiebigkeit auf Kosten Polens ab. Auch der Idee eines neuen München, wie sie Mussolini unmittelbar vor Kriegsausbruch als Vermittlungsversuch in die Debatte warf, misstraute er zutiefst. Offensichtlich hatte Daladier seine Lektion aus der Sudetenkrise gelernt. Dennoch schloss seine feste Haltung eigene Friedensanstrengungen nicht aus. Am 26. August 1939 richtete Daladier ein persönliches Schreiben an Hitler, in dem er, der als Infanterist vier Jahre das blutige Gemetzel im Ersten Weltkrieg miterlebt hatte, an die gemeinsamen Erfahrungen als Frontsoldaten erinnerte, eine friedliche Lösung der internationalen Konflikte beschwor, zugleich aber auch die Verpflichtungen gegenüber Polen bekräftigte. Doch mit dem Beschuss der Westerplatte starb die letzte Hoffnung, der „Führer" würde das Kriegsrisiko scheuen und wieder nur bluffen.

---

37 Gegenüber Senatspräsident Jules Jeanneney gestand Daladier am 1. September 1939 ein, vom Hitler-Stalin-Pakt völlig überrascht worden zu sein, obwohl US-Botschafter William Bullitt, der zu seinen engsten Vertrauten gehörte, ihn vor dieser Möglichkeit schon im März gewarnt hatte. Vgl. Jeanneney, J., Journal politique septembre 1939 – juillet 1942, Paris 1972, S. 6.

Obwohl die Regierung in den ersten Septembertagen das Wort Krieg sorgsam vermied, standen für Daladier die Konsequenzen des deutschen Einmarsches außer Zweifel: Der europäische Frieden war endgültig verloren. Damit stellte sich vor allem die Frage, wie Paris die Garantien gegenüber Warschau einlösen sollte. Die weitere Mobilisierung der Streitkräfte, die sofortige Erhöhung der Verteidigungsausgaben um 70 Milliarden Francs und das an Ribbentrop überreichte Ultimatum, nach dessen Auslaufen sich Frankreich seit dem 3. September 1939 17.00 Uhr im Kriegszustand mit dem Reich befand, zeigten, dass sich Paris an die Seite seines Verbündeten stellte. Einen Tag darauf unterzeichneten Bonnet und der polnische Botschafter Juliusz Lukasiewicz ein Protokoll, das eine bereits im Mai 1939 getroffene Vereinbarung über eine weitreichende französische Hilfe im Falle eines deutschen Angriffs in Kraft setzte.[38] Doch diese Maßnahmen allein konnten den bedrängten Polen nicht helfen. Nur ein rascher und geballter Angriff auf Deutschlands Westgrenze versprach eine wirkungsvolle Entlastung. Dieser Option widersprachen aber Daladier und die Generalstabsoffiziere. Gefangen in den veralteten Vorstellungen von 1914/18 rechneten sie mit einem langen und zermürbenden Krieg, in dem Deutschland, abgeschnitten vom Welthandel und durch Überforderung seiner wirtschaftlichen Ressourcen, schließlich zur Kapitulation gezwungen sein würde. Die geschlossene und unbezwingbare Front, kombiniert mit dem „todbringenden Feuer" schwerer Geschütze, galt ihnen nach wie vor als kriegsentscheidend. Da Daladier darüber hinaus wiederholt betont und versprochen hatte, man müsse das Blut der Franzosen um jeden Preis schonen, verschanzte sich das Heer hinter der aufwendig befestigten Maginotlinie[39] und bereitete sich auf einen Angriff der Wehrmacht vor. Das Schicksal Warschaus konnte weder mit diesem Defensivverhalten noch mit der zum Schein vorgetragenen „Saaroffensive", bei der die französische Armee bis zu 10 km auf deutsches Territorium vordrang, abgewendet werden.[40] Mit der auf der ersten Sitzung des Obersten Interalliierten Rates getroffenen Einschätzung, Polen könne nur durch den endgültigen Sieg der Alliierten über Deutschland gerettet werden, gaben die Westmächte ihren osteuropäischen Verbündeten zunächst verloren.[41]

---

38 Vgl. Michel, H., La France, Grande-Bretagne et Pologne (mars–août 1939), in: Les relations franco-britanniques de 1935 à 1939, Paris 1975, S. 393.
39 Zur Geschichte der Maginotlinie vgl: Wieland, V., Zur Problematik der französischen Militärpolitik und Militärdoktrin in der Zeit zwischen den Weltkriegen, Boppard 1973, S. 208ff.
40 Vgl. Duroselle, J.-B., L'abîme 1939–1945, Paris 1982, S. 29.
41 Vgl. Bédarida, F., La stratégie secrète de la drôle de guerre. Le conseil suprême interallié septembre 1939–avril 1940, Paris 1979, S. 90ff.

Das untätige Verharren hinter der schützenden Front erhielt schon bald einen einprägsamen Namen: *Drôle de guerre*. Der mit „seltsamer" oder „komischer" Krieg übersetzte Begriff drückte anschaulich die abwartende Passivität und das Ausbleiben von Kampfhandlungen aus. In der Anfangsphase wusste Daladier diesen Zustand innenpolitisch geschickt zu nutzen. Ohne Schwierigkeiten erhielt er von beiden Kammern des Parlaments die gewünschten Haushaltsmittel und bildete die Regierung um. Die zwei entschiedensten Befürworter eines Kriegseintritts, Finanzminister Reynaud und Kolonialminister Mandel, behielten ihre Ämter. Raoul Dautry, der seit geraumer Zeit für eine konsequente Aufrüstung stritt, wurde Rüstungsminister. Überdies versetzte Daladier Bonnet in den Justizbereich und übernahm dessen Ressort zusätzlich zum Kriegsministerium.

Die neu formierte Regierung war jedoch weder ein Kabinett der „nationalen Einheit", wie es René Viviani unter Einschluss aller Parteien 1914 gebildet hatte, noch ein „Kriegskabinett", wie es in England aufgestellt und von Senatspräsident Jeanneney und Sozialistenchef Blum der Effizienz halber auch für Frankreich gefordert wurde. Auch der Vergleich mit der „demokratischen Diktatur" Georges Clemenceaus im Ersten Weltkrieg trog, da bei allem Konzentrationswillen die ministerielle Kompetenzrivalität auch mit Kriegsbeginn nicht aufgehoben werden konnte. Allerdings nutzte Daladier seine gewonnene Machtfülle umgehend für einen spektakulären Schritt: er nahm die Rechtfertigung des Hitler-Stalin-Pakts und das Einrücken der Roten Armee ins östliche Polen zum Anlass, um die Kommunistische Partei, deren Zeitungen *L'Humanité* und *Le Soir* bereits im August von der Polizei beschlagnahmt worden waren, zu verbieten. Damit verfügte er die Auflösung jener Partei, die als einzige Gruppierung einmütig und entschlossen gegen das Münchener Abkommen gestimmt und zum Kampf gegen den Faschismus aufgerufen hatte. Auch wenn die Kommunisten ihr Engagement für die nationale Verteidigung bis zu ihrem Verbot fortsetzten, rechnete Daladier mit einer baldigen Kehrtwende.[42] In einer Gleichschaltung der Kommunistischen Partei mit der Außenpolitik Stalins und eines damit verbundenen Einvernehmens mit Hitlers Friedensvorschlägen sah Daladier die mögliche Gefahr der Zersetzung des Verteidigungswillens jener Bevölkerungsgruppen, die der kommunistischen Propaganda unterlagen. Die einsetzenden Repressionen, an denen sich nicht nur rechtsextreme Kreise, sondern auch frühere Partner der Volksfront beteiligten,

---

42 Zu den Irritationen der Kommunistischen Partei nach dem Hitler-Stalin-Pakt und ihrem Verbot siehe: Azéma, J.-P./Prost, A./Rioux, J.-P. (Hrsg.), Les communistes français de Munich à Châteaubriant 1939–1941, Paris 1971; Dies. (Hrsg.), Le parti communiste français des années sombres, Paris 1988.

waren mit rechtsstaatlichen Normen[43] nur schwer vereinbar und führten zeitweilig zu bürgerkriegsähnlichen Zuständen.

Solange die Verfolgung der Kommunisten das öffentliche Bild beherrschte, konnte sich der Chef des Matignon einer großen Popularität erfreuen. Doch je länger sich dieser Nicht-Krieg hinzog, umso vernehmlicher wurde der Unmut über seine Politik. Warfen ihm die Kriegswilligen vor, die Strategie des Abwartens liefere potenzielle Partner dem Feind aus und überließe ihm zudem die militärische Initiative, griffen die bereits bekannten rechtsgerichteten Parlamentarier Hitlers Danziger Friedensrede auf und forderten von Daladier, so rasch wie möglich zum Vorkriegszustand zurückzukehren. Anders als die verständigungsbereiten Abgeordneten schenkte er den Worten des „Führers" jedoch keinen Glauben.[44] Hinter den wohlklingenden Formulierungen vermutete Daladier wohl nicht zu Unrecht den Versuch, die Widerstandskraft und den Abwehrwillen der französischen Bevölkerung zu beeinträchtigen und einen Keil zwischen die Alliierten zu treiben.

Allerdings konnte der Regierungschef nicht verhindern, dass ihm von der konservativen Rechten eine Kriegszieldiskussion aufgedrängt wurde. Sie kam ihm insoweit ungelegen, als die Vorstellungen der Regierung noch unausgereift und notwendige Abstimmungen zwischen dem Quai d'Orsay und dem Foreign Office bis dato nicht erfolgt waren. Deshalb erschien es Daladier ratsam, über das Schicksal eines besiegten Deutschlands vorerst keine eindeutigen Aussagen zu treffen. In jedem Fall verdeutlichte die einsetzende Kontroverse, dass die Widersacher des Ministerpräsidenten inzwischen ihre vom Kriegsbeginn diktierte Zurückhaltung aufgegeben hatten. Von ihren Intrigen ging allerdings solange keine ernsthafte Gefahr aus, wie die Autorität des Regierungschefs durch die Öffentlichkeit nicht selbst in Frage gestellt wurde. Doch das unnütze Warten an der Front, die Senkung der allgemeinen Kaufkraft zugunsten einiger Kriegsgewinnler

---

43 Die verabschiedeten Verordnungen erlaubten der Regierung Daladier aus Gründen der öffentlichen Ordnung, sowohl Bürgermeister und Gemeinderäte ihres Amtes zu entheben, als auch Personen, die die Sicherheit des Landes bzw. dessen Verteidigung gefährdeten, auf Beschluss des Innen- und Verteidigungsministers zu internieren. Mit kleineren Ergänzungen dienten diese Dekrete später dem Vichy-Regime, um Menschen willkürlich ins Konzentrationslager zu verschleppen. Vgl. Heimsoeth, H.-J., Frankreich im Krieg mit Deutschland: Der Zerfall der Dritten Französischen Republik während der „Drôle de Guerre", in: Carlier, C./Martens, St. (Hrsg.), La France et l'Allemagne en guerre (septembre 1939 – novembre 1942), Paris 1990, S. 58f.

44 Vor den Senatoren der Auswärtigen Kommission begründete Daladier seine ablehnende Position: „Es ist unmöglich, weiterhin alle sechs Monate zu mobilisieren. Wir haben genug davon. Hitler hat gesagt, er wolle den Versailler Vertrag zerstören. Dann will er auch Elsaß-Lothringen. Wenn ich seinem Wort glauben würde, wäre ich sein Komplize, entweder durch Ignoranz oder durch Dummheit." Bardoux, J., Journal d'un Témoin de la Troisième, 1er septembre 1939 – 15 juillet 1940, Paris 1957, S. 109.

und erste Mangelerscheinungen bei Waren des täglichen Bedarfs sorgten in der Bevölkerung für wachsende Unzufriedenheit.

Um die fatalen Wirkungen der nachlassenden Anspannung zu kompensieren, versuchte Daladier den kriegerischen Geist seiner Landsleute wieder anzufachen. Eine willkommene Gelegenheit bot hierfür der „Winterkrieg". Im Gegensatz zur nüchternen Reaktion auf Stalins Einmarsch in Polen präsentierte sich Daladier diesmal als energischer, ja verbissener Ankläger sowjetischen Verhaltens. Dabei nährte er mit seinen scharfen Verurteilungen ein Feindbild, das die Verfolgung untergetauchter kommunistischer Funktionäre in Frankreich genauso erlaubte wie die öffentliche Forderung nach Ausschluss der Sowjetunion aus dem Völkerbund. Die Verurteilung der sowjetischen Aggression und die Aberkennung der Völkerbundsmitgliedschaft der UdSSR, die namentlich auf Betreiben Frankreichs erfolgte, genügten ihm aber offensichtlich noch nicht. Eine Konfrontation mit der Roten Armee nicht mehr ausschließend, wies er den Generalstab an, nach Möglichkeiten und Wegen einer direkten Hilfe für Finnland zu suchen.

Dabei entwickelten die Militärs die abenteuerlichsten Vorstellungen. Sie reichten von der Landung alliierter Schiffe bei Petsamo in Nordfinnland über die Blockade des Schiffsverkehrs im Schwarzen Meer bis hin zur Zerstörung von Erdölfeldern in der Kaukasusregion. Allerdings konnte man die Briten für derart realitätsferne Projekte nicht gewinnen. Als wirklichkeitsnähere Alternative fassten sie eine Aktion im Raum Narvik ins Auge, der sich Daladier, um die Verbündeten überhaupt auf eine Entlastung Finnlands festzulegen, schließlich anschloss. Während Daladier die Aufstellung eines Expeditionskorps mit enormem Eifer betrieb, bereiteten sich die Briten hierfür sehr bedächtig vor. Wiederholt kritisierte er deren Zögerlichkeit, fürchtete er doch inzwischen einen möglichen Siegfrieden Stalins. Diese Aussicht bedrückte ihn umso mehr, da infolge der Vehemenz, mit der er sich für eine militärische Unterstützung Finnlands eingesetzt hatte, in der Öffentlichkeit längst der Eindruck entstanden war, dass der Regierungschef seine politische Zukunft an den Erfolg einer alliierten Operation geknüpft habe.

Entsprechend ungehalten reagierte Daladier dann auch, als er von den ersten Friedenskontakten zwischen den Kriegsparteien erfuhr. Noch am Tag der Unterzeichnung des Waffenstillstandes in Moskau versuchte er verzweifelt, die Regierung in Helsinki zum weiteren Widerstand zu ermutigen.[45] Jedoch zogen die Fin-

---

45 Vgl. Heimsoeth, H.-J., Der Zusammenbruch der Dritten Französischen Republik. Frankreich während der „Drôle de Guerre" 1939/1940, Bonn 1990, S. 266.

nen, das Schicksal der ehemaligen französischen Verbündeten Tschechoslowakei und Polen noch in guter Erinnerung, eine schmerzliche Einigung mit dem übermächtigen Nachbarn einer militärischen Katastrophe vor.

Der Ausgang des „Winterkrieges" hinterließ in der französischen Öffentlichkeit nachhaltige Bestürzung und ohnmächtige Wut. Die tiefe Enttäuschung über das Nachgeben der Finnen bekam vorrangig ihr Ministerpräsident zu spüren, der sich in den folgenden Geheimdebatten in Senat und Kammer massiven, aber zugleich höchst gegensätzlichen Vorwürfen von rechts und links gegenüber sah. Seinen Verteidigungsreden fehlten der Schwung und die Energie, mit der er vor kurzem noch die Finnen zum Weiterkämpfen ermuntert hatte. Fast kleinlaut warnte er die Abgeordneten vor Übertreibungen, die das finnische Einlenken mit den Folgen des deutschen Durchbruchs bei Charleroi im August 1914 verglichen. Seine eher kraftlosen Ausführungen konnten vor allem die konservativen Kritiker kaum überzeugen. Auch wenn der Senat seine Politik noch mit Vorbehalt billigte, signalisierten die 300 Enthaltungen im Abgeordnetenhaus, dass Daladier das Vertrauen der Volksvertreter weitgehend verloren hatte.[46] Von den Anstrengungen des Amtes sichtlich ermüdet, trat er am 19. März 1940 als Ministerpräsident zurück.

Der Sturz Daladiers war Resultat einer verfehlten Außenpolitik. Aber anders als seine rechten Widersacher, die ihm mangelnden Willen für einen antibolschewistischen Kreuzzug vorwarfen, lagen die wirklichen Unterlassungen der Republik in der ungenügenden Kriegsvorbereitung, der starken Polarisierung der gesellschaftlichen Kräfte, der wachsenden Entfremdung von der demokratischen Ordnung und in den taktischen Fehlleistungen der Generalität. Auch wenn Daladier in seiner fast zweijährigen Amtszeit manche dieser Defizite erkannte, abschwächte und sogar beseitigte, blieb jenes entscheidende Versäumnis, den schonungslosen Kampf gegen Hitler, selbst unter Inkaufnahme des Risikos eines Krieges, nicht aufgenommen zu haben. Die Mitverantwortung für die Tragödie, die im Frühjahr 1940 über Frankreich hereinbrach, lastete somit auch auf seinen Schultern.

---

46 Laut Verfassung war Daladier nicht zum Rücktritt gezwungen. Sein Schritt entsprach aber dem damaligen parlamentarischen Grundverständnis. Journal officiel, 19.3.1940, S. 584f. Vgl. auch: Rossi-Landi, G., La drôle de guerre, Paris 1971, S. 53.

SCHRIFTEN VON DALADIER

Journal de captivité 1940–1945. Texte établie et préfacé par J. Daladier, annoté par J. Darridan, Calmann-Lévy, Paris 1991

LITERATUR ÜBER DALADIER

Réau, E. du, Édouard Daladier, 1884–1970, Paris 1993
Lapaquellerie, Y., Eduard Daladier, Bern 1939

GESAMTDARSTELLUNGEN ZUR ZEIT

Azéma, J.-P., De Munich à la Libération 1938–1944, Paris 1979
Bartel, H., Frankreich und die Sowjetunion 1938–1940. Ein Beitrag zur französischen Ostpolitik zwischen dem Münchener Abkommen und dem Ende der Dritten Republik, Stuttgart 1986
Béderida, F., La stratégie secrète de la drôle de guerre. Le conseil suprême interallié, Paris 1979
Bellstedt, H. F., „Apaisement" oder Krieg. Frankreichs Außenminister Georges Bonnet und die deutsch-französische Erklärung vom 6. Dezember 1938, Bonn 1993
Benz, W./Graml, H. (Hrsg.), Sommer 1939. Die Großmächte und der europäische Krieg, München 1979
Carlier, C./Martens, St. (Hrsg.), La France et l'Allemagne en guerre (septembre 1939 – novembre 1942), Paris 1990
Girault, R./Frank, R. (Hrsg.), La puissance en Europe (1938–1940), Paris 1984
Graml, H., Europas Weg in den Krieg. Hitler und die Mächte 1939, München 1990
Grüner, St., Paul Reynaud (1878–1966). Biographische Studien zum Liberalismus in Frankreich, München 2001
Heimsoeth, H.-J., Der Zusammenbruch der Dritten Republik. Frankreich während der „Drôle de Guerre" 1939/40, Bonn 1990
Hildebrand, K./Schmädeke, J./Zernack, K., 1939. An der Schwelle zum Weltkrieg. Die Entfesselung des Zweiten Weltkrieges und das internationale System, Berlin u.a. 1990
Hildebrand, K./Werner, K. F. (Hrsg.), Deutschland und Frankreich 1936–1939, München 1981
Les relations franco-britanniques de 1935 à 1939, Paris 1975
Lacaze, Y., L'opinion publique française et la crise de Munich, Bern 1991
Noguères, H., Munich ou la drôle de paix, Paris 1963
Rémond, R./Bourdin, J., Édouard Daladier, chef de gouvernement, avril 1938 – septembre 1939, Paris 1977
Rohe, K. (Hrsg.), Die Westmächte und das Dritte Reich 1933–1945, Paderborn 1982
Rossi-Landi, G., La drôle de guerre, Paris 1971

Philippe Pétain (1856–1951)

VIII.

PHILIPPE PÉTAIN
(1856–1951)

Henri Philippe Pétain kam am 24. April 1856 als viertes Kind von Omer und Clotilde Pétain, geborene Legrand, in dem kleinen Dorf Cauchy-à-la-Tour im Département Pas-de-Calais zur Welt. Noch keine 17 Monate alt, verlor er seine Mutter, die kurz nach der Geburt ihres fünften Kindes starb. Der Vater, der wie seine Vorfahren eine kleine Landwirtschaft betrieb, heiratete 1859 Reine Vincent, die ihm drei weitere Kinder gebar. Besondere Zuneigung erfuhr Philippe im Hause seines Onkels mütterlicherseits. Abbé Jean-Baptiste Legrand ebnete seinem 11-jährigen Neffen dann auch den Weg ins Jesuiten-Collège nach St.-Omer, das er ab 1867 besuchte. Nach acht Internatsjahren legte er dort das Abitur ab. In den folgenden zwölf Monaten bereitete er sich bei den Dominikanern in Arcueil auf die Offiziersschule in St.-Cyr vor, an der er von 1876 bis 1878 studierte und die er unter 388 Jahrgangsteilnehmern als 229. abschloss. Während viele Absolventen eine Karriere in den Kolonien anstrebten, entschied sich Pétain für den Dienst im Mutterland. In den 36 Jahren von 1878 bis 1914 durchlief er den wenig spektakulären Berufsweg eines Infanterieoffiziers, erlebte 16 Versetzungen und brachte es vom Unterleutnant bis zum Oberst, wobei er die Beförderungen vor allem seinem Dienstalter und weniger seinen Leistungen verdankte. 1879 begann er seine Laufbahn in Villefranche-sur-Mer, 1883 gehörte er zum 24. Jägerbataillon in Besançon, 1890 erfolgte seine Berufung in den Stab des 15. Korps in Marseille. 1892 wechselte er als Hauptmann zum 29. Jägerbataillon in Vincennes; seit 1894 arbeitete er im Stab von General Saussier, dem militärischen Gouverneur von

Paris und Oberbefehlshaber im Kriegsfall, 1900 erhielt er die Befehlsgewalt über das 8. Jägerbataillon in Amiens. Unterbrochen wurde der eintönige Kasernenalltag durch das Studium an der Kriegsschule von 1888 bis 1890 sowie durch die ein Jahrzehnt später erfolgte Berufung als Lehrbeauftragter an diese Einrichtung. In den Jahren von 1901 bis 1907 und von 1910 bis 1911 unterwies er Offiziere in Fragen der Infanterietaktik. In seinen Vorlesungen polemisierte er gegen die offizielle Doktrin des Angriffs um jeden Preis. Selbst kein prinzipieller Gegner der Offensive, plädierte er jedoch für eine stärkere Berücksichtigung der zerstörerischen Wirkung des „Feuers" in der Schlacht, konnte sich jedoch mit seinen strategischen Überlegungen nicht durchzusetzen. Nach seiner Lehrtätigkeit übernahm er 1911 das Kommando über das 33. Infanterieregiment in Arras, in dem zu dieser Zeit der noch unbekannte Leutnant Charles de Gaulle diente. Mit 58 Jahren, fast die Altersgrenze für die Pensionierung erreicht, begann mit dem Ersten Weltkrieg Pétains überraschender und rasanter Aufstieg. Noch vor der Schlacht an der Marne erhielt er im August 1914 die Ernennung zum Brigadegeneral, bekam im Oktober desselben Jahres die Führung des 33. Armeekorps übertragen und befehligte seit Juni 1915 die 2. Armee in der Champagne. Von Februar bis Juni 1916 leitete er erfolgreich die Verteidigung von Verdun. Seine Menschenleben möglichst schonende Strategie und die Widerstandsfähigkeit der von ihm befehligten Truppen begründeten seinen militärischen Ruhm als „Retter von Verdun". Den weiteren Verlauf der Materialschlacht beobachtete er als Kommandeur der Armeegruppe des Mittelabschnitts. Nach dem Scheitern der Nivelle-Offensive am Chemin-des-Dames folgte Pétain deren Initiator am 15. Mai 1917 als Oberbefehlshaber der Armee. In dieser Funktion entschied er umgehend, die sinnlos gewordenen Attacken aufzugeben und das Eintreffen amerikanischer Unterstützung abzuwarten. In der Zwischenzeit verbesserte er die Kampfbedingungen seiner Soldaten genauso, wie er die Meutereien kriegsmüder Einheiten mit unerbittlicher Härte niederschlug. Die Wiederherstellung der Kampfkraft seiner Armee war eine wesentliche Voraussetzung für das Scheitern der deutschen Offensiven im Frühjahr 1918 und den Ausgang des Krieges. Für seine Verdienste im Krieg erhielt er am 19. November 1918 den Marschallstab. Zum militärischen Erfolg gesellte sich persönliches Glück. Am 14. September 1920 heiratete er die 21 Jahre jüngere Eugénie Hardon. Von 1920 bis 1931 war er als Vizepräsident des Obersten Kriegsrates ranghöchster Militär seines Landes und damit maßgeblich für die defensive Verteidigungsstrategie und den Bau der Maginotlinie verantwortlich.

Zusätzlich bekleidete er das Amt des Generalinspekteurs der Armee von 1922 bis 1931 und das der Luftwaffe von 1931 bis 1934. 1925/26 stand er an der Spitze der Kolonialtruppen, die den Aufstand der Rifkabylen in Marokko niederschlugen. 1931 wurde Pétain in die Académie française aufgenommen. Im Kabinett von Doumergue fungierte er von Februar bis November 1934 als Kriegsminister. Die Regierung Daladier entsandte ihn im März 1939 als Botschafter zu Franco. Aus Spanien zurückgerufen, avancierte er am 19. Mai 1940 zum stellvertretenden Regierungschef und amtierte ab 17. Juni 1940 als letzter Ministerpräsident der Dritten Republik. Am 10. Juli 1940 übertrug ihm die Nationalversammlung in Vichy das Amt des Staatschefs mit weitreichenden Vollmachten. Im April 1942 trat er als Ministerpräsident zurück und überließ die Tagespolitik zunehmend seiner Regierung. Auf deutschen Befehl verließ er am 20. August 1944 Vichy und begab sich über Belfort nach Sigmaringen, wo ihm von September 1944 bis April 1945 im dortigen Schloss einige Zimmer zugewiesen wurden. Am 24. April reiste er in die Schweiz und stellte sich den französischen Behörden. Das Oberste Gericht verurteilte ihn am 15. August wegen Verschwörung gegen die innere Sicherheit des Staates und Verständigung mit dem Feind zum Tode. Drei Tage später wandelte de Gaulle das Urteil in lebenslange Haft um. Von August bis November 1945 im Fort Le Portalet und danach auf der Ile d'Yeu inhaftiert, starb der fünfundneunzigjährige Pétain am 23. Juli 1951.

„... denn da ich nicht mehr Euer Schwert sein konnte, wollte ich Euer Schild sein."

Als die Zellentür zuschlug und Philippe Pétain hinter den dicken Kerkermauern des Forts Pierre-Levée seine Haftstrafe antrat, konnte er auf ein langes Leben in politisch bewegten Zeiten zurückblicken. In über neun Jahrzehnten erlebte der berühmteste Gefangene Frankreichs das Zweite Kaiserreich, sah den mühseligen Aufstieg und schnellen Fall der Dritten Republik, avancierte selbst zum Staatschef des *État Français* und erlebte noch nach dessen Zusammenbruch die Wiedergeburt der parlamentarischen Demokratie in Form der Vierten Republik. In diesen wechselvollen Jahren zogen französische und deutsche Soldaten allein dreimal gegeneinander in den Krieg. Als Militär kreuzten seine Wege namhafte republikanische Zeitgenossen von Clemenceau über Foch bis zu de Gaulle. Als Diplomat und Staatsmann begegnete er auf internationalem Parkett Franco, traf sich mit Hitler und korrespondierte mit Churchill. Kaum eine andere Persönlichkeit der französischen Zeitgeschichte dürfte eine gegensätzlichere Bewertung provoziert haben als der greise Gefangene auf der Ile d'Yeu. An seiner Person rieben sich zeitgenössische Beobachter genauso wie spätere Generationen von Historikern. Dabei waren es nicht die vielen Jahrzehnte in der Armee, die die Kontroversen entfachten, sondern nur die vier Jahre seines politischen Wirkens als Staatschef. Während die einen ihn als Märtyrer verehrten, der durch geschicktes Taktieren gegenüber den deutschen Besatzern Frankreich das Schlimmste erspart habe, verurteilten die anderen ihn als Landesverräter, der die Republik ermordet und die Kollaboration mit dem Dritten Reich zielgerichtet gesucht habe. Diese höchst gegensätzliche Sicht motiviert natürlich immer wieder, jenen Ereignissen nachzuspüren, die dem Leben des bis dahin hoch geachteten Marschalls eine unerwartete Wende gaben.

Die Nachricht vom Beginn des Westfeldzugs erhielt Pétain in Madrid, wo er seit März 1939 als Botschafter seines Landes akkreditiert war. Von hier aus musste er mit Entsetzen registrieren, wie die Wehrmacht die auch von ihm als unüberwindlich gehaltenen Ardennen mit motorisierten Verbänden durchstieß und die Maas überquerte. Hitlers Verletzung der Neutralität der Niederlande, Belgiens und Luxemburgs entwertete nicht nur die tief gegliederte Maginotlinie, deren Konzeption und Lage der Marschall als Generalinspekteur der Armee Ende der

20er Jahre maßgeblich mit beeinflusst hatte, sondern spaltete auch die alliierten Streitkräfte auf. In dieser militärisch angespannten Situation entschloss sich Ministerpräsident Paul Reynaud zu einer Kabinettsumbildung. Am 18. Mai rief er den betagten Pétain nach Paris zurück und betraute ihn mit dem Amt des stellvertretenden Ministerpräsidenten. Zugleich löste er den überforderten Maurice Gamelin als Oberkommandierenden ab und ersetzte ihn durch seinen Vorgänger General Maxime Weygand, der, aus dem Ruhestand zurückgeholt, seit September 1939 die Levante-Truppen befehligt hatte.[1] Beide Namen, Philippe Pétain und Maxime Weygand, erinnerten die Franzosen an den siegreichen Ausgang des Ersten Weltkrieges.

Doch die deutsche Offensive ging unbeirrt weiter, und das „Wunder an der Marne" vom September 1914 blieb diesmal aus. Unter den wuchtigen Schlägen der Wehrmacht versank das Land in Panik und Chaos. Millionen von Menschen ließen ihre Habe zurück und suchten ihr Heil in der Flucht. Ein unüberschaubarer Strom von Schutzsuchenden durchzog das Land. Der Verlust der Sicherheitsillusion schockte aber nicht nur den normalen Bürger, sondern hinterließ auch bei den Entscheidungsträgern eine verheerende Wirkung. Die verfehlte Politik während der *Drôle de guerre*, vor allem aber der schleichende Zerfallsprozess der parlamentarischen Demokratie, der in den 30er Jahren sichtbar an Dynamik gewann und eine Polarisierung der politischen und sozialen Kräfte bewirkte, forderten nunmehr ihren Tribut.

Je kritischer die militärische Lage schien, desto nachdrücklicher erhob Pétain die Forderung nach einem Ausloten der deutschen Waffenstillstandsbedingungen. Offensichtlich fühlte er sich an die mit Großbritannien am 28. März getroffenen Vereinbarungen, die ohne beiderseitiges Einvernehmen einen separaten Waffenstillstands- oder Friedensvertrag verboten, nicht gebunden. Eine Abstimmung mit London hielt er durch den Kriegsverlauf als längst für überholt. Bestärkt wurde er in dieser Sicht auch durch die unzureichend koordinierte Evakuierung der alliierten Truppen aus Dünkirchen. Verschiedentlich äußerte er sogar den Verdacht, dass das britische Expeditionskorps bei der Räumung bevorzugt worden sei und gab damit antienglischen Ressentiments, die die Glaubwürdigkeit des Kriegsbündnisses weiter untergruben, neue Nahrung. Obgleich ein Großteil des französischen Territoriums zu diesem Zeitpunkt noch nicht vom Feind betreten war, richteten sich die Blicke des Marschalls schon auf die Zeit nach dem Feldzug. Für ihn, der die Unterschiede zwischen dem wilhelminischen Deutschland und

---

[1] Vgl. Destremau, B., Weygand, Paris 1989, S. 400ff.

Hitlers Drittem Reich nicht einmal ansatzweise erkannte und der den aktuellen Konflikt nur als das jüngste Kapitel der seit Jahrhunderten währenden „Erbfeindschaft" begriff, war die militärische Niederlage an sich keine Schande. So wie Deutschland den Krieg 1918 verloren hatte, musste Frankreich dieses Schicksal eben 1940 erleiden. Das war zwar bitter, aber für Pétain sozusagen im Rahmen des normalen Ablaufs der Geschichte.

Viel schwerer wog für ihn hingegen die Gefahr, dass die Auseinandersetzungen in einen staatlichen Zusammenbruch münden und zum Ausbruch innerer Unruhen führen könnten. Selbst einen kommunistischen Umsturz schloss er nicht aus. Daher galt seine vordergründige Sorge der Aufrechterhaltung der staatlichen Ordnung. Die aber verlange das Überleben eines handlungsfähigen Staates und einer einsatzbereiten Armee. Folglich sah er unter den gegebenen Umständen die sofortige Einstellung der Kampfhandlungen als das kategorische Gebot der Stunde an. Obgleich diese defätistische Haltung vorerst nur von einer Minderheit innerhalb der Regierung geteilt wurde, nahmen die Meinungsverschiedenheiten über das weitere Vorgehen mit jedem Kriegstag zu. Die vorgebrachten Auffassungen reichten hierbei vom weiteren Widerstand in Frankreich über die Fortsetzung des Kampfes von den kolonialen Besitzungen in Nordafrika aus bis hin zum umgehenden Waffenstillstand.

Um die Positionen der Durchhaltewilligen zu stärken, griff Reynaud erneut zum Instrumentarium der Regierungsumbildung. Er entließ seinen erbitterten Rivalen Außenminister Édouard Daladier sowie die Arbeits- und Finanzminister Anatole de Monzie und Lucien Lamoureux. Vor einer Verabschiedung seiner Widersacher Pétain und Weygand schreckte er indes zurück. Mit Ausnahme Charles de Gaulles, der zum Unterstaatssekretär für Nationale Verteidigung berufen wurde, erwiesen sich die neuen Kabinettsmitglieder aber kaum als überzeugte Anhänger des Widerstandes. Somit verpuffte die Wirkung dieses innenpolitischen Schachzugs nicht nur schnell, sondern vergrößerte überdies die Zahl derjenigen innerhalb der Regierung, die sich den Auffassungen Pétains anschlossen.

So sehr sich der Marschall auch über die Ablösung Daladiers, dem er die Niederschlagung des rechtsgerichteten Aufruhrs vom 6. Februar 1934 und sein Eintreten für die Volksfront nie verzieh, erfreute, so heftig ärgerte ihn aber gleichzeitig die Berufung de Gaulles. Als ehemaliger Vorgesetzter hatte er den gleichermaßen begabten wie eigenwilligen Offizier gefördert.[2] Doch die Beziehungen

---

2 Zum wechselvollen Verhältnis der beiden Politiker grundlegend: Tournoux, J.-R., Pétain und de Gaulle, Düsseldorf 1966. Siehe auch: Lottman, H., Pétain, Paris 1984, S. 138ff.

trübten sich in dem Maße ein, wie sein einstiger Schützling zum schärfsten Kritiker der defensiven Verteidigungsstrategie avancierte. Zum offenen Zerwürfnis kam es, als de Gaulle seinem Förderer die Autorenschaft an dem Buch „Frankreich und seine Armee" und eine von ihm erwartete Widmung verweigerte.[3] Seither verband beide eine von Konkurrenz und Eitelkeiten geprägte innige Abneigung, die sich auch am Kabinettstisch fortsetzte. Zu unterschiedlich waren ihre Vorstellungen, wie Frankreich überleben könne. Richtete der Veteran seinen Blick allein bis an die Grenzen des Mutterlandes und plädierte daher für einen Waffenstillstand, so globalisierte sein Kontrahent die europäische Auseinandersetzung, bezog die gewaltigen Potenzen der Weltmächte und des Kolonialreiches in die Konfrontation mit ein und votierte deshalb für eine Fortsetzung des militärischen Konflikts. Auch wenn die Geschichte dem gerade zum Brigadegeneral Beförderten Recht geben sollte, die unmittelbaren Umstände auf dem Kriegsschauplatz sprachen eher für den erfahrenen Pétain.

Nachdem der Versuch fehlgeschlagen war, eine neue Verteidigungslinie entlang der Somme, der Aisne und der Ailette aufzubauen, gab die Regierung am 11. Juni Paris auf, erklärte die Metropole zur offenen Stadt und entschied sich zum Rückzug. Auf der Flucht über die Loire-Schlösser nach Bordeaux büßte sie weiter an Handlungsfähigkeit ein. Unschlüssigkeit, Verwirrung und Orientierungslosigkeit griffen um sich. Mit jeder neuen Hiobsbotschaft vom Kriegsgeschehen flammten die schwelenden Konflikte zwischen den Befürwortern und Gegnern eines Waffenstillstandes wieder auf. Bedrängt von den umtriebigen Anhängern eines sofortigen Friedens und selbst überfordert, einen kraftvollen und wirksamen Widerstand zu organisieren, verlor der Ministerpräsident sichtbar an Autorität. In dieser verzweifelten Lage unternahm Reynaud einen letzten Versuch, um Frankreich im Krieg zu halten. Er griff den kurz zuvor von Churchill und de Gaulle entwickelten Plan zur Schaffung einer französisch-britischen Staatenunion auf und stellte ihn im Kabinett zur Diskussion. Für Pétain, der in dieser Runde nur selten das Wort nahm, lagen die Überlegungen zur Bildung einer gemeinsamen Regierung, Armee und Staatsangehörigkeit mit Großbritannien außerhalb jedweder Vorstellungskraft. Seine Gedanken dürften jenen von Staatsminister Jean Ybarnégaray entsprochen haben, der den Briten empört vor-

---

[3] Vgl. Lacouture, J., De Gaulle, Bd. 1.: Le Rebelle. 1890–1944, Paris 1984, S. 274ff. Darüber hinaus siehe: Shirer, W. L., Der Zusammenbruch Frankreichs. Aufstieg und Fall der Dritten Republik, München/Zürich 1970, S. 802.

warf, sie wollten Frankreich mit diesem Projekt nur auf den Status eines Dominion reduzieren.[4]

Die einhellige Entrüstung über das britische Unionsangebot zeugte von dem tiefen Misstrauen, das zunehmend die Beziehungen zum Alliierten vergiftete. Unter diesen Umständen warf der Ministerpräsident am 16. Juni schließlich entnervt das Handtuch. Obwohl die Präsidenten des Abgeordnetenhauses und des Senats, Édouard Herriot und Jules Jeanneney, eine erneute Berufung Reynauds befürworteten und damit für eine Fortsetzung des Krieges votierten, fiel die Wahl auf Pétain. Mit dieser folgenreichen Entscheidung reflektierte der eher unauffällig agierende Albert Lebrun nicht nur den Stimmungswechsel im Kabinett, sondern entsprach auch den Wünschen der großen Mehrheit seiner Landsleute. Für sie verkörperte Pétain einen Mythos,[5] mit dem sich auch in der Stunde der nationalen Katastrophe noch die Hoffnung auf annehmbare Waffenstillstandsbedingungen verband. In der Erinnerung vieler Franzosen gebührte dem alten Krieger das Verdienst, in den mörderischen Materialschlachten des Jahres 1916 den Angriffen des deutschen Heeres erfolgreich widerstanden und 1917 der kriegsmüden Truppe durch die Aufgabe sinnloser Attacken bei konsequenter Durchsetzung der Disziplin die Kampfmoral wiedergegeben zu haben. Unter seinem Kommando war das Gefühl der Soldaten geschwunden, in ergebnislosen Schlachten nur als „Kanonenfutter" verheizt zu werden. Dankbar hatten sie registriert, dass der Oberkommandierende ihre Sorgen angehört und berechtigte Beschwerden berücksichtigt hatte – eine Fürsorge, die sie zuvor weder bei Joseph Joffre noch bei Robert Nivelle kennen gelernt hatten. Mit diesen Neuerungen hatte er sich den Respekt und das Vertrauen der Kämpfenden erworben.

Auch in der Zwischenkriegszeit verblasste der Ruhm des „Siegers von Verdun" nicht. Im Unterschied zu anderen militärischen Führern strebte der im November 1918 zum Marschall beförderte Pétain keine herausragenden Ämter an. Aus den ermüdenden Ränkespielen der Politik hielt er sich auffallend heraus. Er war zwar Mitglied des Nationalen Verteidigungsrates, leitete 1925 im Auftrag des Linkskartells auch die Niederwerfung des Aufstandes der Rifkabylen in Marokko,[6] gehörte aber nach den Ausschreitungen vom 6. Februar 1934 nur der kurzlebigen Regierung der nationalen Einheit unter Gaston Doumergue als Kriegs-

---

[4] Vgl. Heimsoeth, H.-J., Der Zusammenbruch der Dritten Französischen Republik. Frankreich während der „Drôle de Guerre", Bonn 1990, S. 357.
[5] Vgl. Fischer, D., Le mythe Pétain, Paris 2002, S. 247ff.
[6] Vgl. Scholze, U./Zimmermann, D./Fuchs, G., Unter Lilienbanner und Trikolore. Zur Geschichte des französischen Kolonialreiches. Darstellung und Dokumente, Leipzig 2001, S. 167ff.

minister an. Seine Loyalität gegenüber den Regierenden hinderte ihn allerdings nicht, sich wiederholt in den Chor der Kritiker des *Régime des Assemblées* einzureihen. In der von rechtskonservativen Kreisen entfachten Debatte um eine Effektivierung des politischen Systems attackierte er mit klaren Worten die vielen Unzulänglichkeiten der Republik, forderte eine Einschränkung der Parteienherrschaft zugunsten einer stärkeren Exekutive und pries die Vorteile einer an konservativen Werten ausgerichteten Gesellschaft und Erziehung. Für den Verfall von Moral und Kultur machte er individuelle Genusssucht und materielle Gier, die seit dem Ende des Krieges über den Opfersinn gesiegt hätten, verantwortlich. Im Kern tendierte seine gewünschte Staatsreform schon deutlich in Richtung des späteren Regimes von Vichy. Die Kritik an den bestehenden parlamentarischen Strukturen sowie die Distanz, die Pétain zur politischen Elite pflegte, immunisierte ihn aber gegen den wachsenden Ansehens- und Machtverlust der Parteien und Regierungen. Eine Mitverantwortung für die tiefe Krise der Dritten Republik wurde ihm von keiner Seite angelastet.

Doch die Herausforderungen, vor denen Pétain nunmehr stand, waren ungleich größer als die der letzten beiden Jahrzehnte. Ihre Bewältigung verlangte nicht zuletzt auch ein bestimmtes Maß an Vitalität. Längst hatte der Marschall, der unmittelbar nach 1870 erstmals die Uniform angezogen hatte, das ohnehin schon hohe Pensionsalter für Militärs überschritten. Obwohl in erstaunlich guter körperlicher Verfassung, zählte er inzwischen immerhin 84 Jahre. In diesem vorgerückten Lebensalter lassen sich altersbedingte Schwächen kaum noch verbergen. Schon den Botschaftsmitarbeitern in Madrid fiel auf, dass Pétain zunehmend zur Vergesslichkeit neigte, partiell desorientiert wirkte und neue Umstände nur mühevoll realisierte. Die Stunden, in denen er tatsächlich konzentriert arbeiten konnte, nahmen deutlich ab.[7] Doch im Moment des militärischen Fiaskos interessierte sich niemand für die tatsächliche Arbeitsfähigkeit des Marschalls. Gefragt war einzig und allein seine moralische Autorität. Und diese wurde selbst von antimilitaristisch orientierten Kreisen nicht in Zweifel gezogen.

Unmittelbar nach seiner Berufung zum Regierungschef und der raschen Zusammenstellung des neuen Kabinetts[8] ersuchte Pétain unter spanischer Vermittlung Deutschland um einen Waffenstillstand. Obwohl vielerorts nach wie vor

---

7 Vgl. Tournoux, J.-R., Pétain und de Gaulle, a.a.O., S. 114f.
8 Das letzte Kabinett der Dritten Republik umfasste 17 Minister, von denen 11 bereits der Regierung Reynaud angehört hatten. Die einflussreichsten Mitglieder waren: Chautemps (Vizepräsident), Weygand (Verteidigung), Darlan (Marine) und Baudouin (Außenamt). Vgl. Aron, R., Histoire de Vichy, Paris 1954, S.51.

erbitterte Gefechte tobten und die Waffenstillstandsverhandlungen noch nicht einmal eröffnet waren, verkündete der Ministerpräsident, kaum 24 Stunden im Amt, dass nun der Zeitpunkt gekommen sei „die Kampfhandlungen einzustellen".[9] Auch wenn diese Worte von Außenminister Paul Baudouin berichtigt und in allen offiziellen Texten verschämt mit der Formulierung „... man muss versuchen, eine Einstellung der Kampfhandlungen zu erreichen" relativiert wurden, war die Wirkung dieser voreiligen Verlautbarung fatal.[10] Pétains offensichtliche Erwartung einer unvermeidlichen Niederlage hatte sich umgehend auf die kämpfende Truppe übertragen. Folgerichtig brachen Disziplin und Kampfmoral zusammen, die Front löste sich auf.

Während der Marschall voller Ungeduld auf die Antwort Hitlers wartete, flammten die Diskussionen um den geeignetsten Regierungsstandort erneut auf. Auch unter den Befürwortern eines Waffenstillstandes spielten einige mit dem Gedanken einer Verlegung des Sitzes nach Nordafrika. Für Pétain selber kam eine Übersiedlung jedoch nicht in Frage. Schon vor der Ernennung zum Ministerpräsidenten hatte er erklärt, dass er Frankreich unter keinen Umständen verlassen werde.[11] Im Gegensatz zu jenen, die Frankreich mit bestimmten universalen Werten identifizierten und ihrem Land eine weltweite zivilisatorische Mission zuwiesen, beschränkte sich das Vaterlandsbild Pétains auf das konkrete Staatsgebiet. Seine erdverbundenen, bäuerlichen Vorstellungen korrespondierten mit dem bekannten Vorwurf Dantons, der den Emigranten in der Zeit der Revolution vorhielt, dass man die Erde des Vaterlandes nicht an seinen Schuhsohlen davontragen könne.[12] Dennoch versuchte Pétain in der unübersichtlichen Situation vor Hitlers Erwiderung zwischen den unterschiedlichen Auffassungen zu vermitteln. Dabei entstand kurzzeitig sogar der Eindruck, als würde er der Aufteilung der Regierung zustimmen. Die Überlegung, sein Stellvertreter Camille Chautemps könne mit einem Teil der Minister und Staatssekretäre nach Nordafrika ausweichen und von dort den Krieg weiterführen, während der Marschall als eine Art Regent im Mutterland bleibe, wurde jedoch durch die zwischenzeitliche Annahme des Waffenstillstandsangebots hinfällig.

Um den Verhandlungen den Charakter der Erniedrigung und Vergeltung zu geben, empfing Hitler die von Pétain ernannte und von General Huntziger gelei-

---

9 Pétain, Ph., Discours aux Français, 17 juin 1940–20 août 1944. Textes établis, présentés et commentés par J.-C. Barbas, Paris 1989, S. 57.
10 Vgl. Duroselle, J.-B., L'abîme 1939–1945, Paris 1982, S. 184.
11 Vgl. Baruch, M.O., Das Vichy-Regime. Frankreich 1940–1944, Stuttgart 1999, S. 26f.
12 Vgl. Rémond, R., Frankreich im 20. Jahrhundert. Erster Teil 1918–1958, Stuttgart 1994, S. 329.

tete Delegation genau an jenem Ort, wo im November 1918 die Waffenstillstandsverhandlungen geführt worden waren. Selbst den historischen Eisenbahnwaggon des Marschalls Foch ließ er eigens für diesen Anlass aus einem Museum herbeischaffen und an seinen ursprünglichen Platz in den Wald von Compiègne, den *Carrefour d'Armistice*, stellen. Ganz ergriffen vom Gefühl der Rache diktierte Generaloberst Keitel die Bedingungen des Waffenstillstands. Danach wurde Frankreich in zwei Zonen geteilt. Die nördlichen Provinzen und die Atlantikküste okkupierte die Wehrmacht. Der Rest des Landes blieb unbesetzt. Weitere Verpflichtungen betrafen die Übernahme der Besatzungskosten, die Überlassung schweren Kriegsmaterials, die Demobilisierung der Flotte und ihre Rückführung in die Heimathäfen sowie die Nutzung wirtschaftlicher Ressourcen. Die Freilassung der fast zwei Millionen Kriegsgefangenen sollte in einem späteren Friedensvertrag geregelt werden. In den folgenden Gesprächen bemühte sich Charles Huntziger in Absprache mit Pétain und seinen Ministern um einige Änderungen. Sie betrafen insbesondere die Schaffung eines freien Sektors zwischen Paris und der unbesetzten Zone und die Stilllegung der französischen Flotte in nordafrikanischen Häfen sowie ihre Sicherung vor dem deutschen Zugriff. Diese Wünsche wurden jedoch allesamt verworfen.

Dass Frankreich dennoch schonender als Polen behandelt wurde, war vor allem Hitlers noch nicht abgeschlossenen Planungen zur territorialen Neuordnung Westeuropas geschuldet. Eine von Pétain geführte Regierung, deren formale Hoheitsgewalt sich auf das gesamte Staatsgebiet, einschließlich der besetzten Zone, erstreckte, sollte den Briten die Attraktivität einer friedlichen Übereinkunft mit Deutschland vor Augen führen, die Kolonien vom Übertritt ins widerständige Lager abhalten und die Besatzungsverwaltung entlasten. Wenn die Aufrechterhaltung formaler Souveränitätsrechte auch nicht dem Edelmut der Besatzer entsprang, so erleichterte das Verbleiben der Flotte und des Empires in der Verfügungsgewalt Frankreichs Pétain jedoch die Zustimmung zum Waffenstillstand.[13] Unter diesen Bedingungen glaubte der Marschall versichern zu können, dass die Vereinbarungen keinerlei Bestimmungen enthielten, die „der Ehre zuwiderliefen". Dabei übersah er zumindest, dass die Auslieferung politischer Flüchtlinge, die dem Terror der Nationalsozialisten entkommen und in Frankreich Schutz gesucht hatten, auch zu den deutschen Forderungen zählte. Deren eilfertige und gewissenhafte Befolgung führte einige tausend Emigranten in die Konzentra-

---

13 Text des deutsch-französischen Waffenstillstandsvertrages in: Akten zur Deutschen Auswärtigen Politik (ADAP), Serie D, Bd. IX, Nr. 523.

tionslager von Buchenwald und Dachau. Sie gehörten zu den ersten Opfern des neuen Regimes. Sich dieser Auslieferung nicht energisch widersetzt zu haben, war folgerichtig auch einer von zahlreichen Anklagepunkten, die die Staatsanwaltschaft nach dem Krieg Pétain vorwarf.

Da die Deutschen auf die Einnahme von Bordeaux drängten, sah sich die Regierung nach ihrer Unterschrift unter den Waffenstillstandsvertrag gezwungen, umgehend einen neuen Standort zu suchen. Obwohl Großstädte wie Lyon oder Marseille in der unbesetzten Zone lagen, entschied sich Pétain für das unweit der Demarkationslinie gelegene Vichy. Der mondäne Kur- und Bäderort in der Auvergne bot mit seinen zahlreichen Hotels und Restaurants ausreichend Unterkunftsmöglichkeiten für die ausländischen Diplomaten und den umfänglichen Staatsapparat. Zu seinem eigenen Domizil erkor der Marschall das elegante Hôtel du Parc, in dessen zweitem Stock er seine Dienst- und Wohnräume bezog. Hier schlief und arbeitete er. Seine täglichen Spaziergänge in den schattigen Alleen, der sonntägliche Flaggengruß am Eingang des repräsentativen Hotels sowie seine Besuche in der Kirche St.-Louis erinnerten ein wenig an den verblassten Glanz des Zweiten Kaiserreichs und vermittelten den Eindruck eines älteren Mannes, der sich in dieser eher beschaulichen Umgebung nicht ganz unwohl fühlte. Dennoch träumte Pétain von einer baldigen Rückkehr nach Paris bzw. nach Versailles, wo er den Sitz der Regierung wie zu Zeiten des *Ancien Régime* wünschte. Der Wiedereinzug in die Hauptstadt sollte sichtbarer Ausdruck der Souveränität und die Bestätigung für die Richtigkeit seines Verbleibens im Lande sein. Doch die Besatzungsmacht verhielt sich gegenüber seinem Anliegen reserviert, wenngleich sie einen Umzug noch nicht grundsätzlich ausschloss.

Während der Marschall seinen Hoffnungen, am historischen Ort residieren zu können, noch eine geraume Zeit weiter nachhing, bestand die vordringliche Aufgabe der Bürokratie in der Wiederherstellung des öffentlichen Lebens. Dabei sahen sich die Behörden mit einer einmaligen Situation konfrontiert, die weder mit der Lage von 1870/71 noch mit der von 1914/18 zu vergleichen war. In verschiedene Verantwortungs- und Zuständigkeitsbereiche geteilt,[14] litt Frankreich unter der Zerstörung seiner Infrastruktur, dem Mangel an jungen Arbeitskräften sowie den willkürlich auf täglich 400 Millionen Francs festgelegten Besatzungs-

---

14 Neben der deutschen und italienischen Besatzungszone sowie dem unbesetzten Gebiet im Süden existierten noch die Départements Nord und Pas-de-Calais, die der Kommandantur von Brüssel unterstanden, sowie die elsässischen Départements Haute-Rhin und Bas-Rhin und das Département Moselle, die seit August 1940 faktisch dem Reich angegliedert waren.

kosten. Angesichts dieser enormen wirtschaftlichen und finanziellen Belastungen stellte sich fortwährend die Frage nach der Verantwortung für den Zusammenbruch. Auf der Suche nach den hierfür Schuldigen wurde Pétain schnell fündig. Schon am ersten Tag seiner Ministerpräsidentschaft präsentierte er die vermeintlichen Sündenböcke. Für ihn waren es die republikanischen Politiker, die mit ihrem Handeln das öffentliche Bewusstsein entmilitarisiert, das ethische und politische Wertesystem deformiert und in der Außenwirkung ein Bild der Schwäche und Unordnung vermittelt hatten. Der Geist der Volksfront sei für das erschreckende Ausmaß des Unvorbereitetseins verantwortlich, das Pétain mit der grob vereinfachenden Formel „zu wenig Waffen, zu wenig Kinder, zu wenig Verbündete"[15] umschrieb. Die prompte und eindeutige Schuldzuweisung für das Debakel entsprang dabei nicht nur einem lange gehegten Feindbild, sondern sie sollte auch vom Versagen der militärischen Elite ablenken. Sie enthob auch Pétain von einem selbstkritischen Hinterfragen seiner eigenen Entscheidungen.

War es nicht der Marschall selbst, der von 1921 bis Februar 1931 als Vizepräsident des Obersten Kriegsrats formell an der Spitze der militärischen Führung stand? Verfügte er in seinen nachfolgenden Ämtern als *Inspecteur-Général de la Défense Aérienne du Territoire* (Februar 1931 bis Februar 1934) und als Kriegsminister nicht über genügend Einfluss und Möglichkeiten, um die gültige Militärdoktrin den aktuellen Gegebenheiten anzupassen und die materielle Ausstattung der Armee deutlich zu verbessern? Waren es nicht sein Beharren auf einer statischen Defensivstrategie hinter einem vermeintlich schützenden Betonwall und seine notorische Weigerung, die strategischen Neuerungen de Gaulles zugunsten eines modernen Bewegungskrieges zur Kenntnis zu nehmen, die sich nun unter den Panzerketten hitlerscher Divisionen als militärtechnische und -taktische Fehlleistungen herausstellten? Das Eingeständnis von schweren Irrtümern hätte jedoch am Nimbus der Unfehlbarkeit, Professionalität und Sachkompetenz des alten Kriegers gerüttelt. Daran hatten aber weder er selbst noch die militante Rechte, die seit nahezu drei Jahren in einer Art Kriegszustand mit der Staatsführung und dem Parlament stand, ein Interesse. Für beide war vielmehr die Zeit der Abrechnung mit dem parlamentarischen System gekommen.

Dabei kam ihnen die Nachricht von der Versenkung der französischen Flotte durch ein Geschwader der Royal Navy am 3. Juli 1940 in Mers el-Kébir bei Oran nicht ungelegen. Entrüstet und voller Verbitterung über diesen Präventivschlag,

---

15 Zit. nach: Bourget, P., Der Marschall. Pétain zwischen Kollaboration und Résistance, Frankfurt/Main u.a. 1968, S. 211.

bei dem über 1200 Seeleute den Tod fanden und drei Schlachtschiffe versenkt wurden, sprach Pétain in einer Rundfunkansprache von „Meuchelmord" und vom „Brudermord Kains an Abel".[16] Erneut sah er sich in seiner antibritischen Haltung bestätigt. Dennoch lehnte er Überlegungen, den offenen Kampf gegen England aufzunehmen und einen endgültigen Bruch der Beziehungen mit London herbeizuführen, ab. Unwiderrufliche Entscheidungen und eine irreparable Verschärfung des gegenseitigen Verhältnisses hielt er für verfrüht. Schließlich gab es noch zu viele Unbekannte im Spiel um eine zukünftige europäische Ordnung. Somit beließ es die Regierung bei einem eher harmlosen Vergeltungsangriff auf die britische Besitzung Gibraltar. Der Regierung Churchill machte Pétain aber unmissverständlich klar, dass eine Politik der Drohungen sein Land nicht von der Erfüllung aller Verpflichtungen gegenüber Deutschland abhalten werde.[17]

Die eisigen französisch-britischen Beziehungen am Rande eines unerklärten Krieges ermunterten jedoch diejenigen, die eine Abkehr vom alten Bündnispartner und eine engere Anlehnung an das Naziregime suchten. Ihr Protagonist war Pierre Laval, den Pétain am 23. Juni als stellvertretenden Ministerpräsidenten in sein Kabinett aufgenommen hatte. Obwohl er dem machtbesessenen Opportunisten gehörig misstraute, schätzte er zugleich dessen intime Kenntnis der innenpolitischen Verhältnisse. Kaum ein zweiter Politiker war mit so vielen Wassern gewaschen wie der einstige Ministerpräsident.[18] Aber genau diese Erfahrungen im Umgang mit den Parlamentariern benötigte Pétain, um die angestrebte Verfassungsänderung, die der Zustimmung der Abgeordneten bedurfte, durchzusetzen. Und Laval enttäuschte die in ihn gesetzten Hoffnungen nicht. Mit „Zuckerbrot und Peitsche" gelang es ihm, die ohnehin vom republikanischen System nicht mehr vollständig überzeugten und durch die außergewöhnlichen Umstände zusätzlich eingeschüchterten Volksvertreter zum freiwilligen Verzicht auf ihre Befugnisse zu bewegen. Am 9. Juli 1940 stimmten beide Kammern in getrennten Sitzungen für eine Revision der seit 1875 gültigen Verfassung. Am folgenden Tag votierten

---

16 Zit. nach: Krautkrämer, E., Frankreichs Kriegswende 1942. Die Rückwirkungen der alliierten Landung in Nordafrika – Darlan, de Gaulle, Giraud und die royalistische Utopie, Bern u.a. 1989, S. 34.
17 Vgl. Pétain, 11. Juli 1940, in: Pétain, Ph., Discours aux Français, 17 juin 1940–20 août 1944, a.a.O., S. 67f.
18 Laval hatte seine Karriere vor dem Ersten Weltkrieg als Sozialist und Pazifist begonnen, stimmte 1919 gegen den Versailler Vertrag und unterstützte in den 20er Jahren Briands Verständigungspolitik. Er gehörte mehreren Mitte-Rechts-Regierungen an, vier davon als Ministerpräsident. Nach dem Wahlsieg der Volksfront verlor er an Macht und Einfluss, unterstützte die britische Appeasementpolitik und wandte sich im September 1939 gegen eine Kriegserklärung an Deutschland. Vgl. dazu grundlegend die Biographie von Kupferman, F., Laval 1883–1945, Paris 1987.

569 von 672 Parlamentariern für jenen Text, der „der Regierung der Republik, unter der Verantwortung und Federführung des Herrn Marschall Pétain, unbeschränkte Vollmachten (gab), mit dem Ziel, durch ein oder mehrere Erlasse die neue Verfassung des État Français zu verkünden".[19] Nur 80 Abgeordnete und Senatoren widersetzten sich der Selbstauflösung der Republik, 17 enthielten sich der Stimme.[20]

Kraft der ihm gerade übertragenen Vollmachten erließ Pétain in den folgenden Tagen vier weitere konstitutionelle Gesetze: Durch das erste übernahm er die Funktion des Staatschefs, durch das zweite wurde ihm die gesamte Regierungsgewalt mit dem Recht der Ernennung und Entlassung der Minister, die nur ihm verantwortlich waren, übertragen. Das dritte dieser Gesetze, das wie alle anderen mit der monarchischen Formel „Wir, Marschall von Frankreich, Staatschef ... verfügen" begann, vertagten Senat und Kammer auf unbestimmte Zeit, und durch das vierte wurde eine Regierung gebildet, in der Laval das Amt des stellvertretenden Ministerpräsidenten übernahm.[21] Wenig später wurde der 57-Jährige auch noch zum Stellvertreter und Nachfolger des Marschalls als Staatschef ernannt. Lediglich in einem Punkt blieb Pétain dem Willen der Parlamentarier unterworfen: Er benötigte ihre Zustimmung für eine Kriegserklärung.

Mit diesen Verfassungsakten war die Dritte Republik endgültig zu Grabe getragen und ein neues Regime geboren, in dessen Mittelpunkt einzig und allein der alte Marschall stand. Ihm persönlich hatte die Nationalversammlung den Auftrag zur Verfassungsänderung erteilt. Als Chef der Exekutive und einziger Gesetzgeber maßte er sich überdies auch noch richterliche Vollmachten an und hob damit das Prinzip der Gewaltenteilung faktisch auf. Wie die absoluten Herrscher vor der Französischen Revolution verfügte er über eine nahezu unbeschränkte Macht, die der Greis nach Bekunden der ihn umgebenden Personen auch sichtlich genoss. Die Personifizierung der Macht erreichte in diesen Wochen ihren Zenit. Ihm vertraute das Volk, nicht seinen Ministern, Ratgebern und deren Politik. Seine öffentlichen Auftritte wurden von Ovationen und Sympathiebekundungen

---

19 Loi constitutionnelle du 10 juillet 1940, in: Dreyfus, F.-G., Histoire de Vichy, Paris 1990, S. 787.
20 Abwesend waren die Parlamentarier, die nach der Überfahrt auf der „Massilia" hofften den Kampf von Nordafrika fortsetzen zu können, und die kommunistischen Abgeordneten, deren Tätigkeit bereits die Regierung Daladier im September 1939 verboten hatte. Vgl. dazu und zum Abstimmungsverhalten Paxton, R. O., La France de Vichy 1940–1944, Paris 1973, S. 39ff.
21 Die wichtigen Beschlüsse wurden im inneren Machtzirkel getroffen, dem der Marschall, Laval, Weygand, Baudouin, Darlan und bisweilen Justizminister Alibert angehörten. Der einmal wöchentlich zusammentretende Ministerrat diente eher dem Austausch gegenseitiger Informationen.

begleitet, die dem Regime alsbald Anlass gaben, einen exzessiven Personenkult um ihn zu organisieren. Briefmarken trugen sein Porträt, Urteile wurden im Namen des Marschalls gesprochen und ein Treueschwur auf den *Chef de l'État* verpflichtete Militärs und Beamte zur absoluten Loyalität. Wieder und wieder wurde das Bild des Helden von Verdun gezeichnet, der seinen wohlverdienten Ruhestand aufgab, um dem Vaterland erneut zu dienen. Die fortwährende Preisung seiner vermeintlichen Opferbereitschaft glitt dabei in eine Art Heiligenverehrung über, die selbst vor einem Vergleich mit dem Bauernmädchen Jeanne d'Arc, der Jungfrau von Orléans, nicht Halt machte. Ihre unbeirrbare Überzeugung, einen Auftrag Gottes zu erfüllen, habe Rouen 1429 vor den Engländern genauso gerettet wie die Gottesfurcht dem Marschall jetzt die unerschütterliche Gewissheit gebe, sein Volk in eine bessere Zukunft führen zu können. In dieser Gleichsetzung mit der Nationalheiligen waren vor allem zwei Botschaften enthalten: die Aufforderung zu Gehorsam einerseits und blindem Vertrauen in die Autorität des Marschalls andererseits.[22]

Auch wenn die Propaganda die schwindenden körperlichen Kräfte des Greises und seine beträchtliche politische Unwissenheit vor der Öffentlichkeit erfolgreich verdecken konnte, stellte sich für seine wissenden Begleiter dennoch die besorgte Frage, ob und wie der Staatschef die übernommenen Verpflichtungen erfüllen werde. Diesbezügliche Selbstzweifel peinigten Pétain hingegen nie. Zwar wusste er um seine fortgeschrittene Taubheit und um seine zunehmenden Gedächtnislücken, setzte diese Gebrechen aber – wenn man Chautemps folgt[23] – sogar bewusst ein, um sich, auch gepaart mit einer Portion Verschlagenheit, von einmal gegebenen Versprechen lösen zu können. Fragen, die er partout nicht beantworten wollte, überhörte er ganz einfach. Auch seine politischen Defizite – Unkenntnis, Ideenlosigkeit, Unbeweglichkeit – behinderten ihn kaum, da er erstens einen autoritären Regierungsstil pflegte, der Kritik und Widerspruch weitgehend ausschloss, zweitens aber auch von einer breiten Herrschaftskoalition getragen wurde, die die Angst vor Anarchie, die Ablehnung des Parlamentarismus sowie der Wille zur baldigen Überwindung der Kriegsfolgen einte. Trotz seiner Grenzen beschränkte sich der Marschall nicht allein auf repräsentative Aufgaben, sondern nahm aktiven Einfluss auf die Formulierung politischer Grundsätze. In der Anfangsphase trugen die Entscheidungen zweifelsfrei seine Handschrift.

---

22 Vgl. Krumeich, G., Das Vichyregime und die Nationalheldin, in: Hirschfeld, G./Marsh, P. (Hrsg.), Kollaboration in Frankreich. Politik, Wirtschaft, Kultur während der nationalsozialistischen Besatzung 1940–1944, Frankfurt/M. 1991, S. 130ff.
23 Vgl. Bourget, P., Der Marschall Pétain zwischen Kollaboration und Résistance, a.a.O., S. 220.

Im Sommer 1940 stützte sich Pétain auf eine breite Koalition zumeist rechtsorientierter Kräfte unterschiedlicher weltanschaulicher Provenienz. Sie reichte von den Traditionalisten über verschiedene konservative Gruppierungen bis hin zu den Liberalen und Technokraten. Auch rechtsextreme Randgruppen und einige Repräsentanten der Linken, die mit ihren Parteien gebrochen hatten, gehörten diesem heterogenen Block an. Ideologisch wurde das Bündnis zunächst von den Traditionalisten dominiert, die in der Zwischenkriegszeit von der Macht ausgeschlossen worden waren und ihr organisatorisches Zentrum in der *Action française* hatten. Deren Gründer und Leiter Charles Maurras hatte jahrzehntelang gegen die verhasste Revolution gewettert, die für ihn nicht „französisch", sondern ein Werk von Juden, Freimaurern, Protestanten und Ausländern war. Seine wortgewaltigen Hetztiraden gegen republikanische Ideale und Werte prägten nachhaltig den öffentlichen Diskurs und beeinflussten ganze Generationen von Intellektuellen und Politikern. Auch Pétain, der ein eifriger Leser der von der *Action française* herausgegebenen Tageszeitung war, sympathisierte mit den Thesen dieses streitsüchtigen Journalisten und Philosophen. Obwohl Maurras selbst keine herausragende Rolle im Regime spielte, flossen doch zahlreiche seiner Überlegungen über die Gedankenwelt Pétains und anderer erzkonservativer Mitstreiter in den Aufbau der neuen Ordnung ein.

Die Forderung nach einer „intellektuellen und moralischen Erneuerung"[24] des Landes gehörte zweifelsfrei zu den vorrangigen Interessen des Marschalls. In ihr sah Pétain die unerlässliche Voraussetzung für den nationalen Wiederaufstieg. Dabei gab der Staatschef die grundsätzlichen Charakteristika, durch die sich ein besseres Frankreich auszeichnen sollte, selbst vor. In seinen Reden und Aufsätzen kam er wiederholt auf die „Qualität der Arbeit", die „Fruchtbarkeit der Familie" und das „Gefühl für das Vaterland" zu sprechen.[25] Hinter diesen eher harmlos anmutenden Worten verbarg sich jedoch eine Konzeption, die, mit dem Begriff der „nationalen Revolution" benannt, auf einen radikalen Bruch mit der republikanischen Vergangenheit orientierte. Dabei gründete sich die Erneuerung, so widersinnig das auch erscheinen mag, auf ein Fundament alter Werte. Ihre Ideologie entstammte der Philosophie der Gegenrevolution des frühen 19. Jahrhunderts. Sie war weder faschistisch noch nationalistisch, sondern reaktionär im ursprünglichen Sinn des Wortes: eine Reaktion auf die Ideen der Aufklärung. Mit

---

24 Vgl. Pétain, 25. Juni 1940, in: Kletzin, B., Trikolore unterm Hakenkreuz. Deutsch-französische Kollaboration 1940–1944 in den diplomatischen Akten des Dritten Reiches, Opladen 1996, S. 38.
25 Vgl. Pétain, 17. Januar 1941, in: Actes et écrits, hrsg. von J. Isorni, Paris 1974, S. 541f.

der Rückbesinnung auf traditionelle Werte wollte der Marschall Prinzipien der Revolution von 1789 wie Egalitarismus, Individualismus, Liberalismus, Parlamentarismus, Laizismus, Zentralismus, von denen sich die Dritte Republik hatte leiten lassen, überwinden. Grundlage seines gesellschaftlichen Gegenentwurfs einer ständischen, ländlichen und katholischen Gesellschaft bildeten „natürliche Gemeinschaften", die sich im Kontrast zur abstrakten Revolutionslosung „Freiheit, Gleichheit, Brüderlichkeit" in den konkreten sozialen Realitäten von „Arbeit, Familie, Vaterland" wiederfanden. Pétain und seine Propagandisten verherrlichten die Arbeit von Bauern und Handwerkern als Quelle von Wohlstand und Glück, rühmten die Familie als Keimzelle der nationalen Gemeinschaft, erkoren die historischen Provinzen zur wahren Heimat und bezeichneten das Vaterland als Hort aller Franzosen. Als Alternative zu Industrialisierung und Urbanisierung wurde die „Rückkehr zur Scholle" gepriesen. Garant der neuen Sozialordnung sollte für Pétain schließlich ein starker, autoritär geführter und hierarchisch streng gegliederter Staat sein.[26]

In der Praxis bestand die „nationale Revolution" zunächst in einer Entmachtung der gewählten Versammlungen und Vertreter auf départementaler und kommunaler Ebene. Ihre Ersetzung durch beratende Gremien, deren Mitglieder nicht von der Bevölkerung gewählt, sondern vom Staat ernannt wurden, ging mit der Entlassung zahlreicher Beamter und der Verurteilung widerständiger Republikaner einher. Bald konzentrierten sich die repressiven Maßnahmen jedoch nicht nur auf unliebsame Einzelpersonen, sondern richteten sich gegen ganze Gruppen der Gesellschaft. Eine Politik der systematischen Ausgrenzung griff um sich. Geächtet wurden Freimaurer, deren Logen zu den Säulen des laizistischen Republikanismus gehört hatten, Mitglieder unabhängiger Gewerkschaften sowie Anhänger der Kommunistischen Partei. Ausländer konnten die Zugehörigkeit zur französischen Nation nicht mehr erwerben. Mit dem Judenstatut vom 3. Oktober 1940[27] wurden sogar Staatsbürger auf Grund rassischer Kriterien aus dem öffentlichen Leben verbannt, ohne dass die Behörden hierzu von den Deutschen aufgefordert werden mussten. Pétain, dessen besonderes Augenmerk der Erziehung und Bildung der Jugend galt, drängte frühzeitig auf die restlose Ausschaltung jüdischen Einflusses auf das Schulwesen. Auch in anderen Bereichen folgten die

---

26 Vgl. Pétain, 4. Juni 1941, in: Pétain, Ph., Discours aux Français, 17 juin 1940–20 août 1944, a.a.O., S. 136ff.
27 Vgl. Les statuts des juifs des 3 octobre 1940 et 2 juin 1941, in: Baruch, M. O., Servir l'État français. L'administration en France de 1940 à 1944, Paris 1997, Annexe 4, S. 647ff.

Erneuerer ihrem Impulsgeber. Pétains Ideen von der Förderung kinderreicher Familien fanden genauso Eingang in die Gesetzgebung wie seine Vorstellung von einer korporatistischen Umgestaltung der Wirtschaft.[28] Allerdings erwies sich letztere nicht nur mit dem Aufbau einer modernen Industriegesellschaft schwer vereinbar, sondern kollidierte überdies häufig mit der Wirklichkeit des Besatzungsalltags. Insgesamt blieben die Ergebnisse der „nationalen Erneuerung" deutlich hinter den Erwartungen ihrer Initiatoren zurück.

Der Erfolg der staatlichen und gesellschaftlichen Umgestaltung hing vorrangig von der aktiven Unterstützung, zumindest aber von der wohlwollenden Akzeptanz durch Deutschland ab. Folglich suchte Pétain auf dem Weg zu einem Friedensvertrag das prinzipielle Einvernehmen mit der Besatzungsmacht. Zwei Grundüberlegungen bestimmten dabei das Denken des Marschalls: Zum einen versprach er sich von einer Übereinkunft mit Deutschland eine erhebliche Lockerung der Waffenstillstandsbestimmungen, die wiederum die Maßnahmen der „nationalen Revolution" unterstützen und damit sein Regime langfristig stabilisieren würde. Diesem Gedanken räumte Pétain Priorität ein. Insoweit waren die „nationale Revolution" und die später mit dem Begriff der Kollaboration in Aussicht gestellte Zusammenarbeit zwischen Vichy und dem Reich zwei Seiten ein und derselben Medaille.

Zum anderen teilte der Marschall die Überzeugung vieler Zeitgenossen, dass es nur noch eine Frage der Zeit sei, wann England den Deutschen unterliegen und die Waffen strecken werde. Demzufolge würde ein kontinentaler Friede zweifelsfrei ein deutscher Friede sein, und man müsse, um Frankreich vor dem Fall in die Bedeutungslosigkeit zu retten, ernsthaft über einen „angemessenen" Platz in einem von Hitler dominierten Europa nachdenken. An dieser außenpolitischen Perspektive schieden sich allerdings die zur Zusammenarbeit bereiten Geister. Während Weygand und Außenminister Baudouin die bilateralen Beziehungen lediglich auf den Rahmen des Waffenstillstandsvertrages beschränkt wissen wollten[29], peilten Laval und sein enger Vertrauter Fernand de Brinon zielbewusst eine weitgehende Ausrichtung ihres Landes an der Seite Deutschlands an, die einseitige Vorleistungen in einer Phase französischer Bewährung einschloss. Pétain, gleich-

---

28 Vgl. Pétain, 15. September 1940, in: Maréchal Pétain, La France nouvelle, Paris 1941, S. 63f.
29 Mit seinem *rien que l'armistice* behinderte der General eine engere Anlehnung an die Besatzungsmacht, weshalb Pétain seinen langjährigen Weggefährten im September 1940 von seinem Amt als Verteidigungsminister entband und ihn zum „Generaldelegierten der Französischen Regierung in Französisch Afrika" berief. Vgl. dazu Weygand, M., Mémoires, Bd. 3: Rappelé au service, Paris 1950, S. 317.

falls zu Vorleistungen bereit, scheute aber eine zu enge außenpolitische Bindung an Deutschland. Er wartete vorerst ab, wollte den geringen Handlungsspielraum zwischen den europäischen Machtzentren bewahren und hoffte, aus Hitlers strategischem Interesse an Frankreich bald Kapital schlagen zu können.

Dabei schienen die Erwartungen nicht gänzlich unbegründet. Infolge des unbefriedigenden Verlaufs der Luftschlacht über England und der Aufgabe des Unternehmens „Seelöwe" warb der „Führer" im Spätsommer 1940 um einen anti-britischen „Kontinentalblock", stieß dabei aber bei Franco und Mussolini auf Vorbehalte bzw. auf eine Reihe unüberbrückbarer Gegensätze. Durch diese Konstellation geriet Vichy wieder verstärkt in den Blick deutscher Kriegsplaner. Hatte die Reichsführung bisher allen französischen Wünschen nach Erleichterung des drückenden Besatzungsregimes die kalte Schulter gezeigt, signalisierte Berlin nunmehr die von Pétain lang ersehnte Gesprächsbereitschaft. Dabei kam der Zeitpunkt für eine Aktivierung der Beziehungen den Absichten des Marschalls durchaus entgegen. Immerhin hatten seine Truppen im September eine gemeinsame, von britischen und gaullistischen Einheiten getragene Landungsoperation auf die senegalesische Hafenstadt Dakar abgewehrt und damit eine Ausdehnung des „Freien Frankreichs" von Äquatorial- auf das strategisch bedeutsamere Westafrika vorerst verhindert. Aus der Perspektive Pétains bewies dieser Erfolg, dass Vichy willens und fähig war, das Empire erfolgreich zu verteidigen, sofern man ihm die hierzu notwendigen militärischen Mittel beließ.

Doch die Verteidigung des am Atlantik gelegenen Stützpunktes konnte die Zweifel und Vorbehalte, die Hitler hegte, keineswegs zerstreuen. Sein Argwohn ging sogar so weit, dass er die französische Seite von dem geplanten Treffen mit Pétain, den er auf seiner Rückreise von Franco zu sehen wünschte, vorab nicht informierte. Erst Laval, den er auf dem Hinweg traf, überbrachte Pétain die Nachricht. Eine intensive Vorbereitung auf die Begegnung war unter diesen Bedingungen ausgeschlossen. Dieser vermeintliche Nachteil wurde aber allein durch die Tatsache, dass der Sieger nur vier Monate nach der verheerenden Niederlage den Besiegten überhaupt empfing, für Pétain allemal aufgewogen. Überzeugt von einem diplomatischen Prestigegewinn, begab sich der Staatschef am 24. Oktober 1940 nach Montoire-sur-le-Loir, einem zweieinhalbtausend Einwohner zählenden und 50 Kilometer nördlich von Tours gelegenen Städtchen, wo ihn der Reichskanzler auf dem dortigen Bahnhof empfing. Im Gespräch, das im Sonderzug des „Führers" stattfand, warb der Marschall für seine missliche, von der Republik verursachte Lage. Er erkannte die Kriegsschuld Frankreichs und die Pflicht zur Deckung der Kriegskosten an, um anschließend die Leistungen seiner

Regierung bei der Verteidigung des Kolonialreiches zu würdigen. Da sein Gegenüber jedoch weder sonderlich beeindruckt schien noch konkrete Angebote unterbreitete, die ein Entgegenkommen signalisierten, reagierte Pétain auf Hitlers Sondierungen, ob Vichy bereit sei, sich einer antibritischen Koalition anzuschließen, gleichfalls zurückhaltend. Ohne Rücksprache mit seinen Ministern könne er nur das von Laval bereits im ersten Gespräch zugesicherte Prinzip der Zusammenarbeit bestätigen. Allerdings vergaß er nicht hinzuzufügen, dass deren Ausmaß vor allem von großzügigen Zugeständnissen des Reiches abhinge.

Damit blieben die Ergebnisse der Zusammenkunft weit hinter den hoch gesteckten Erwartungen derer, die auf eine baldige Befreiung von den Fesseln des Waffenstillstandes spekulierten, zurück. Eher dürftig nahm sich das Fazit der Unterredung in der deutschen Gesprächsaufzeichnung aus.[30] Dass diesem Ereignis dennoch eine nicht unerhebliche historische Bedeutung zukam, lag vor allem an der Symbolkraft der Begegnung. Euphorisch feierte die vichytreue Presse den „Händedruck von Montoire" als Voraussetzung für einen baldigen Friedensschluss und das absehbare Ende der Leiden. Zu dieser illusionären Hoffnung trugen auch die Einschätzungen des Marschalls nicht unerheblich bei. Er wertete das Treffen als Beleg für den einsetzenden Wiederaufstieg Frankreichs und als Beginn einer neuen Ära in den Beziehungen beider Länder. In seiner häufig zitierten Rundfunkansprache vom 30. Oktober verkündete der Staatschef, sein Land werde nunmehr den Weg der Kollaboration betreten.[31] Damit fand nicht nur ein neuer Begriff Eingang in das politische Vokabular, dessen Bedeutung nach dem Zweiten Weltkrieg für ein verräterisches und eigennütziges Zusammenspiel mit dem Feind stand. Weitaus wichtiger als diese Sinnverschiebung war der Umstand, dass Pétain einen Kurswechsel vollzog. An die Stelle einer durch den Waffenstillstandsvertrag bereits auferlegten Pflicht zur loyalen Kooperation, der die Behörden Vichys auch widerstrebend und zögernd hätten folgen können, trat nun die aktive Bereitschaft des Staates zur Zusammenarbeit mit der Besatzungsmacht. Dieser Schritt stellte zweifelsfrei eine neue Qualität dar. Kollaboration war nunmehr keine Sache einzelner, dem NS-System ideologisch besonders nahe stehen-

---

30 „Marschall Pétain erklärte sich im Prinzip bereit, eine Zusammenarbeit mit Deutschland im Sinne der Ausführungen des Führers in Aussicht zu nehmen. Die Modalitäten dieser Zusammenarbeit würden im Einzelnen von Fall zu Fall geregelt und entschieden. Marschall Pétain erhoffe sich für Frankreich eine günstigere Beendigung des Krieges. Der Führer erklärte sich damit einverstanden." Unterredung zwischen dem Führer und Pétain, 24. Oktober 1940, in: ADAP, Serie D, Bd. XI, Nr. 227.
31 Vgl. Pétain, 30. Oktober 1940, in: Pétain, Ph., Discours aux Français, 17 juin 1940-20 août 1944, a.a.O., S. 95.

der Personen, wie sie im Umkreis der deutschen Botschaft in Paris häufig anzutreffen waren, sondern offizielle Staatsdoktrin, an der der Marschall bis zum bitteren Ende festhielt. Alle nachfolgenden Auseinandersetzungen um die erfolgversprechendste Politik Vichys reduzierten sich nun allein auf taktische Fragen.

In diesem Zusammenhang bemühen sich einige Historiker, den Kollaborationswillen Pétains zu relativieren.[32] Sie unterstellen, dass der Marschall mit einer gezielt doppelgleisigen Diplomatie die Absicht verfolgt hätte, die Wirkungen von Montoire abzuschwächen und den Spielraum zwischen den kriegführenden Parteien zu wahren. Als Nachweis dient ihnen die Tätigkeit Louis Rougiers, der Churchill und Halifax nahezu zeitgleich zur Begegnung Pétains mit Hitler in London aufsuchte. Ob es bei dem Besuch vorrangig um ein *gentlemen's agreement* in kolonialen Fragen oder um die Eingrenzung gaullistischen Einflusses auf die britische Regierung ging, ist relativ unerheblich. Maßgeblich bleibt, dass Pétain, obwohl er die Fäden zu den Angloamerikanern nie durchschnitt, weder den Auftrag für die Mission Rougiers erteilt noch deren Ergebnisse öffentlich gebilligt hatte. Duroselle spricht deshalb zu Recht nicht von einem aktiven diplomatischen Doppelspiel Pétains, sondern höchstens von einer *double langage* des Staatschefs.[33] Insoweit blieb das Engagement Rougiers genauso wie einige andere Initiativen eine Episode am Rande außenpolitischer Strategiebestimmung.

Der illusionäre Gehalt der Besprechungen von Montoire zeigte sich in den folgenden Wochen rasch. Statt der erwarteten Konkretisierung der Kollaboration verschärfte das Reich das Besatzungsregime. Im November 1940 wurden in aller Eile etwa 150.000 Bürger Elsass-Lothringens, die man nicht für ausreichend deutschfreundlich hielt, ins unbesetzte Frankreich abgeschoben. Der von der Propaganda gerade geschürte Optimismus schlug nun infolge der Empörung über diese Maßnahme in ein Gefühl der Enttäuschung um. Dem Regime blies der kalte Wind der Kritik ins Gesicht, der sich namentlich gegen Laval richtete, der wie kein anderer die Kollaboration symbolisierte. Durch den Ansehensverlust seines Stellvertreters sah sich auch der Marschall in seiner Popularität bedroht. Darüber hinaus erregte Lavals zunehmende außenpolitische Eigenmächtigkeit, der beim deutschen Botschafter in Paris inzwischen ein- und ausging und mit zahlreichen NS-Größen konferierte, Pétains Argwohn. Der Marschall fühlte sich von seinem Stellvertreter mangelhaft informiert, aus den praktischen Verhandlungen ge-

---

32 Vgl. Krautkrämer, E., Frankreichs Kriegswende 1942 ..., a.a.O., S. 51ff.
33 Vgl. Duroselle, J.-B., L'abîme 1939–1945, a.a.O., S. 276ff.

drängt und letztlich unzureichend respektiert. Er zweifelte an der Aufrichtigkeit des agilen Laval. Am 13. Dezember 1940 entließ er seinen einstigen Günstling und stellte ihn unter Hausarrest. Die zeitweilige Enterbung des Thronfolgers bedeute jedoch keine Abkehr vom Gedanken der Kollaboration, wie der Marschall in einem persönlichen Schreiben Hitler umgehend versicherte.[34]

Die Entmachtung des ambitionierten Laval veränderte den Charakter und die Orientierungen des Regimes nicht. Pétain hielt auch unter Lavals Nachfolger Admiral François Darlan[35] an seinen Überzeugungen der innenpolitischen Erneuerung fest, musste jedoch erkennen, dass das Vertrauen der Öffentlichkeit in die „nationale Revolution" rapide schwand. Für den „widrigen Wind"[36] machte der Staatschef in schon bekannter Manier die „Agenten" der alten Ordnung verantwortlich. Juden, Freimaurer und kollaborationsunwillige Beamte wurden erneut Opfer von gezielten Repressionsmaßnahmen. Die Rache des Marschalls traf diesmal aber auch führende Köpfe der Dritten Republik, gegen die er seit seiner Machtübernahme einen Schauprozess anstrebte. Ein eigens hierzu eingerichteter Gerichtshof, der erstmals im August 1940 in Riom zusammentrat, sollte ihnen die Schuld am Krieg und an der Niederlage nachweisen. Ohne den Beginn des eigentlichen Gerichtsverfahrens abzuwarten, verkündete der Staatschef im Oktober 1941 das Urteil eines von ihm eingesetzten „Rates der politischen Justiz", der Blum, Daladier und Gamelin zu zeitlich unbegrenzter Festungshaft verurteilte.[37] Trotz dieser richtungsweisenden Vorverurteilung verlief der im Februar 1942 eröffnete Prozess nicht nach den Vorstellungen des Marschalls. Vor allem der Angeklagte Blum[38] legte den politischen Hintergrund der Untersuchung offen und wies geschickt nach, dass nicht die Politik der Volksfrontkabinette, sondern überholte strategische Konzepte sowie die mangelhafte Ausrüstung der Armee die Niederlage entscheidend begünstigt hatten. Damit geriet Pétain selbst in die Schusslinie der Auseinandersetzungen. Aus dem Prozess gegen Demokratie und Parlamentarismus war ein Verfahren über die Verantwortung der Armeeführung geworden, womit das Regime jedwedes Interesse an seiner Weiterführung verlor.

---

34 Vgl. Pétain an Hitler, 13. Dezember 1940, in: ADAP, Serie D, Bd. XI/2, Nr. 510.
35 Darlan übernahm das Amt des stellvertretenden Ministerpräsidenten vom 23. Februar 1941 bis 18. April 1942. In diesem Zeitraum stand er auch dem Innen- und Außenministerium vor.
36 Vgl. Pétain, 12. August 1941, in: Pétain, Ph., Discours aux Français, 17 juin 1940–20 août 1944, a.a.O., S. 164ff.
37 Vgl. Archiv der Gegenwart, Bonn u.a. 1941, 5234 C.
38 Neben den Volksfrontpolitikern saßen noch General Gamelin, der ehemalige Luftfahrtminister Guy La Chambre sowie der Staatssekretär im Kriegsministerium Robert Jacomet auf der Anklagebank.

Ohne Festsetzung eines neuen Termins vertagt, wurden die Verhandlungen niemals wieder aufgenommen.[39]

War die propagandistische Wirkung des Prozesses von Riom nicht geeignet, Pétains Macht zu stärken, so erwiesen sich für den Marschall auch die weiteren Kollaborationsversuche als wenig gewinnbringend. Dabei war der Auftakt 1941 durchaus verheißungsvoll. Unter dem Eindruck antibritischer Unruhen im Irak und Rommels Bemühungen um die Rückeroberung der Cyrenaika bat Deutschland Vichy um logistische Unterstützung, die nur vom syrischen Mandatsgebiet aus erfolgen konnte. Deren umgehende Gewährung honorierte die Besatzungsmacht mit einer gewissen Lockerung der Demarkationslinie, der Aussicht auf Senkung der Besatzungskosten und der Ankündigung von militärischen Verhandlungen, die Ende Mai 1941 in die Unterzeichnung der so genannten Pariser Protokolle mündeten.[40] Dieser Anfang einer militärischen Kollaboration änderte jedoch die grundsätzliche Einstellung der Reichsführung nicht, die ihr Wohlwollen allein aus ihren eigenen strategischen Erwägungen ableitete. Der baldige Zusammenbruch des irakischen Aufstandes sowie der Angriff auf die Sowjetunion rückten Vichy wieder aus dem Blickwinkel deutscher Kriegsführung. Mit dem Ostfeldzug war Frankreich für die Wehrmacht zum strategischen Hinterland geworden. Selbst die Aufstellung der *Légion des volontaires français contre le bolchévisme*[41] fand in Berlin nur geringe Aufmerksamkeit. Dieses Desinteresse, über das auch ein vom Marschall gewünschtes Treffen mit Hermann Göring in St.-Florentin nicht hinwegtäuschen konnte, erschwerte eine Belebung der Wirtschaft nachhaltig und forcierte die Unzufriedenheit der Bevölkerung.

Angesichts der Erfolglosigkeit Darlans und des Autoritätsverlustes Pétains gelang es den kollaborationswilligsten Kreisen, angetrieben und unterstützt vom deutschen Botschafter Otto Abetz, die Rückberufung Lavals in die Regierung durchzusetzen. Pétain, der sich gegen dessen Wiedereinsetzung lange gesträubt und eine Demission des Admirals zuvor abgelehnt hatte, sah sich am 18. April 1942 letztendlich genötigt, Laval zum Chef des Kabinetts zu ernennen. Dieser erhielt nun auch offiziell den Titel eines Regierungschefs, bekam das Recht, seine

---

39 Anfang April 1943 wurden Blum, Daladier, Mandel und Reynaud mit weiteren Führungspersönlichkeiten der Dritten Republik an Deutschland ausgeliefert. Georges Mandel, 1944 wieder an die Franzosen überstellt, wurde am 7. Juli von der Miliz „auf der Flucht" erschossen.
40 Vgl. Text der Protokolle, in: ADAP, Serie D, Bd. XII, Nr. 559/743-750.
41 Zur Historie der LVF vgl. Wolf, D., Die Doriot-Bewegung. Ein Beitrag zur Geschichte des französischen Faschismus, Stuttgart 1967, S. 253ff; siehe zudem: Brender, R., Kollaboration in Frankreich im Zweiten Weltkrieg. Marcel Déat und das Rassemblement national populaire, München 1992, S. 135ff.

Minister selbst auszuwählen und übernahm zusätzlich noch die gewichtigen Ressorts Innen-, Außen- und Informationspolitik.[42]

Damit beschränkte sich die Macht des Marschalls nur noch auf eine repräsentative Rolle. Als Staatsoberhaupt billigte er in den folgenden Monaten das Vorgehen seines ungeliebten Untergebenen, zumindest unternahm er keinen ernsthaften Versuch, in dessen Politik einzugreifen. Insoweit verband sich die Rekrutierung französischer Arbeitskräfte für die deutsche Kriegswirtschaft,[43] die Internierung und Deportation von Juden[44] sowie der Einsatz gegen den nach dem Überfall auf die Sowjetunion sprunghaft angestiegenen Widerstand unweigerlich auch mit dem Namen des Marschalls.

Eine letzte Chance, einer Politik wachsender Radikalisierung und zunehmender Repressionen zu entsagen, bot sich ihm im Spätherbst 1942. Am 8./9. November landeten amerikanische und britische Verbände an den Küsten Marokkos und Algeriens und bemächtigten sich der „Hintertür Europas". Doch seinen starren Denkmustern folgend, weigerte sich Pétain auch diesmal, das Mutterland zu verlassen und nach Nordafrika zu gehen.[45] Gegen den auf den Waffenstillstand folgenden Einmarsch deutscher und italienischer Truppen in die bisher unbesetzte Zone, der am 11. November nirgendwo auf nennenswerten Widerstand stieß, protestierte er mit eher verhaltenen Worten. Obgleich Vichy mit dem Verlust des Kolonialreiches und der Selbstversenkung seiner Flotte im Kriegshafen von Toulon all seine Trümpfe verspielt hatte, hielt das Reich auch weiterhin an der

---

42 Vgl. Acte constitutionnel n° 11 du 18 avril 1942, in: Dreyfus, F.-G., Histoire de Vichy, a.a.O., S. 792.

43 Dem Aufruf zur Arbeit im Reich, der als französischer Beitrag im Kampf gegen den Bolschewismus und als Möglichkeit der Ablöse (Relève) von Kriegsgefangenen gepriesen wurde, folgten 1942 weit weniger Freiwillige als erwartet. Infolge dieses propagandistischen Fehlschlags, vor allem aber des enorm wachsenden Arbeitskräftebedarfs in Deutschland führte Laval im Februar 1943 den obligatorischen Arbeitsdienst ein, durch den Männer zwischen 20 und 50 Jahren zu einem zweijährigen Zwangsarbeitsdienst verpflichtet werden konnten. Auch wenn die deutschen Forderungen erheblich höher lagen, arbeiteten bis Februar 1944 immerhin weit über 800.000 Franzosen im Nachbarland. Zugleich entzogen sich viele ihrer Verpflichtung, indem sie untertauchten und sich dem Widerstand anschlossen. Die Einführung des *Service du travail obligatoire* trug erheblich zur Spaltung der Gesellschaft und zum Akzeptanzverlust des Regimes bei. Vgl. Zielinski, B., Staatskollaboration. Vichy und der Arbeitskräfteeinsatz im Dritten Reich, Münster 1995.

44 Im Sommer 1942 begann auch in Frankreich die Umsetzung des Befehls zur „Endlösung der europäischen Judenfrage". Heinrich Himmler hatte für die besetzte und die unbesetzte Zone eine Zahl von 100.000 Juden festgelegt. Mit tatkräftiger Unterstützung der französischen Polizei unter René Bousquet wurden ca. 76.000 Personen, etwa ein Fünftel der vor dem Krieg im Lande lebenden Juden, erfasst und in die Vernichtungslager verschleppt. Zur antijüdischen Grundhaltung Vichys und den statistischen Angaben vgl. Klarsfeld, S., Vichy-Auschwitz. Die Zusammenarbeit der deutschen und französischen Behörden bei der „Endlösung der Judenfrage" in Frankreich, Nördlingen 1989.

45 Vgl. Ferro, M., Pétain, Paris 1987, S. 458ff.

Fiktion eines selbständigen Regimes fest. Für ein Eingreifen in das innere Machtgefüge des nun endgültig zu einem Vasallenstaat degradierten *État Français* gab es auch keinen Grund, zumal Deutschlands bevorzugter Ansprechpartner dem Marschall noch im selben Monat weitere Kompetenzen abtrotzte. Der Regierungschef erhielt jetzt auch die Vollmacht, allein Gesetze und Dekrete zu verabschieden, eine legislative Befugnis, die bisher ausschließlich dem Staatschef zugestanden hatte.[46] Damit schritt die sukzessive Demontage Pétains weiter voran. Eine endgültige Pensionierung des inzwischen 86-Jährigen lag aber außerhalb der Möglichkeiten und wohl auch außerhalb des Interesses jener Kreise. Auch wenn der Greis in den Augen Hitlers inzwischen zu einer „Art Gespenst geworden war, das Laval von Zeit zu Zeit etwas aufblasen musste"[47], so symbolisierte er doch einen vermeintlichen Rest von Souveränität und band in einer Zeit wachsender Zweifel an einen deutschen Endsieg die nach Orientierung Suchenden an das Regime.

Auch der Marschall hatte nach den Schlachten von Stalingrad und El-Alamein den Glauben an einen Erfolg der Achsenmächte verloren. Bei Fortsetzung der Feindseligkeiten im Westen befürchtete er einen militärischen Dammbruch im Osten sowie eine mit dem Vordringen der Roten Armee einhergehende Bolschewisierung des Kontinents, deren Wirkungen Frankreich in einen Bürgerkrieg stürzen könnten. Aber nicht nur diese Furcht ließ den Marschall erschaudern. Auch ein Sieg der Angloamerikaner verhieß wenig Beruhigendes. Für ihn zeigte das Beispiel Nordafrika, wo die Truppen Eisenhowers inzwischen die Repräsentanten Vichys verdrängt und durch Parteigänger de Gaulles ersetzt hatten, dass eine von den Demokratien unterstützte Widerstandsbewegung nach ihrer Machtergreifung den von ihm angestrebten inneren Erneuerungsprozess zwangsweise beenden werde. Da beide Szenarien den Marschall aufs Heftigste schreckten, setzte er seine ganzen Hoffnungen auf den Abschluss eines Kompromissfriedens, bevor die Kampfhandlungen Frankreich erreichten. Voraussetzung für eine Vermittlungsmission zwischen den Kriegsparteien, die Vichy übernehmen könne, sei aber die Bewahrung der Neutralität.

Während die Bevölkerung unter dem Eindruck deutscher Rückzugsgefechte an allen Fronten die Kollaboration zunehmend ablehnte und Pétain um die Aufrechterhaltung der Neutralität fürchtete, avancierte Laval zum Erfüllungsgehilfen

---

46 Vgl. Acte constitutionnel n° 12 du 17 novembre 1942, in: Dreyfus, F.-G., Histoire de Vichy, a.a.O., S. 792. Siehe auch: Kupferman, F., Laval, a.a.O., S. 385f.
47 Jäckel, E., Frankreich in Hitlers Europa. Die deutsche Frankreichpolitik im Zweiten Weltkrieg, Stuttgart 1966, S. 261.

der Besatzungsmacht. Seine Bemühungen um eine Ausweitung der Zusammenarbeit entfremdeten ihn und seine Regierung immer deutlicher von der Bevölkerung. Dieser Stimmungsumschwung blieb auch Pétain nicht verborgen, der im Frühjahr des Jahres 1943 wieder die Entlassung Lavals anstrebte. Vor den Deutschen rechtfertigte er diese Maßnahme als notwendiges Signal für eine Verständigung zwischen dem Reich und den Westmächten. Doch Hitlers umgehende Ablehnung beendete diese Initiative[48], ohne dass Pétain bereit war, den Gedanken daran völlig aufzugeben. Nach der Landung der Alliierten auf Sizilien, dem Sturz Mussolinis und der Besetzung Korsikas unternahm der Marschall im Spätherbst desselben Jahres einen abermaligen Anlauf. Diesmal unterzeichnete er einen Verfassungsakt, der für den Fall seines Ablebens die automatische Nachfolge Lavals außer Kraft setzte und die verfassungsgebende Gewalt, die er von der Nationalversammlung erhalten hatte, an diese zurückgab.[49] Durch den Gedanken an eine Wiederbelebung des Parlamentarismus hoffte er, die Gunst der Amerikaner noch gewinnen zu können. Aber auch dieser Versuch scheiterte. Die Besatzungsmacht unterband die Bekanntgabe dieser Entscheidung und stellte dem Staatschef, der aus Protest seine Amtsgeschäfte einige Wochen ruhen ließ, einen Sondergesandten an die Seite, der ihn beraten sollte. Nach anfänglichem Zögern stimmte er schließlich zu, war ihm doch versichert worden, der Diplomat eröffne ihm hinter dem Rücken Lavals die Möglichkeit eines direkten Drahtes zum Auswärtigen Amt. In Wirklichkeit fungierte Cécil von Renthe-Fink fortan als deutscher „Aufpasser" des Marschalls.

Der Misserfolg dieses „konstitutionellen Staatsstreichs"[50] beschleunigte die Faschisierung des Regimes in seiner Endphase. Pétain, der zum Jahreswechsel auf seinen Platz als Staatsoberhaupt zurückgekehrt war, fügte sich der vom Reich gewünschten Aufnahme von radikalen Kollaborateuren in die Regierung. Verblendete Ideologen wie Philippe Henriot, Marcel Déat und Joseph Darnand erwiesen sich dann auch als willfährige Interessenverwalter der Besatzungsmacht, die sich angesichts einer bevorstehenden Landung der Alliierten immer fordernder und repressiver gebärdete. Zur Aufrechterhaltung von Ruhe und Ordnung machten Wehrmacht und Miliz[51] gemeinsam Jagd auf die Kämpfer der

---

48 Vgl. Brief Hitlers an Pétain, 28. April 1943, in: ADAP, Serie E, Bd. V, Nr. 353.
49 Vgl. Acte constitutionnel n° 4 sexies du 12 novembre 1943 relatif à la succession du chef de l'État (non promulgué), in: Dreyfus, F.-G., Histoire de Vichy, a.a.O., S. 793.
50 Vgl. Baruch, M. O., Das Vichy-Regime, a.a.O., S. 163.
51 Die Miliz war eine kasernierte Polizei, die am 30. Januar 1943 von Laval gegründet worden war. Nach der Totalbesetzung Frankreichs und dem Anwachsen des bewaffneten Widerstandes sollte sie die

Résistance. Verhaftungen, Misshandlungen und Geiselerschießungen gehörten in den Wochen vor der Befreiung zum Alltag. Dabei verschwammen die Grenzen zwischen den Massakern deutscher Soldaten und dem Staatsterrorismus Vichys fast bis zur Unkenntlichkeit. Gleichwohl änderte die schonungslose Brutalität beider nichts an den Planungen der Alliierten. Am 6. Juni 1944 begann der Kampf um die Befreiung Frankreichs.

Von der Furcht eines drohenden Bürgerkrieges getrieben, vielleicht auch in Sorge um das eigene Schicksal, suchte Pétain selbst in diesen letzten Tagen des sich auflösenden Regimes noch nach Möglichkeiten eines friedlichen Übergangs des *État Français* in eine Nachkriegswelt. Inzwischen hatte er jedoch seine früheren Vorstellungen von einer möglichen Revitalisierung des Parlamentarismus und einer daraus folgenden Übereinkunft mit den Amerikanern aufgegeben. Folglich blieb als möglicher Adressat seiner Pläne nur noch der Chef der Provisorischen Regierung de Gaulle. Doch der General reagierte auf Pétains Bemühungen genauso abweisend, wie die Bevölkerung den von den Deutschen vorbereiteten Aufruf zur Enthaltsamkeit in den Kämpfen nicht befolgte. Die Zeit des Marschalls war definitiv abgelaufen.

Bevor Pétain am 20. August 1944 Hitlers Befehl zur Verlegung der Regierung von Vichy nach Belfort protestierend Folge leistete, hatte er eine letzte Botschaft an seine Landsleute entworfen. In ihr begründete und rechtfertigte er sein Handeln. „Ich hatte nur ein Ziel: Euch vor dem Schlimmsten zu bewahren. Und alles, was von mir getan wurde, alles, was ich wohl oder übel akzeptiert, gebilligt und erduldet habe, geschah nur um Euch zu schützen; denn da ich nicht mehr Euer Schwert sein konnte, wollte ich Euer Schild sein."[52]

Fanden diese Worte in den Wirren des Sommers vorerst keinen Widerhall, so erregten und spalteten sie die Öffentlichkeit nach dem Krieg umso mehr. Vom Obersten Gericht wegen Verschwörung gegen die innere Sicherheit des Staates und Verständigung mit dem Feind gemäß Artikel 75 und 87 des Strafgesetzbuches angeklagt[53], bauten die Anwälte Pétains ihre Verteidigungsstrategie genau

---

Herrschaftssicherung effektivieren. Versorgt aus den Beständen der aufgelösten Waffenstillstandsarmee, durchdrang sie unter Führung ihres Generalsekretärs Joseph Darnand zunehmend den Staats- und Sicherheitsapparat und entwickelte sich spätestens seit Anfang 1944 zu einem gefürchteten Terrorinstrument an der Seite der Besatzer.

52 Redeentwurf Pétains, 20. August 1944, in: Pétain, Ph., Discours aux Français 17 juin 1940–20 août 1944, a.a.O., S. 341.

53 In der Retrospektive erscheint die Anklage außerordentlich milde, da Pétain weder für die Verfolgung und Erschießung von Résistancekämpfern noch für die Internierung und Deportation der jüdischen Bevölkerung zur Verantwortung gezogen worden ist.

auf die Wirkung jenes Schlüsselbildes vom Schwert und Schild auf. Während de Gaulle die Interessen des Landes mit dem gezogenen Schwert verteidigen konnte, habe der Marschall, dem diese Waffe aus der Hand geschlagen worden war, mit dem Schild Frankreich vor Schlimmerem bewahrt. Doch dieser angeblichen Schutzschildfunktion – inzwischen auch von der historischen Forschung als Geschichtsklitterung nachgewiesen – schenkten die Richter mehrheitlich keinen Glauben und verhängten gegen den Marschall die Höchststrafe. Mit dem Urteil verband sich aber das Ersuchen, die Todesstrafe wegen des fortgeschrittenen Alters des Angeklagten nicht zu vollstrecken. De Gaulle entsprach dieser Empfehlung. Doch des Generals Wunsch, Pétain könne das Gefängnis später noch einmal verlassen und nach Hause zurückkehren, erfüllte sich nicht.[54]

SCHRIFTEN VON PÉTAIN

La France nouvelle. Appels et messages, Paris 1941
Actes et écrits, hrsg. von J. Isorni, Paris 1974
Discours aux Français, 17 juin 1940–20 août 1944. Textes établis, présentés et commentés par J.-C. Barbas, Paris 1989

LITERATUR ÜBER PÉTAIN

Alméras, Ph., Un Français nommé Pétain, Paris 1995
Amouroux, H., Pétain avant Vichy. La guerre et l'amour, Paris 1967
Blond, G., Pétain 1856–1951, Paris 1966
Bourget, P., Der Marschall. Pétain zwischen Kollaboration und Résistance, Frankfurt/M. 1968
Delpierré de Bayac, J., Le royaume du maréchal. Histoire de la zone libre, Paris 1975
Fischer, D., Le mythe Pétain, Paris 2002
Ferro, M., Pétain, Paris 1987
Florin, Ch., Philippe Pétain und Pierre Laval: Das Bild zweier Kollaborateure im französischen Gedächtnis. Ein Beitrag zur Vergangenheitsbewältigung in Frankreich von 1945 bis 1995, Frankfurt/M. 1997
Griffiths, R., Pétain et les Français: 1941 á 1951, Paris 1974
Isorni, J., Nouvelles requêtes en révision pour Philippe Pétain, Paris 1978
Isorni, J., Philippe Pétain, 2 Bde., Paris 1972/73
Lottman, H., Pétain, Paris 1984
Michel, H., Pétain et le régime de Vichy, Paris 1986
Noguères, H., Le véritable procès du maréchal Pétain, Paris 1955
Pedroncini, G., Pétain. 2 Bde., Paris 1989/1995

---

54 Vgl. Gaulle, Ch. de, Mémoires de guerre. Le Salut (1944–1946), Paris 1959, S. 250.

Péllissier, P., Philippe Pétain, Paris 1980
Pottecher, F., Le procès Pétain, Paris 1980
Queille, P.-F., Histoire diplomatique de Vichy. Pétain diplomate, Paris 1976
Tournoux, J.-R., Pétain et la France. La Seconde guerre mondiale, Paris 1980
Tournoux, J.-R., Pétain und de Gaulle, Düsseldorf 1966

GESAMTDARSTELLUNGEN ZUR ZEIT

Aron, R., Histoire de Vichy, 1940–1944, Paris 1954
Azéma, J.-P., De Munich à la Libération 1938–1944, Paris 1979
Azéma, J.-P., 1940, l'année terrible, Paris 1990
Azéma, J.-P./Bédarida, F. (Hrsg.), Le régime de Vichy et les Français, Paris 1992
Azéma, J.-P./Bédarida, F. (Hrsg.), La France des années noires, 2 Bde., Paris 1993
Baruch, M. O., Servir l'État français. L'administration en France de 1940 à 1944, Paris 1997
Baruch, M. O., Das Vichy-Regime. Frankreich 1940–1944, Stuttgart 1999
Bloch, M., Die seltsame Niederlage. Frankreich 1940, Frankfurt/M. 1992
Carlier, C.; Martens, St. (Hrsg.), La France et l'Allemagne en guerre (septembre 1939–novembre 1942), Paris 1990
Dreyfus, F.-G., Histoire de Vichy, Paris 1990
Hirschfeld, G./Marsh, P. (Hrsg.), Kollaboration in Frankreich. Politik, Wirtschaft und Kultur während der nationalsozialistischen Besatzung 1940–1944, Frankfurt/M. 1991
Jäckel, E., Frankreich in Hitlers Europa. Die deutsche Frankreichpolitik im Zweiten Weltkrieg, Stuttgart 1966
Kasten, B., „Gute Franzosen". Die französische Polizei und die deutsche Besatzungsmacht im besetzten Frankreich 1940–1944, Sigmaringen 1993
Klarsfeld, S., Vichy-Auschwitz. Die Zusammenarbeit der deutschen und französischen Behörden bei der „Endlösung der Judenfrage" in Frankreich, Nördlingen 1989
Kletzin, B., Trikolore unterm Hakenkreuz. Deutsch-französische Kollaboration 1940–1944 in den diplomatischen Akten des Dritten Reiches, Opladen 1996
Krautkrämer, E., Frankreichs Kriegswende 1942. Die Rückwirkungen der alliierten Landung in Nordafrika – Darlan, de Gaulle, Giraud und die royalistische Utopie, Bern u.a. 1989
Laborie, P., L'opinion française sous Vichy, Paris 1990
Martens, St.; Vaïsse, M. (Hrsg.), La France et l'Allemagne en guerre – Frankreich und Deutschland im Krieg (November 1942–Herbst 1944). Okkupation, Kollaboration, Résistance, Bonn 2000
Meyer, A., Die deutsche Besatzung in Frankreich 1940–1944. Widerstandsbekämpfung und Judenverfolgung, Darmstadt 2000
Michel, H., Le Procès de Riom, Paris 1979
Paxton, R. O., La France de Vichy, 1940–1944, Paris 1973
Pinette, G. L., Freund oder Feind? Die Deutschen in Frankreich 1940–1944, Bern 1990
Rousso, H., Les années noires. Vivre sous l'occupation, Paris 1992
Rousso, H., Le Syndrome de Vichy. 1944 à nos jours, Paris 1990
Zielinski, B., Staatskollaboration. Vichy und der Arbeitskräfteeinsatz im Dritten Reich, Münster 1995

Charles de Gaulle (1890–1970)

IX.

CHARLES DE GAULLE
(1890–1970)

Charles de Gaulle kam als drittes Kind des Gymnasialprofessors für Geschichte und Literatur Henri de Gaulle und seiner Frau Jeanne, geborene Maillot, am 22. November 1890 in Lille zur Welt. In einem konservativ-katholischen Milieu aufgewachsen, absolvierte er jesuitische Lehranstalten in Paris und im belgischen Antoing. Nach einem Vorbereitungsjahr im Pariser Stanislas-Collège trat er 1908 in die Offiziersschule von St.-Cyr ein. Während seines Truppenjahres als Offiziersschüler diente er in dem in Arras stationierten 33. Infanterieregiment unter Befehl von Oberst Philippe Pétain, in das er nach dem Studium in St.-Cyr 1912 zurückkehrte. De Gaulle erlebte den Ersten Weltkrieg an der Nordostfront (Dinant), in der Champagne (Mesnil-les-Hurlus) und bei Verdun. Während der Kämpfe um das Fort Douaumont geriet er in deutsche Kriegsgefangenschaft. Pétain hielt ihn irrtümlich für tot und ordnete seine ehrenvolle Erwähnung im Armeebefehl an. De Gaulle unternahm fünf vergebliche Fluchtversuche. Im Dezember 1918 kehrte er nach Frankreich zurück. Von 1919 bis 1921 nahm er auf Seiten der polnischen Armee am Kampf gegen Sowjetrussland teil und 1921 wurde er Lehrbeauftragter für Militärgeschichte an der Offiziersschule St.-Cyr. Im April 1921 heiratete er Yvonne Vendroux (drei Kinder: Philippe, Elisabeth, Anne). Von 1922 bis 1924 absolvierte er die Generalstabsakademie. Im Oktober 1924 wurde er in den Stab der französischen Rheinarmee nach Mainz und 1925 in den Stab des Marschall Pétain, damaliger Vizepräsident des Obersten Kriegsrates, versetzt und mit einer Untersuchung, die aus historischer Sicht die unbedingte Notwendigkeit einer beschleunigten Befestigung der Ost- und Nordgrenze Frankreichs beweisen sollte, beauftragt. Im April 1927 hielt er – auf Vorschlag Pétains – Vorträge an der Generalstabsakademie. Im Jahre 1927 wurde er Kommandeur des 19. Jägerbataillons in Trier und von 1929 bis 1931 tat er Dienst im Generalstab der französischen Levantetruppen in Beirut. 1931 erfolgte seine Berufung in das Generalsekretariat des Nationalen Verteidigungsrates. Im Gegensatz zur geltenden Militärdoktrin trat er mit Reformplänen zur Schaffung einer gut ausgebildeten Berufsarmee und deren modernste technische Ausrüstung mit Panzern und Flugzeugen sowie mit der Ablehnung der defensiven Maginotlinie und der Orientierung auf eine bewegliche Offensivtaktik hervor. Von 1936 bis 1937 besuchte er einen Lehrgang an der Hochschule für Wehrkunde und Ende 1937 erfolgte seine Berufung zum Kommandeur des 507. Panzerregiments in Metz, im September 1939 erhielt er das Kommando über die Panzerstreitkräfte der 5. Armee. Im Januar 1940 forderte er in einem Memorandum an achtzig politische und militärische Persönlichkeiten, notwendige Konsequenzen aus dem bisherigen Kriegsverlauf zu ziehen. Im Mai 1940 befehligte er als Kommandeur die 4. Panzerdivision und am 5. Juni 1940 erfolgte seine Berufung zum Unterstaatssekretär im Verteidigungsministerium der Regierung Paul Reynaud. Er setzte sich für die Fortsetzung des Krieges von den französischen Kolonialgebieten aus ein. Nach der Ersetzung Reynauds durch Marschall Pétain flog er am 17. Juni 1940 nach London, rief dort am 18. Juni die Franzosen zur Fortsetzung des Krieges gegen Hitlerdeutschland auf und erklärte sich zum legitimen Repräsentanten Frankreichs. Am 28. Juni 1940 erkannte die britische Regierung de Gaulle als Chef der Bewegung Freies Frankreich offiziell an. Von einem Militärgericht in Vichy wurde er am 2. August 1940 in Abwesenheit zum Tode verurteilt. Er gründete am 27. Oktober 1940 den Verteidigungsrat des Empire für alle kolonialen Gebiete, die sich dem Freien Frankreich anschlossen, und am 24. September 1941 das Nationalkomitee Freies Frankreich. Als Führer des am 3. Juni 1943 in Algier konstituierten Französischen Nationalen Befreiungskomitees, das Anfang Juni 1944 zur Provisorischen Regierung der Französischen Republik wurde, leitete er den Widerstandskampf außer- und innerhalb Frankreichs. Seit dem 9. September 1944 war er vorläufiger Präsident und Ministerpräsident der Provisorischen Regierung, die am 23. Oktober 1944 von den Alliierten anerkannt wurde. Er trat am 20. Januar 1946 auf Grund unterschiedlicher Auffassungen über die künftige Staatskonzeption zurück und gründete im April 1947 den Rassemblement du Peuple Français (Sammlungsbewegung des französi-

schen Volkes). Nach dessen Misserfolg zog er sich 1953 aus dem politischen Leben zurück und schrieb seine Kriegsmemoiren. Infolge der durch die Militärrevolte in Algier ausgelösten Staatskrise im Juni 1958 wurde de Gaulle am 1. Juni 1958 zum Ministerpräsidenten und nach dem Referendum zur Begründung der V. Republik am 21. Dezember desselben Jahres zum Präsidenten gewählt. In seiner Amtszeit, die nach der Wiederwahl am 9. Dezember 1965 bis zum Jahr 1969 währte, vollzog er den kolonialen Rückzug Frankreichs, unterzeichnete 1963 den Deutsch-Französischen Vertrag über die endgültige Aussöhnung zwischen den beiden Nachbarländern, strebte eine von den USA unabhängigere nationale Politik der europäischen Staaten an und setzte den Aufbau einer französischen Atomstreitmacht fort. Sein politischer Führungsstil war autoritärer Natur und immer geprägt von Nationalstolz. Die eigene Position als Staatspräsident stärkte er durch Verfassungsänderungen. Die Niederlage bei einem Referendum über Regionalisierungsgesetze führte am 28. April 1969 zu seinem Rücktritt. Er starb am 9. November 1970 in Colombey-les-deux-Eglises.

„… und der Euch sagt, dass für Frankreich noch nichts verloren ist."

Ende Mai/Anfang Juni 1940 nahm das militärische und politische Fiasko der Dritten Republik seinen Lauf. Während die deutschen Panzerspitzen immer rascher auf Paris zurollten, während das britische Hilfskorps in Dünkirchen sein Debakel erlebte und die Luftüberlegenheit der Wehrmacht immer deutlicher wurde, vermochte Ministerpräsident Paul Reynaud sein Kabinett in keiner Frage auf eine einheitliche politische Linie festzulegen. Die eingetretene Katastrophensituation erforderte aber unmissverständliche Entscheidungen: entweder unter Aufbietung aller Kräfte, im Bündnis mit Großbritannien und notfalls unter Einbeziehung der gewaltigen Ressourcen des französischen Kolonialreiches dem Gegner entschieden Paroli bieten oder kapitulieren. Das militärische Oberkommando unter General Maxime Weygand jedoch hatte bereits die Möglichkeit erfolgversprechender Aktionen ausgeschlossen und eine nicht kleine Gruppe der Minister – angeführt von Marschall Pétain – redete sogar offen einer angeblich notwendigen Kapitulation das Wort. Als die Regierung von Paris nach Bordeaux floh und Reynaud durch Pétain ersetzt wurde, waren die Würfel gefallen. Am 17. Juni bat der Marschall die deutsche Führung um Waffenstillstand. Am gleichen Tag wählte der bestenfalls in militärischen Kreisen bekannte Charles de Gaulle, am 1. Juni 1940 sozusagen auf dem Schlachtfeld zum Brigadegeneral auf Zeit befördert und seit dem 5. Juni Unterstaatssekretär im Verteidigungsministerium der Regierung Reynaud, den Weg des Ungehorsams. Ohne Befehl begab er sich mit einem englischen Flugzeug nach London.

Am Abend des 18. Juni 1940 verlas de Gaulle jenen Aufruf, der in die französische Geschichte eingehen sollte: „Die Männer, die seit vielen Jahren an der Spitze der französischen Armeen stehen, haben eine Regierung gebildet. Diese Regierung hat sich unter dem Vorwand der Niederlage unserer Armeen mit dem Feind in Verbindung gesetzt, um den Kampf zu beenden. Gewiss, wir waren und wir sind überschwemmt von der technischen Übermacht des Feindes zu Lande und in der Luft … Aber ist das letzte Wort gesagt? Muss die Hoffnung schwinden? Ist die Niederlage endgültig? Nein! Glaubt mir, glaubt dem, der die Dinge kennt, von denen er spricht, und der Euch sagt, dass für Frankreich noch nichts verloren ist. Dieselben Mittel, die uns überwältigt haben, können eines Tages den

Sieg herbeiführen. Denn Frankreich ist nicht allein! ... Es hat ein großes Weltreich hinter sich. Es kann einen Block bilden mit dem Britischen Empire, das die Meere beherrscht und weiterkämpft. Es kann, wie England, uneingeschränkten Gebrauch machen von der unermesslichen Industrie der Vereinigten Staaten von Nordamerika. Dieser Krieg ist nicht auf unser unglückliches Mutterland beschränkt. Dieser Krieg ist nicht durch die Schlacht um Frankreich entschieden. Dieser Krieg ist ein Weltkrieg. Alle Fehler, alles Hinzögern, alle Leiden verhindern nicht, dass in der Welt die Mittel vorhanden sind, um eines Tages unsere Feinde zu vernichten. Obgleich wir heute von der technischen Übermacht zerschmettert sind, werden wir in der Zukunft durch eine überlegene technische Macht siegen können. Darin liegt das Schicksal der Welt.

Ich, General de Gaulle, zur Zeit in London, fordere die französischen Offiziere und Soldaten auf, ob sie sich mit oder ohne Waffen auf britischem Boden befinden oder befinden werden, sich mit mir in Verbindung zu setzen. Ich fordere ebenso auf die Ingenieure und die Spezialarbeiter der Rüstungsindustrie, die sich auf britischem Boden befinden oder befinden werden. Was auch immer geschehen mag, die Flamme des französischen Widerstandes darf nicht erlöschen und wird nicht erlöschen. Morgen werde ich, wie heute, über Radio London sprechen."[1]

Es kam aber nicht von ungefähr, dass dieser 49-jährige General, ohne jede Macht und ohne jeden Rückhalt im von ihm verlassenen Frankreich, wie selbstverständlich in dessen Namen zum Widerstand aufrief und in den folgenden Monaten und Jahren zur Personifizierung des weiter im Krieg kämpfenden, des Freien Frankreichs wurde.

Dieser Intellektuelle in Offiziersuniform[2] besaß eine fast mystische Vorstellung von Frankreich, von seiner historischen Größe und weltgeschichtlichen „Berufung" als Ergebnis mannigfaltiger erzieherischer Einflüsse und der Beschäftigung mit dem Gedankengut etwa eines Joseph de Maistre, Charles Maurras, Maurice Barrès oder der Philosophie Henri Bergsons und Friedrich Nietzsches. „Zeit meines Lebens begleitet mich eine bestimmte Vorstellung vom Wesen Frankreichs. Das Gefühl hat sie mir ebenso eingegeben wie der Verstand. Was in mir an Gemütskräften lebendig ist, sieht Frankreich wie die Prinzessin des Märchens oder die Madonna an der Kirchenwand, berufen zu einem großartigen und außergewöhnlichen Schicksal. Mein Instinkt sagt mir, die Vorsehung habe Frank-

---
1 Gaulle, Ch. de, Mémoires de guerre. L'Appel 1940–1942, Paris 1954, S. 331f.
2 Vgl. Schwarz, H.-P., Das Gesicht des Jahrhunderts. Monster, Retter und Mediokritäten, München 2001, S. 205.

reich zu vollkommenen Erfolgen oder zu vorbildlichen Leiden erschaffen. Zu Zeiten, da Mittelmäßigkeit Frankreichs Tun und Lassen kennzeichnet, habe ich das Gefühl einer absurden Anomalie, die auf das Versagen der Franzosen zurückgehen muss, nicht auf den Genius des Vaterlandes. Auch sagt mir mein Verstand, dass Frankreich nicht Frankreich ist, wenn es nicht an erster Stelle steht, dass nur großartige Unternehmungen den Hang unseres Volkes zur Zersplitterung auszugleichen vermögen, und dass unser Land – so wie es einmal ist – unter anderen Ländern – so wie sie nun einmal sind –, wenn es nicht in Gefahr geraten soll, sich ein hohes Ziel setzen und erhobenen Hauptes seinen Weg gehen muss. Kurz, ich glaube, ohne Größe kann Frankreich nicht Frankreich sein."[3] Und der spätere General und Präsident war mit seiner Auffassung von der dominierenden Rolle großer Persönlichkeiten in der Geschichte bewusst oder unbewusst ein Anhänger der Elite-Vorstellungen eines Niccolo Machiavelli. Selbst ein Einzelgänger, selbstbewusst bis zur Starrsinnigkeit, von sich überzeugt bis zur Arroganz, verglich schon früh einer seiner militärischen Vorgesetzten sein Benehmen mit dem eines *connétable de France*.

Sein 1932 erschienenes Buch *Le fil de l'épée*, die erweiterte und überarbeitete Fassung seiner bereits 1927 vor der *École supérieure de guerre* gehaltenen Vorträge, enthielt präzise seine diesbezüglichen Vorstellungen und erwies sich im Nachhinein wie eine Zukunftsvision. Es sei Tatsache, dass große Männer fast von Geburt an ein Fluidum von Autorität um sich verbreiten würden und beseelt seien von den Ideen des Ruhmes, der Energie, der Ausdauer und nicht zuletzt des Willens zur Macht. Der so aufgefasste Ruf zur geschichtsformenden Tat sei sogar hinreichende Berechtigung zum Ungehorsam in bestimmten Situationen. Man könne „nichts Großes zuwege bringen ohne große Männer, und diese sind groß, weil sie groß sein wollen".[4]

Voller Misstrauen betrachtete de Gaulle bereits in den ersten Jahren nach dem Ersten Weltkrieg die zunehmende Labilität der politischen Institutionen der Dritten Republik, die „Clemenceau verleugnete, die Größe verwarf und in die alte Unordnung zurückfiel"[5]. Das Misstrauen in die politische Führung wurde in den 30er Jahren ergänzt durch die Ablehnung der strategischen Vorstellungen seiner militärischen Vorgesetzten. In der Fiktion einer Abkapselung hinter der Maginotlinie, einer lähmenden Defensivhaltung in der taktischen Grundkonzeption und

---

3 Gaulle, Ch. de, Mémoires de guerre. L'Appel 1940–1942, a.a.O., S. 5.
4 Gaulle, Ch. de, Die Schneide des Schwertes, Frankfurt a. M. 1961, S. 200.
5 Gaulle, Ch. de, Mémoires de guerre. L'Appel 1940–1942, a.a.O., S. 7.

nicht zuletzt in einer hoffnungslos überalterten Materialausstattung sah er besorgniserregende Alarmsignale. De Gaulle erkante in ihnen angesichts des modern gerüsteten deutschen Gegners unübersehbare Anzeichen einer kommenden Katastrophe. Seine beiden Bücher *Vers l'armée de métier* (1934) und *La France et son armée* (1938) enthielten das Fazit derartiger Überlegungen, und de Gaulle verstand sie als seinen Appell an die politische und militärische Führung des Landes.

Es waren drei grundsätzliche Forderungen, die de Gaulle vorbrachte: 1. eine gut ausgebildete Berufsarmee; 2. deren modernste technische Ausrüstung vor allem mit Panzern und Flugzeugen; 3. Orientierung auf eine bewegliche Offensivtaktik. Ganz ohne Zweifel entsprach dieses Programm weitaus besser als die geltende Doktrin den derzeitigen Erfordernissen des Militärwesens. Aber Tradition, Routine und Sorglosigkeit in der von Pétain geführten Generalshierarchie, die sich gern der vermeintlichen Ruhmessonne des Ersten Weltkrieges hingab, verhinderten eine wirkliche Anpassung an die neuen politischen und militärischen Gegebenheiten. Für de Gaulle war diese Erkenntnis auch der Wendepunkt in seinem persönlichen Verhältnis zu Pétain, der seine militärische Karriere maßgeblich geprägt hatte und der für ihn bis dahin ein geachteter Lehrer, verehrter, fast väterlicher Freund und bewundernswerter Kriegsheld gewesen war. Jetzt aber blieb von all dem nur noch der für eine fehlerhafte Militärdoktrin missbrauchte Nimbus eines legendären *maréchal de France*.

De Gaulle rüttelte an vielen geheiligten Tabus der kommandierenden Generalität und musste deshalb mit härtestem, ja hinterhältigstem Widerstand rechnen. Er wurde auf der Beförderungsliste zurückversetzt, was seine Einflussmöglichkeiten zusätzlich einschränkte, und die zur Durchsetzung seines Programms notwendige politische Resonanz war äußerst gering und – wenn überhaupt – halbherzig. Zwar hatte er Léon Blum und Reynaud in privaten Gesprächen seine Vorstellungen vorgetragen, die letzterer auch in die Debatte der Deputiertenkammer im März 1935 über die Militärpolitik Frankreichs einbrachte, aber das Parlament folgte der Regierung und Armeeführung in der trügerischen Illusion, dass Frankreich durch Einigelung hinter einem Betonwall hinreichende militärische Sicherheit erlangen könne.

Als nach dem Kriegsausbruch die politische und militärische Führung mit der *Drôle de guerre* weiter dieser Illusion anhing, appellierte de Gaulle noch einmal an achtzig exponierte Persönlichkeiten: „Der Motor verleiht den modernen Zerstörungsmitteln eine Gewalt, eine Geschwindigkeit und eine Reichweite, durch die dieser Krieg früher oder später zu Umgehungen, Überrumpelungen, Einbrüchen und Verfolgungen führen wird, die an Umfang und Tempo weit über die glanzvollsten Ereignisse der Vergangenheit hinausgehen werden ... Geben wir uns keiner Täuschung hin! Der Konflikt, der jetzt ausgebrochen ist, könnte leicht der umfassendste, ausgedehnteste und gewaltsamste von allen sein, die jemals die Welt verwüstet haben ... Es ist höchste Zeit, dass Frankreich daraus seine Folgerungen zieht."[6] Aber auch dieses Memorandum verursachte „keine Erschütterung". Erst der mit massiver Luftunterstützung erfolgte Vormarsch deutscher Panzerverbände über die bei den französischen Militärs als unpassierbar geltenden Ardennen im Mai 1940 ließ alle Handlungen und Vorstellungen des Oberkommandos als geradezu hilflos erscheinen und bestätigte Oberst de Gaulle in seinen tiefsten Befürchtungen.

Als Kommandeur der 4. Panzerdivision gelang es ihm zwar durch geringe Teilerfolge, den Beweis dafür anzutreten, dass eine bewegliche Kriegführung, der Einsatz von technischen Kampfmitteln und persönlicher Mut durchaus noch in der Lage waren, die fatalistische Haltung zum Vormarsch der Deutschen zu überwinden. Den katastrophalen Gesamtverlauf des Krieges jedoch vermochte der auf dem Schlachtfeld zum Brigadegeneral beförderte de Gaulle vorläufig nicht mehr zu korrigieren. Daran änderte sich auch nichts, als ihn Ministerpräsident Reynaud gegen den Widerstand Pétains und Weygands am 5. Juni 1940 zum Unterstaatssekretär im Verteidigungsministerium berief.

De Gaulle zählte zu den wenigen Mitgliedern des Kabinetts, die entschieden der kapitulantenhaften Stimmung entgegentraten, aber es war ein hoffnungsloser Kampf. In diesen wenigen Tagen seiner Zugehörigkeit zur Regierung traf er mehrmals den britischen Premierminister Winston Churchill, dessen Haltung s einen Eindruck bestärkte, „dass Großbritannien unter Führung eines solchen Kämpfers nicht nachgeben werde"[7]. Frankreichs Führung „ohne Kraft und Glaube entschied sich für die totale Aufgabe"[8], was für de Gaulle unannehmbar war. Churchill schrieb in seinen Memoiren, der nach England flüchtende General habe die Ehre Frankreichs mit sich genommen.[9]

Der Salonwagen im Walde von Compiègne erlebte am 22. Juni 1940 mit dem Waffenstillstand die Abschlussszene des Ersten Weltkrieges in Umkehrung, jetzt mit den französischen Militärs als den Unterlegenen. „Damit uns gar nichts erspart blieb", so urteilte de Gaulle bitter, „sollte Marschall Pétains Greisenalter

---

6   Ebd., S. 33.
7   Ebd., S. 61.
8   Ebd., S. 55.
9   Churchill, W. S., Der Zweite Weltkrieg, Bern 1954, S. 364.

eins werden mit dem Schiffbruch Frankreichs."[10] Der französische Ministerrat bezichtigte de Gaulle offiziell des Hochverrats, und der Kriegsrat der Militärregion Toulouse beschloss am 7. Juli 1940 seine Degradierung, erklärte ihn der Staatsbürgerschaft für verlustig und verurteilte ihn zum Tode. Nahezu zeitgleich trug in Vichy, wohin die Regierung umgezogen war, die Mehrzahl der verbliebenen Abgeordneten und Senatoren am 10. Juli und den folgenden Tagen die Dritte Republik offiziell zu Grabe.

Während die Mehrheit der Franzosen zunächst dem greisen Marschall folgte, sah sich de Gaulle angesichts der schmählichen Kapitulation Frankreichs, des ihm unfassbaren Versagens fast aller traditionellen Autoritäten und der eigenen Mittellosigkeit nahezu unüberwindbaren Schwierigkeiten in London gegenüber. Jedoch der unbeirrbare Glaube an „sein Frankreich" und seine eigene Mission ließen ihn nach Wegen zum Weiterkämpfen suchen. Er selbst glaubte: „Vor diesem fürchterlichen Abgrund erschien mir auf einmal meine Sendung deutlich und erhaben. In diesem Augenblick, dem trübsten seiner Geschichte, war mir die Aufgabe zugefallen, Frankreich zu betreuen."[11]

In dieser schier hoffnungslosen Situation kam de Gaulle zweifellos der Umstand zugute, erst wenige Tage zuvor in offizieller Mission mit dem britischen Kabinett unter Premier Churchill verhandelt zu haben. Vor allem fand er aber deshalb in London eine gewisse Unterstützung, weil die britische Regierung, die militärische Führung und der Geheimdienst nicht zu Unrecht darauf hofften, mit Hilfe de Gaulles in Frankreich ein breites Netz von Agenten und Informanten zu schaffen. So erlaubte man ihm vom Tage des französischen Waffenstillstandsersuchens an täglich für einige Minuten die Mikrophone der Britischen Rundfunkgesellschaft (BBC) zu benutzen. Deshalb galt de Gaulles Ruf am 18. Juni 1940 vornehmlich den Militärs, Politikern, Ingenieuren und anderen Spezialisten, die sich außerhalb Frankreichs aufhielten. Entschlossen begann er die Sammlung und den Aufbau einer kleinen – gaullistischen – Streitmacht.

Diesem Vorhaben standen große Hindernisse entgegen. Es fehlte anfänglich an allem: an gleichgesinnten Personen, an materiellen Mitteln, an fördernden Verbindungen und insbesondere an Autorität. Gerade letztere wurde von den französischen Dienststellen in England, die ja nunmehr der Vichy-Regierung unterstanden, entschieden in Abrede gestellt.

---

10 Gaulle, Ch. de, Mémoires de guerre. L'Appel 1940–1942, a.a.O., S. 79.
11 Ebd., S. 94.

Jetzt gab es kein Zurück mehr; jetzt war eine Situation entstanden, die de Gaulle später in seinen Memoiren mit folgenden Worten beschrieb: „Was mich betraf, der ich derartige Höhen zu erklimmen mir vornahm, ich war von Anfang an nichts. An meiner Seite nicht der Schatten einer Macht oder einer Organisation. In Frankreich kein Widerhall, kein persönlicher Ruf. In der Fremde weder Kredit noch Rechtfertigung. Aber gerade diese Armut der Mittel zeichnete mir mein Verhalten vor. Nur indem ich die Sache des nationalen Heils zu meiner eigenen machte, ohne irgendwelche Rücksichten zu nehmen, würde ich Autorität gewinnen können. Nur indem ich als unbeugsamer Champion der Nation und des Staates handelte, wäre es mir möglich, bei den Franzosen Zustimmung oder sogar Enthusiasmus, in der Fremde Respekt und Hochachtung zu wecken ... Kurz, so begrenzt ich in meinen Mitteln war, ... musste ich die höchsten Gipfel erklimmen und niemals wieder herabsteigen."[12]

Man kann mit Sicherheit davon ausgehen, dass die ersten Radioaufrufe des Generals nur von sehr wenigen Menschen außerhalb der Britischen Inseln gehört und beachtet wurden. Das lag nicht zuletzt an den noch begrenzten technischen Möglichkeiten, an den chaotischen Folgen der militärischen Niederlage und der Besetzung großer Teile Frankreichs. Folglich nahmen vor allem Soldaten und Offiziere mit niederem Dienstgrad, die sich gerade in London aufhielten, Kontakt mit de Gaulle auf. Sie meldeten sich in seinem Büro im Saint Stephen's House. Dort hatte die englische Regierung zwei Zimmer zur Verfügung gestellt, deren kärgliches Mobiliar aus behelfsmäßigen Tischen und unbeschirmten Glühbirnen bestand. Dennoch gelang es durch beharrliche Propagandaarbeit, eine Streitmacht von etwa 700 Soldaten und drei Kriegsschiffen aufzustellen.

Die gaullistischen Heereseinheiten paradierten erstmalig am 14. Juli 1940 – dem französischen Nationalfeiertag – vor einer großen Menschenmenge in White Hall und wurden bald darauf durch einen Besuch des englischen Königs Georg VI. gewissermaßen offiziell zur Kenntnis genommen. De Gaulle verkündete stolz am 13. Juli über den Rundfunk: „Franzosen! Wisset, dass Ihr immer noch eine kampftüchtige Armee habt", wenngleich es auch eine Armee war, die leider – wie er für sich selbst notierte – „dem Stummel eines Schwertes"[13] glich. Gleichwohl, der Anfang war gemacht.

Das Verhältnis zur englischen Regierung musste unter den gegebenen Bedingungen für die gaullistische Bewegung von lebenswichtiger Bedeutung sein. Nur

---

12 Ebd., S. 89f.
13 Ebd., S. 100.

durch die britische Anerkennung, Finanzierung, Bewaffnung und Förderung war überhaupt daran zu denken, die Pläne de Gaulles in Angriff zu nehmen. Der Gedanke einer notwendigen Zusammenfassung und Stärkung aller Kräfte zum Kampf gegen die die Welt bedrohenden faschistischen Mächte überwog schließlich immer wieder. Deshalb erließ die Regierung Churchill am 23. Juni 1940 zwei Erklärungen. Sie bestritt darin den unabhängigen Charakter der vorerst noch in Bordeaux und später in Vichy residierenden Regierung und nahm zustimmend von der Bildung eines Französischen Nationalkomitees in London Kenntnis. Am 28. Juni erkannte sie General de Gaulle als Chef der Bewegung Freies Frankreich offiziell an. Das bedeutete allerdings nicht die Anerkennung als Repräsentant Frankreichs.

Daraufhin fanden die gegenseitigen Beziehungen vertragliche Regelungen, die jedoch nicht ohne prinzipielle Auseinandersetzungen zustande kamen. De Gaulle beharrte insbesondere auf einer Festlegung von Garantien für die „integrale Wiederherstellung der Unabhängigkeit und Größe Frankreichs", auf der Anerkennung seines Oberkommandos über die französische Armee, Flotte und Handelsmarine, auf der späteren Rückzahlung aller durch England geleisteten materiellen Vorschüsse – kurzum, auf uneingeschränkter Souveränität. Das von Churchill und de Gaulle am 7. August in Chequers unterzeichnete Abkommen anerkannte die gaullistische Bewegung und sicherte ihr die allseitige britische Unterstützung zu. Damit zeichnete sich in ersten vagen Umrissen eine Vision ab, die de Gaulle in den folgenden Monaten hartnäckig weiter verfolgte und die dann im 1941 gebildeten *Comité national de la France libre*, das die Interessen Frankreichs gegenüber den Alliierten wahrnehmen und die Territorien, die sich dem Freien Frankreich anschlossen, verwalten sollte, konkrete Gestalt bekam: die Schaffung einer legalen Regierung im Exil, des Kerns eines neues Staatswesen, das dem Vichy-Regime der Kollaborateure die Legitimität nicht nur streitig machte, sondern mit aller Entschiedenheit absprach.[14] Schon im Manifest von Brazzaville hatte de Gaulle am 27. Oktober 1940 betont, er übe die Macht im „Namen Frankreichs" aus. „Es gibt keine wirkliche französische Regierung mehr. Was in Vichy sitzt und sich diesen Namen anmaßt, ist verfassungswidrig und dem Eroberer unterworfen..."[15]

---

14 Vgl. Rémond, R., Frankreich im 20. Jahrhundert. Erster Teil 1918–1958, Stuttgart 1994, S. 378f.; Loth, W., Geschichte Frankreichs im 20. Jahrhundert, Frankfurt am Main 1992, S. 126.
15 Gaulle, Ch. de, Mémoires de guerre. L'Appel 1940–1942, a.a.O., S. 349.

Es unterliegt keinem Zweifel, dass de Gaulle – insbesondere in seinen nach dem Krieg geschriebenen Memoiren – die Rolle der eigenen Person in den Jahren von 1940 bis 1946 überhöht hat. Andererseits wäre der von ihm selbst und um ihn geschaffene Mythos[16] ohne die unbestreitbaren Verdienste und Leistungen des Generals nicht möglich gewesen. Sein Sendungsbewusstsein war gepaart mit genialer Intuition[17] und einer an Starrsinn grenzenden Kompromisslosigkeit bei der Verfolgung der von ihm als notwendig erachteten Ziele, wobei ihm diese Unbeugsamkeit sozusagen als Ersatz für fehlende echte Machtmittel diente. „Denn im äußersten Elend, in dem Frankreich sich befindet, gibt es weder Kompromisse noch geschmeidiges Taktieren."[18]

Allen Widrigkeiten zum Trotz und mit großer Beharrlichkeit gelang es de Gaulle, beginnend mit Französisch-Äquatorialafrika im August 1940, die Unterstützung der Kolonien zu erlangen und sich damit eine personelle, materielle und geographische Basis zu schaffen. Die „Beteiligung an der Schlacht um Afrika mit französischen Truppen und französischen Gebietsteilen" bedeutete tatsächlich „gleichsam den Wiedereintritt eines Stückes von Frankreich in den Krieg"[19] und war für den Chef der Freien Franzosen ein weiterer Beweis für die Eigenständigkeit seiner Bewegung.

Nach der Landung amerikanischer und britischer Truppen in Nordafrika im November 1942, von der de Gaulle nicht informiert worden war, hatten die Alliierten zuerst mit General François Darlan und nach dessen Ermordung mit der Ernennung des aus deutscher Kriegsgefangenschaft geflüchteten Generals Henri Giraud zum *Haut-commissaire et commandant en chef en Afrique du Nord* mit Sitz in Algier ein Gegengewicht zu den von ihnen mit unverhohlener Skepsis betrachteten Londoner Gaullisten geschaffen. Beide Militärs hatten anfänglich auf das Vichy-Regime gesetzt und spekulierten jetzt angesichts der sich abzeichnenden Niederlage Hitlers auf ein Zusammengehen mit den USA und Großbritannien. Es bedurfte des ultimativen Drucks von Churchill, um de Gaulle auf einer eigens nach Casablanca einberufenen Konferenz zu bewegen, vor der Kamera Giraud die Hand zu geben und einem unklar gehaltenen Kommunique zuzustimmen. Demzufolge erklärten sich beide bereit, den Grundsätzen der Alliierten entsprechend zu handeln und ein gemeinsames Komitee für die Verwaltung des fran-

---

16 Schwarz, H.-P., Das Gesicht des Jahrhunderts ..., a.a.O., S. 211.
17 Vgl. Rémond, R., Frankreich im 20. Jahrhundert. Erster Teil 1918–1958, a.a.O., S. 379.
18 Gaulle, Ch. de, Discours et Messages. Pendant la Guerre 1940–1946, Paris 1970, S. 208.
19 Gaulle, Ch. de, Mémoires de guerre. L'Appel 1940–1942, a.a.O., S. 114.

zösischen Kolonialreiches auf Kriegsdauer zu bilden. So musste sich de Gaulle, der Ende Mai 1943 von London nach Algier übergesiedelt war, in dem im Juni 1943 gebildeten *Comité français de la Libération nationale* den Vorsitz paritätisch mit General Giraud teilen. Deutschland nahm die Landung in Nordafrika zum Anlass, um die bis dahin Vichy unterstehende Zone im Süden Frankreichs militärisch zu besetzen. Die heuchlerische Maske angeblicher Souveränität Vichys war vollends gefallen und die deutschen Besatzer verschärften den Terror in grausamer Weise.

Um sich aber gegenüber den Alliierten, insbesondere den USA, die lange gezögert hatten, ehe sie die gaullistische Bewegung überhaupt zur Kenntnis nahmen, als Repräsentant Frankreichs durchsetzen zu können, bedurfte es der Einheit zwischen der gaullistischen Bewegung und der im Verlauf des Krieges stetig stärker werdenden Résistance. Nüchtern kalkulierend, sah de Gaulle in der Résistance „ein gegebenenfalls wertvolles Instrument im Kampf gegen den Feind und den Alliierten gegenüber, eine wesentliche Hilfe für meine Politik der Unabhängigkeit und Einheit."[20] Die Bildung des *Conseil national de la Résistance* am 27. Mai 1943 im okkupierten Paris unter Vorsitz des Beauftragten General de Gaulles, Jean Moulin, bedeutete das Zusammengehen faktisch der gesamten Widerstandsbewegung im Inneren des Landes mit dem Freien Frankreich, seit Juli 1942 Kämpfendes Frankreich de Gaulles. Der CNR verabschiedete noch im gleichen Monat einen Antrag, in dem angesichts der Vorgänge in Algier eine starke Regierung unter Vorsitz de Gaulles gefordert wurde. Nicht zuletzt diese Anerkennung als Führer der gesamten Widerstandsbewegung zwang die Alliierten, ihren Widerstand aufzugeben. Im Oktober 1943 übernahm de Gaulle den alleinigen Vorsitz im *Comité français de la Libération nationale* und galt künftig immer mehr als der unbestrittene Chef. Als im Juni 1944 aus dem CFLN der *Gouvernement provisoire de la République Française* hervorging, stellte die Präsidentschaft de Gaulles in diesem Gremium niemand mehr in Frage. Dessen ungeachtet hielten die Kontroversen zwischen dem Präsidenten der Provisorischen Regierung und den verantwortlichen Politikern der USA und Großbritanniens – allein die Auseinandersetzungen zwischen de Gaulle und Churchill waren berüchtigt und die amerikanische Presse erging sich zeitweilig förmlich in Schmähungen gegen de Gaulle – unvermindert an.

---

20 Gaulle, Ch. de, Mémoires de guerre. L'unité 1942–1944, Paris 1956, S. 51.

Am Vorabend der Invasion „war die Bewegung, durch die ein ganzes Volk Marschall Pétain den Gehorsam aufgekündigt und auf General de Gaulle übertragen hatte, so gut wie abgeschlossen. Nun blieb nur noch, dies vor den Franzosen und der Welt offenkundig zu machen."[21] Dazu gehörte vordringlich, an der Befreiung Frankreichs aktiv mitzuwirken. Mit der Landung der Alliierten am 6. Juni 1944 in Nordfrankreich richteten die nachrückenden gaullistischen Vertreter nahezu reibungslos Lokalverwaltungen in allen von den Deutschen befreiten Gemeinden und Städten ein. Zudem ertrotzte de Gaulle vom alliierten Oberbefehlshaber General Dwight D. Eisenhower den Einsatz der gaullistischen Panzerdivision unter General Leclerc als Spitzenformation des auf Paris vorstoßenden Angriffkeils, um so seinen triumphalen Einzug in die Hauptstadt vorzubereiten. Als dann am 26. August de Gaulle bei seinem feierlichen Marsch vom Place de l'Étoile bis zur Notre-Dame emphatisch gefeiert wurde, war die von ihm am Vortag angekündigte „Rückkehr Frankreichs" auch symbolisch perfekt.

Die von den USA zunächst vorgesehene Behandlung Frankreichs als besetztes Territorium, das von den Besatzungstruppen regiert werden sollte, erwies sich so als nicht machbar. Die Alliierten übergaben offiziell die Verantwortung für die zivile Verwaltung an die Provisorische Regierung, die von de Gaulle durch Vertreter des innerfranzösischen Widerstandes erweitert wurde. Am 23. Oktober 1944 erfolgte die offizielle Anerkennung der Provisorischen Regierung der Französischen Republik durch die USA, Großbritannien und die UdSSR. Auch wenn damit weder die Befreiung Frankreichs noch der Krieg beendet waren, so war bereits zu diesem Zeitpunkt klar, dass Frankreich de Gaulles würde zu den Siegermächten des Krieges gehören. Die Demütigung des Waffenstillstandes von 1940 war getilgt und ein Machtvakuum nach der Auflösung des Vichy-Regimes durch die von der Mehrheit der Bevölkerung und den politischen Bewegungen gewollte allgegenwärtige Präsenz der Gaullisten verhindert worden. Im Ergebnis des Referendums vom 21. Oktober 1945 lehnten die Wähler eine Rückkehr zur Dritten Republik ab und beauftragten die gleichzeitig gewählte Nationalversammlung mit der Ausarbeitung einer neuen Verfassung innerhalb von sieben Monaten. Die schwierigen Geburtswehen der Vierten Republik begannen, deren Zustandekommen dann das seit 1940 existierende konstitutionelle Interim[22] beendete.

---

21   Rémond, R., Frankreich im 20. Jahrhundert. Erster Teil 1918–1958, a.a.O., S. 382.
22   Vgl. ebd., S. 395.

Im August 1945 setzte de Gaulle gewissermaßen den Schlusspunkt in seinem Verhältnis zu Marschall Pétain. Der von de Gaulle eigens geschaffene Gerichtshof zur Ahndung der Vichy-Verbrechen verurteilte den 90-jährigen Greis zum Tode, sprach sich aber gleichzeitig gegen die Vollstreckung des Urteils aus. De Gaulle unterzeichnete die Begnadigung. In seinen Memoiren ist nachzulesen, dass er die Absicht gehabt habe, Pétain nach zweijähriger Festungshaft zu entlassen. Dazu kam er aber nicht mehr.

Für viele überraschend, blieb de Gaulle nach Kriegsende nur wenige Monate französischer Ministerpräsident. Unverkennbar zeigte sich um die Jahreswende von 1945 zu 1946 ein tiefer Widerspruch zwischen den Plänen des Generals für die künftige Gestaltung des Staatswesens und den gegebenen Realitäten des politischen Kräfteverhältnisses im Nachkriegsfrankreich. Deshalb war es nur scheinbar überraschend, als de Gaulle daraus in gewohnt eigenwilliger Weise die Konsequenzen zog. Im Waffensaal des Kriegsministeriums erklärte der General den am 20. Januar 1946 eilends zusammengerufenen Ministern seines Kabinetts mit theatralischer Geste: „Die ausschließliche Herrschaft der Parteien ist wieder da. Ich missbillige sie. Aber, außer der zwangsweisen Errichtung einer Diktatur, die ich nicht will und die zweifellos schlecht ausgehen würde, habe ich kein Mittel, diese Entwicklung zu verhindern. Ich muss mich daher zurückziehen."[23] Zwölf Jahre sollten nach diesem spektakulären Abgang bis zur offiziellen Rückkehr General de Gaulles an die Macht vergehen.

SCHRIFTEN VON DE GAULLE

Le fil de l'épée, Paris 1971, (deutsch: Die Schneide des Schwertes, Frankfurt a. M. 1961)
Vers l'armée de métier, Paris 1971, (deutsch: Frankreichs Stoßarmee. Das Berufsheer – die Lösung von morgen, Potsdam 1935)
La France et son armée, Paris 1971
Trois études, Paris 1971
Mémoires de guerre. L'Appel 1940–1942, Paris 1954
Mémoires de guerre. L'Unité 1942–1944, Paris 1956
Mémoires de guerre. Le Salut 1944–1946, Paris 1959
Memoiren der Hoffnung. Die Wiedergeburt 1958–1962, Wien/München/Zürich 1971
Mémoires d'espoir. L'effort ... 1962, Paris 1972
Discours et Messages, 5 Bde., Bd. 1: Pendant la Guerre (Januar 1940–Januar 1946), Paris 1970
Lettres, notes et carnets, 12 Bde. (besonders die Bde. 1-6), Paris 1980ff.

---

23 Gaulle, Ch. de, Mémoires de guerre. Le Salut 1944–1946, Paris 1959, S. 331.

LITERATUR ÜBER DE GAULLE
(Nouvelle bibliographie internationale sur Charles de Gaulle, Paris 1990)

Agulhon, M., De Gaulle: histoire, symbole, mythe, Paris 2000
Aron, R., Charles de Gaulle, Paris 1964
Ashcroft, E., De Gaulle, Wien/Hamburg 1963
Auburtin, J., Charles de Gaulle, Paris 1966
Baring, A./Tautil, Chr., Charles de Gaulle – Größe und Grenzen, Köln 1963
Blanc, P.-L., Charles de Gaulle au soir de sa vie, Paris 1990
Boisdeffre, P. de, De Gaulle malgré lui, Paris 1978
Cattaui, G., Charles de Gaulle. L'homme et son destin, Paris 1960
Cazerave, M., De Gaulle et la terre France, Paris 1988
Cook, D., Charles de Gaulle. Soldat und Staatsmann, München 1985
Coursier, A., De Gaulle, Paris/Gembloux 1981
Crawley, A., De Gaulle. A Biography, London 1969
Crozier, B., De Gaulle, London 1973
De Gaulle et son siècle. Actes des journées internationales, Paris novembre 1990. Sous la direction de l'Institut Charles de Gaulle, Bde. 1-6 und zwei Anhänge, Paris 1991–1993
Démaret, P./Plume, Chr., Objectif de Gaulle, Paris 1974
Dollar, J., Charles de Gaulle. Symbole de la grandeur de la France, Luxembourg 1980
Dreyfus, F.-G., De Gaulle et le gaullisme, Paris 1982
Fabre-Luce, A., Gaulle deux, Paris 1958
Ferro, M., De Gaulle et l'Amèrique, une amitié tumultueuse, Paris 1973
Figueras, A., De Gaulle l'impuissant, Paris 1970
Fuchs, G./Henseke, H., Charles de Gaulle. General und Präsident, Berlin 1973
Foulon, Ch.-L./Ostier, J., Charles de Gaulle, un siècle d'histoire, Rennes 1990
Gallo, M., De Gaulle, 4 vol., Paris 1998
Gorce, P. M. de la, De Gaulle entre deux mondes. Une vie et une époque, Paris 1964
Guichard, O., Mon Général, Paris 1980
Hoffmann, I. u. St., De Gaulle artiste de la politique, Paris 1973
Jour, J., Charles de Gaulle, Kontich/Anvers 1976
Jouve, E., Le Général de Gaulle et la construction de l'Europe (1940–1966), 2 Bde., Paris 1967
Kapferer, R., Charles de Gaulle. Umrisse einer politischen Biographie, Stuttgart 1985
Kersaudy, F., Churchill and de Gaulle, London 1981
Lacouture, J., Charles de Gaulle, 3 Bde., Paris 1984 ff.
Larcan, A., Charles de Gaulle, Paris 1993
Launay, J. de, De Gaulle et sa France, Bruxelles 1968
Ledwidge, B., De Gaulle, Paris 1984
Lefranc, P., ... avec qui vous savez. Vingt-cinq ans avec de Gaulle, Paris 1979
Moltschanow, N. N., General de Gaulle, Berlin 1986
Monticone, R. C., Charles de Gaulle, New York 1975
Nicklas, Th., Charles de Gaulle, Göttingen 2000
Noel, L., Comprendre de Gaulle, Paris 1972
Pouget, J., Un certain Capitaine de Gaulle, Paris 1973
Roux, D. de, Charles de Gaulle, Paris 1967
Schoenbrun, D., Les trois vies de Charles de Gaulle, Paris 1965
Schunck, P., Charles de Gaulle. Ein Leben für Frankreichs Größe, Berlin 1998
Staub, H. O., Charles André Marie Joseph de Gaulle. Träumer oder Realist, Luzern/Frankfurt a. M. 1966

Terrenoire, L., De Gaulle vivant, Paris 1971
Tournoux, J.-R., Pétain et de Gaulle, Paris 1964
Tuchhaendler, K., De Gaulle und das Charisma, München 1977
Weisenfels, E., Charles de Gaulle: Der Magier im Elysée, München 1990

GESAMTDARSTELLUNGEN ZUR ZEIT

Aglion, R., De Gaulle et Roosevelt. La France libre aux Etats unis, Paris 1984
Amouroux, H., Le 18 juin 40, Paris 1990
Azéma, J.-P., De Munich à la Libération 1938–1944, Paris 1979
Azéma, J.-P., 1940, l'année terrible, Paris 1990
Azéma, J.-P./Bédarida, F. (Hrsg.), Le régime de Vichy et les Français, Paris 1992
Azéma, J.-P./Bédarida, F. (Hrsg.), La France des années noires, 2 Bde., Paris 1993
Baruch, M. O., Das Vichy-Regime. Frankreich 1940–1944, Stuttgart 1999
Barrès, Ph., Charles de Gaulle und das Freie Frankreich, Zürich/New York 1945
Bloch, M., Die seltsame Niederlage. Frankreich 1940, Frankfurt/M. 1992
Bourgi, R., Le Général de Gaulle et l'Afrique Noire 1940-1969, Paris 1980
Cointet, M. et J.-P., La France à Londres 1940–1943, Brüssel-Paris 1990
Crémieux-Brilhac, J.-L., La France libre, de l'appel du 18 juin à la Libération, Paris 1996
Dreyfus, F.-G., Histoire de la Résistace 1940–1945, Paris 1996
Dreyfus, P., Die Résistance: Geschichte des französischen Widerstandes, München 1979
Fondation Charles de Gaulle, Le rétablissement de la légalité républicaine (1944), Paris 1996
Heimsoeth, H.-J., Der Zusammenbruch der Dritten Republik. Frankreich während der „Drôle de Guerre"
    1939/40, Bonn 1990
Hostache, R., Le général de Gaulle, Jean Moulin et la création du CNR, Paris 1989
Krautkrämer, E., Frankreichs Kriegswende 1942. Die Rückwirkungen der alliierten Landung in Nordafrika
    – Darlan, de Gaulle, Giraud und die royalistische Utopie, Bern u.a. 1989
Laurens, A., Les rivaux de Charles de Gaulle. La bataille de la légitimité en France de 1940–1944, Paris
    1977
Michel, H., Histoire de la Résistance en France, Paris 1962
Michel, H., Histoire de la France libre, Paris 1963
Noguères, H., Histoire de la Résistance, Bd. 1-5, Paris 1967–1981
Novick, P., The Resistance versus Vichy, New York 1968
Rossi-Landi, G., La drôle de guerre, Paris 1971
Soustelle, J., Der Traum von Frankreichs Größe. 28 Jahre Gaullismus, o.O. 1969
Touchard, J., Le Gaullisme 1940–1969, Paris 1978

Anhang

Abkürzungsverzeichnis von Parteien und Organisationen

CFLN	Comité français de la Libération nationale (Nationales Befreiungskomitee)
CGT	Confédération générale du travail (Allgemeiner Gewerkschaftsbund)
CGTU	Confédération générale du travail unitaire (Einheitlicher Allgemeiner Gewerkschaftsbund)
CNR	Conseil national de la Résistance (Nationaler Widerstandsrat)
FTS	Fédération des Travailleurs Socialistes de France (Föderation der sozialistischen Arbeiter Frankreichs)
GPRF	Gouvernement provisoire de la République Française (Provisorische Regierung der Französischen Republik)
PCF	Parti Communiste Français (Französische Kommunistische Partei)
POF	Parti Ouvrier Français (Französische Arbeiterpartei)
PSdF	Parti Socialiste de France (Sozialistische Partei Frankreichs)
PSF	Parti Socialiste Français (Sozialistische Französische Partei)
POSR	Parti Ouvrier Socialiste Révolutionnaire (Revolutionäre Sozialistische Arbeiterpartei)
PSR	Parti Socialiste Révolutionnaire (Revolutionäre Sozialistische Partei)
SFIO	Section Français de l'Internationale Ouvrière (Französische Sektion der Arbeiter-Internationale)
USR	Union Socialiste et Républicaine (Sozialistische und Republikanische Union)

Zeittafel

1870
19.07. Kriegserklärung an Preußen. Beginn des Deutsch-Französischen Krieges (bis 10.05.1871 Frieden von Frankfurt)
02.09. Niederlage der französischen Truppen bei Sedan. Gefangennahme Napoleons III.
04.09. Proklamation der Dritten Französischen Republik durch Gambetta

1871
28.01. Waffenstillstand und Kapitulation von Paris
26.02. Vorfrieden von Versailles
18.03. Pariser Kommune (bis 28.05.)
31.08. Adolphe Thiers Präsident (bis 24.05.1873)

1873
09.01. Tod Napoleons III.
24.05. Patrice de Mac-Mahon Präsident (bis 30.01.1879)
16.09. Räumung französischen Territoriums durch deutsche Truppen

1875
30.01. Instituierung der Dritten Republik
Febr.–Juli Verabschiedung weiterer Verfassungsgesetze

1878
01.05. Eröffnung der Weltausstellung in Paris
13.06. Berliner Kongress (bis 13.07.1878)

1879
30.01. Jules Grevy Präsident (bis 02.12.1887)
09.08. Gesetz über die Écoles normales

1880
23.09. Erstes Kabinett Ferry (bis 10.11.1881)
21.12. Gesetz über die höhere Schulbildung für Mädchen

1881
12.05. Vertrag von Bardo. Protektorat über Tunesien
Juni-Juli Gesetz über die Presse, Volksschule und Versammlungsfreiheit

1882
28.03. Einführung der allgemeinen Schulpflicht
20.05. Abschluss des Dreibundes zwischen Deutschland, Österreich und Italien

1883
21.02. Zweites Kabinett Ferry (bis 30.03.1885; „Tongking-Affäre")
23.08. Protektoratsvertrag über Annam

1884
15.11. Berliner Kongo-Konferenz. Aufteilung Afrikas in koloniale Einflusssphären (bis 26.02.1885)

1885
28.07. Kammerrede Ferrys zur Kolonialpolitik

1886
Boulangerkrise (bis 1889)

1887
03.12. Sadi Carnot Präsident (ermordet 24.06.1894)

1889
06.05. Eröffnung der Weltausstellung in Paris
14.07. Gründung der Zweiten Internationale (bis in den Ersten Weltkrieg)

1892
17.08.1892 Abschluss einer russisch-französischen Militärkonvention
Panamaskandal (bis 1893)

1894
04.01. Französisch-russischer „Zweibund".
25.06. Casimir Périer Präsident (bis 14.01.1895)
22.12. Verurteilung des Hauptmann Dreyfus wegen Landesverrat zu lebenslänglicher Deportation

1895
17.01. Félix Faure Präsident (bis 16.02.1899)
28.09. Gründung der CGT

1897
Dreyfus-Affäre (bis 1906)

1898
13.01. Zolas „J'accuse"
07.11 Beginn der Faschodakrise

1899
18.02. Émile Loubet Präsident (bis 17.01.1906)
22.06. Eintritt des Sozialisten Millerand ins bürgerliche Kabinett Waldeck-Rousseau (bis 04.06.1902)

1900
Weltausstellung und Olympische Spiele in Paris

1904
08.04. Entente cordiale zwischen Frankreich und Großbritannien

1905
23.–25.04. Vereinigung der Hauptrichtungen der Arbeiterbewegung zur SFIO
11.12 Gesetz über die Trennung von Kirche und Staat
Erste Marokkokrise (bis 1906)

1906
18.01. Armand Fallières Präsident (bis 16.01.1913)

1907
31.08. Triple-Entente zwischen Großbritannien, Russland und Frankreich

1911
Zweite Marokkokrise

1913

16.01. Raymond Poincaré Präsident (bis 16.01.1920)
07.08. Einführung der dreijährigen Wehrpflicht

1914

28.06. Attentat von Sarajewo
31.07. Ermordung von Jean Jaurès
03.08. Kriegserklärung des Deutschen Reiches an Frankreich. Beginn des Ersten Weltkrieges (bis 11.11.1918)
04.08. Bildung der „Union sacrée" (bis September 1917)
04.–10.09. Schlacht an der Marne („Wunder an der Marne")

1916

Februar–Juli Schlacht von Verdun
Juni–November Schlacht an der Somme

1917

Mai–Juni Meutereien im Heer
06.04. Eintritt der USA in den Ersten Weltkrieg
07.11. Russische Oktoberrevolution
16.11. Regierung Clemenceau (bis 18.01.1920)

1918

08.01. Wilsons Vierzehn-Punkte Programm
03.03. Frieden von Brest-Litowsk
08.08. Tankangriff von Amiens. „Schwarzer Tag" des deutschen Heeres
11.11. Waffenstillstand von Compiègne

1919

18.01.–28.06. Friedenskonferenz von Versailles
04.03. Gründung der Dritten Internationale (bis 1943)
28.04. Annahme der Völkerbundsatzung
19.–21.04. Erhebung der Matrosen der Schwarzmeerflotte
07.05. Übergabe der Friedensbedingungen an Deutschland
28.06. Unterzeichnung des Versailler Vertrags
16.11. Wahlsieg des Bloc national (Regierungen bis 01.06.1924)

1920
17.01.–21.09. Paul Deschanel Präsident
19.03. Ablehnung der Ratifizierung des Versailler Vertrags durch den amerikanischen Senat
23.09. Alexandre Millerand Präsident (bis 11.06.1924).
25.–30.12. Spaltung der SFIO und Gründung des PCF (30.12.).

1921
19.02. Militärbündnis mit Polen
08.03. Besetzung von Düsseldorf, Ruhrort und Duisburg
05.05. Festsetzung der deutschen Reparationssumme auf 132 Mrd. Goldmark (Londoner Ultimatum)
12.11. Washingtoner Konferenz zur Flottenbegrenzung (bis 06.02.1922)

1923
11.01. Ruhrbesetzung (bis Juli 1925)

1924
25.01. Bündnisvertrag mit der Tschechoslowakei
11.05. Wahlsieg des Cartel des Gauches (Regierungen bis 21.07.1926)
13.06. Gaston Doumergue Präsident (bis 13.06.1931)
16.07.–16.08. Beschluss über Dawes-Plan und Räumung des besetzten Ruhrgebiets
28.10. Aufnahme diplomatischer Beziehungen zur UdSSR

1925
05.–16.10. Konferenz von Locarno

1926
08.09. Aufnahme Deutschlands in den Völkerbund
17.09. Treffen Briand - Stresemann in Thoiry

1928
29.04. Wahlsieg der Mitte-Rechts-Koalition Union nationale (Regierungen bis 10.05.1932)
27.08. Briand-Kellogg-Pakt

1929
04.09. Plan zur Schaffung einer europäischen Zoll- und Wirtschaftsunion
24.10. Kurssturz an der New Yorker Börse. Beginn der Weltwirtschaftskrise
29.12. Parlamentsbeschluss zum Bau der Maginotlinie

1930
03.-20.01. Annahme des Youngplans
17.05. Vorstellung des Paneuropaprojekts durch Briand
30.06. Räumung des Rheinlandes

1931
19.03. Projekt einer deutsch-österreichischen Zollunion
11.06. Paul Doumer Präsident (ermordet 06.05.1932)

1932
02.02. Eröffnung der Genfer Abrüstungskonferenz
08.05. Wahlsieg einer Mitte-Links-Koalition (Regierungen bis 07.02.1934)
10.05. Albert Lebrun Präsident (bis 11.07.1940)

1933
30.01. Hitler Reichskanzler
14.10. Rückzug Deutschlands von der Genfer Abrüstungskonferenz
19.10. Deutschlands Austritt aus dem Völkerbund

1934
08.01. Tod Alexandre Staviskys
06.02. Aufruhr rechtsextremer Ligen
28.02. Regierungen der Union nationale (bis 04.06.1936)
27.07. Aktionsbündnis von SFIO und PCF
09.10. Ermordung von Außenminister Louis Barthou

1935
13.01. Volksabstimmung im Saargebiet
06.03. Einführung der zweijährigen Wehrpflicht
11.4.–14.4. Bildung der „Stresa-Front"
02.05. Französisch-sowjetischer Beistandspakt
14.07. Volksfrontbündnis zwischen SFIO, Radikalsozialisten und PCF
03.10. Italiens Überfall auf Abessinien

1936

07.03. Einmarsch deutscher Truppen ins entmilitarisierte Rheinland
26.04./03.05. Wahlsieg der Volksfront
04.06. Erstes Kabinett Blum (bis 21.06.1937)
07.06. Matignon-Vereinbarung
17.07. Beginn des Spanischen Bürgerkriegs (bis 28.03.1939)
08.08. Verkündung der französischen Nichteinmischung in spanischen Bürgerkrieg

1937

13.02. „Pause" im Volksfrontprogramm
24.05. Eröffnung der Weltausstellung in Paris

1938

13.03. „Anschluss" Österreichs ans Deutsche Reich
14.03. Zweite Regierung Blum (bis 08.04.1938)
10.04. Dritte Regierung Daladier (bis 20.03.1940)
19.–20.05. Tschechische Mobilmachung („Wochenendkrise")
03.08.–16.09. Mission von Lord Runciman in der Sudetenfrage
15.09. Treffen Hitler – Chamberlain in Berchtesgaden
22.–24.09. Treffen Hitler – Chamberlain in Bad Godesberg
29.09. Unterzeichnung des Münchener Abkommens
06.12. Deutsch-französische Nichtangriffserklärung

1939

15.03. Deutscher Einmarsch in die Tschechoslowakei
27.03. Spaniens Beitritt zum Antikominternpakt
31.03. Französisch-britische Garantieerklärung für Polen
26.04. Einführung der Wehrpflicht in Großbritannien
17.05. Unterzeichnung der französisch-polnischen Militärkonvention
Mai/Juli Französisch-britische Beistandspaktverhandlungen in Moskau
23.08. Deutsch-sowjetischer Nichtangriffsvertrag („Hitler-Stalin-Pakt")
01.09. Beginn des Zweiten Weltkrieges (bis 08.05.1945)
03.09. Kriegserklärung Frankreichs an Deutschland. Drôle de guerre (bis 10.05.1940)
17.09. Einmarsch der Roten Armee in Ostpolen
26.09. Verbot des PCF

06.10. Hitlers „Friedensappell" an die Westmächte
30.11. Sowjetischer Angriff auf Finnland („Winterkrieg" bis 12.03.1940)
14.12. Ausschluss der Sowjetunion aus dem Völkerbund

1940
21.03. Bildung der Regierung Reynaud
10.05. Deutscher Angriff auf Frankreich
13.06. Flucht der Regierung Reynaud nach Bordeaux
14.06. Besetzung von Paris durch deutsche Truppen
16.06. Bildung der Regierung Pétain
18.06. Aufruf de Gaulles zum Widerstand
22.06. Deutsch-französischer Waffenstillstandsvertrag
28.06. Britische Anerkennung de Gaulles als Chef der Freien Franzosen
01.07. Übersiedlung der Regierung Pétain nach Vichy
03.07. Versenkung der französischen Flotte vor Mers el-Kébir durch britische Schiffe
10.07. Aufhebung der Verfassung der Dritten Republik
11.07. Gründung des État français. Staatschef: Pétain (bis 24.04.1945)
12.07.–13.12. Pierre Laval stellvertretender Ministerpräsident
23.–25.09. Fehlgeschlagene Landungsoperation gaullistischer und britischer Einheiten vor Dakar
03.10. Erstes Judenstatut
24.10. Treffen Hitler-Pétain in Montoire

1941
10.02. François Darlan stellvertretender Ministerpräsident (bis 17.04.42)
02.06. Zweites Judenstatut
22.06. Deutscher Angriff auf die Sowjetunion
24.09. Bildung des Nationalkomitees Freies Frankreich unter de Gaulle
12.08. Rede Pétains vom „widrigen Wind"

1942
19.02.– 02.04. Prozess von Riom
18.04. Laval Ministerpräsident (bis 06.09.1944)
23.10. Beginn des britischen Gegenangriffs im Raum El-Alamein
8.–11.11. Landung alliierter Truppen an der Küste Nordafrikas
11.11. Einrücken der Wehrmacht in die unbesetzte Südzone

19.11. Sowjetischer Gegenangriff bei Stalingrad (bis 02.02.1943)
27.11. Selbstversenkung der Flotte vor Toulon

1943
14.–26.01. Konferenz von Casablanca
16.02. Einführung des obligatorischen Arbeitsdienstes
17.03.–13.05. Abschluss der Kampfhandlungen in Nordafrika
27.05. Bildung des Nationalen Widerstandsrates in Paris
03.06. Gründung des Nationalen Befreiungskomitees in Algier
10.07.–17.08. Landung der Alliierten in Sizilien
09.09.–04.10 Befreiung Korsikas

1944
06.06. Landung der Alliierten in der Normandie
15.06. Landung der Alliierten in Südfrankreich
19.08.–25.08. Befreiung von Paris
09.09. Bildung der Provisorischen Regierung de Gaulle
23.10. Anerkennung der Provisorischen Regierung durch die Alliierten
10.12. Beistandspakt Frankreich-Sowjetunion

1945
04.–11.02 Konferenz von Jalta
07./09.05. Bedingungslose Kapitulation der Wehrmacht
17.07.–02.08. Konferenz von Potsdam
23.07.–15.08. Prozess gegen Pétain

1946
20.01. Rücktritt de Gaulles
13.10. Annahme der Verfassung der Vierten Republik

Auswahlbibliographie zur Geschichte der Dritten Republik

Die folgende Auswahlbibliographie konzentriert sich auf Standardwerke, die dem Leser eine gezielte Orientierung zum weiteren Studium ermöglicht. Dabei wurden Darstellungen jüngeren Datums sowie Arbeiten in deutscher und französischer Sprache bevorzugt. Aufsätze aus Zeitschriften und Sammelwerken konnten aus Platzgründen nicht berücksichtigt werden.

Agulhon, M., La République de Jules Ferry à François Mitterrand. 1880 à nos jours (Histoire de France, Bd. 5), Paris 1990
Ambrosi, Chr. u. A., La France 1870–1981, Paris 1981
Amouroux, H., La grande histoire des Français sous l'occupation (1939–1945), 8 Bde., Paris 1977–1988
Anderson, R. D., France 1870–1940. Politics and Society, London 1977
Ansprenger, F., Die Auflösung der Kolonialreiche, München 1981
Asselain, J.-Ch., Histoire économique de la France du XVIIIe siècle à nos jours, Paris 1984
Azéma, J.-P., La IIIe République 1870–1940, Paris 1976

Baumont, M., Gloires et Tragédies de la IIIe République, Paris 1956
Becker, J.-J., Le parti communiste veut-il prendre le pouvoir? La stratégie du PCF de 1930 à nos jours, Paris 1981
Becker, J.-J./Berstein, S., Victoire et frustrations 1914–1929, Paris 1990
Bergounioux, A./Grunberg, G., Le long remords du pouvoir. Le Parti socialiste français 1905–1992, Paris 1992
Berl, E., La fin de la 3e République, Paris 1968
Bernard, Ph./Dubief, H., The Decline of the Third Republic 1914–1938, Cambridge 1985
Berstein, S., Histoire du Parti radical, Bd. 1: La recherche de l'âge d'or 1919–1926, Bd. 2: Crise du radicalisme 1926–1939, Paris 1980, 1982
Berstein, S./Berstein, G., La Troisième République. Les noms, les thèmes, les lieux, Paris 1987
Berstein, S./Milza, P., Histoire de la France au XXe siècle, 4 Bde., Paris 1990–1992
Bezbakh, P., Histoire de la France de 1914 à nos jours, 2 Bde., Paris 1997
Bloch, Ch., Die Dritte Französische Republik. Entstehung und Kampf einer parlamentarischen Demokratie (1870–1940), Stuttgart 1972
Bock, H.-M./Meyer-Kalkus, R./Trebitsch, M. (Hrsg.), Entre Locarno et Vichy. Les relations culturelles franco-allemandes dans les années 1930, 2 Bde., Paris 1993
Bonin, H., Histoire économique de la France depuis 1880, Paris 1988
Bonnet, G., De Munich à la guerre. Défense de la paix, Paris 1967
Bonnefous, É., Histoire politique de la Troisième République, 7 Bde., Paris 1956–1967
Borne, D./Dubief, H., La crise des années 30, 1929–1938, Paris 1989
Bouche, D., Histoire de la colonisation française, Bd. 2 (1815–1962), Paris 1991

Cahm, E., Politics and Society in Contemporary France (1798–1971). A Documentary History, London 1972
Caron, F., Frankreich im Zeitalter des Imperialismus 1851–1918, Stuttgart 1991
Chastenet, J., Histoire de la Troisième République, 7 Bde., Paris 1952ff.
Chevalier, J.-J., Histoire des institutions et des régimes politiques de la France de 1789 à nos jours, Paris 1985

Defrance, J., Histoire de la collaboration, Paris 1982
Doise, J./Vaïsse, M., Diplomatie et outil militaire. Politique étrangère de la France 1871–1969, Paris 1987
Dreyfus, M., PCF. Crises et dissidences. De 1920 à nos jours, Bruxelles 1990

Dupeux, G., La société française, Paris 1964
Duroselle, J.-B., La décadence, 1932–1939, Paris 1985
Duroselle, J.-B., L'abîme, 1939–1945, Paris 1983

Fauvet, J./Duhames, A., Histoire du Parti communiste français 1920–1976, Paris 1977
Fourastié, J., Les Trente Glorieuses, Paris 1979
La France des années noires. Sous la direction de J.-P. Azéma et F. Bédarida, 2 Bde., Paris 1993

Goguch, F., La politique des partis sous la IIIe République, Paris 1981
Grüner, St./Wirsching, A., Frankreich: Daten, Fakten, Dokumente, Tübingen 2003

Harr, K. G., The Genesis and Effect of the Popular Front in France, Lanham (Maryland) 1987
Hartmann, P. C., Französische Geschichte 1914–1945, München 1945
Haupt, H.-G., Sozialgeschichte Frankreichs seit 1789, Frankfurt/M. 1989
Histoire militaire de la France. Sous la direction de G. Pedroncini, Bd. 3: De 1871 à 1940, Bd. 4: De 1940 à nos jours, Paris 1992, 1994

Ingram, N., The Politics of Dissent. Pacifism in France 1919–1939, Oxford 1991

Jackson, J., The politics of depression in France, 1932–1936, Cambridge 1985
Jackson, J., The Popular Front in France. Defending Democracy, 1934–1938, Cambridge 1988
Jolly, J. (Hrsg.), Dictionnaire des Parlementaires français, 5 Bde., Paris 1960–1977

Knipping, F./Weisenfeld, E. (Hrsg.), Eine ungewöhnliche Geschichte. Deutschland und Frankreich seit 1870, Bonn 1988
Krumeich, G. (Hrsg.), Versailles 1919: Ziele – Wirkung – Wahrnehmung, Essen 2001

Laurens, A., Les rivaux de Charles de Gaulle. La bataille de la légitimité en France de 1940–1944, Paris 1977
Lefranc, G., Le mouvement socialiste sous la Troisième République, 2 Bde., Paris 1977
Lefranc, G., Histoire du Front populaire (1934–1938), Paris 1974
Lejeune, D., La France de la Belle Époque 1896–1914, Paris 1991
Loth, W., Geschichte Frankreichs im 20. Jahrhundert, Stuttgart 1987

Machefer, Ph., Ligues et fascisme en France 1914–1939, Paris 1974
Maitron, J./Pennetier, C. (dir.), Dictionnaire biographique du mouvement ouvrier français. 4e partie: De 1914 à 1939, Paris 1981-1993
Mayeur, J.-M. (Hrsg.), La vie politique sous la Troisième République 1870–1940, Paris 1984
Milza, P., Fascisme français, Paris 1987
Mollenhauer, D., Auf der Suche nach der „wahren Republik". Die französischen „Radicaux" in der frühen Dritten Republik (1870–1890), Bonn 1997

Nordmann, J.-Th., Histoire des Radicaux 1820–1973, Paris 1974
Noiriel, G., Les ouvriers dans la société française, XIXe-XXe siècle, Paris 1986
Nouschi, A./Schor, R./Agulhon, M., La France de 1914 à 1940, Paris 1993

Ory, P., Les collaborateurs 1940–1945, Paris 1977

Paillat, C., 1919: Les illusions de la gloire, Paris 1979
Pervillé, G., De l'Empire français à la décolonisation, Paris 1991

Poidevin, R./Bariéty, J., Frankreich und Deutschland. Die Geschichte ihrer Beziehungen 1815–1975, München 1982
Rémond, R., Les droites en France, Paris 1982
Rémond, R., Frankreich im 20. Jahrhundert, Erster Teil 1918–1958, Stuttgart 1994
Rousso, H., La collaboration, Paris 1987

Sauvy, A., Histoire économique de la France entre les deux guerres, 3 Bde., Paris 1984
Scholze, U./Zimmermann, D./Fuchs, G., Unter Lilienbanner und Trikolore. Zur Geschichte des französischen Kolonialreiches. Darstellung und Dokumente, Leipzig 2001
Shirer, W. L., Der Zusammenbruch Frankreichs. Aufstieg und Fall der Dritten Republik, München/Zürich 1970
Sirinelli, J.-F. (Hrsg.), Dictionnaire historique de la vie politique française au XXe siècle, Paris 1995
Sirinelli, J.-F. (Hrsg.), Histoire des Droites en France, 3 Bde., Paris 1992
Sirinelli, J.-F., Intellectuels et passions françaises. Manifestes et positions au XXe siècle, Paris 1990

Touchard, J., La gauche en France depuis 1900, Paris 1977
Touchard, J., Le gaullisme 1940–1969, Paris 1978
Le Régime de Vichy et les Français. Sous la direction de J.-P. Azéma et F. Bédarida, Paris 1992
La Vie politique sous la Troisième République (1870–1940), Paris 1984

Willard, C., La France ouvrière. Histoire de la classe ouvrière et du mouvement ouvrier français. Bd. 2: De 1920 à 1968, Paris 1995
Willard, C., Geschichte der französischen Arbeiterbewegung, Frankfurt/M. 1981
Winock, M., La fièvre hexagonale. Les grandes crises politiques de 1871 à 1968, Paris 1986

Yvert, B. (Hrsg.), Dictionnaire des Ministres de 1789 à 1989, Paris 1990

Unsere weiterführende Literaturempfehlung

Einführung in die Geschichte Frankreichs 1500–1945
Matthias Middell und Thomas Höpel
226 Seiten, Broschur
10,00 Euro
ISBN 3-929031-24-8

Unter Lilienbanner und Trikolore
Zur Geschichte des französischen Kolonialreiches
Udo Scholze, Detlev Zimmermann und Günther Fuchs
278 Seiten, Broschur
13,00 Euro
ISBN 3-934565-96-4